Perspectivas dos *Escritos* e *Outros escritos* de Lacan

Campo Freudiano no Brasil

Coleção dirigida por Jacques-Alain e Judith Miller
Assessoria brasileira: Angelina Harari

Jacques-Alain Miller

Perspectivas dos *Escritos* e *Outros escritos* de Lacan

Entre desejo e gozo

Tradução:
Vera Avellar Ribeiro

Preparação de texto:
Carlos Augusto Nicéas

Versão final e subtítulos:
Marcus André Vieira

ZAHAR

Jorge Zahar Editor Ltda.
rua Marquês de São Vicente 99 1º andar | 22451-041 Rio de Janeiro, RJ
tel (21) 2529-4750 | fax (21) 2529-4787
editora@zahar.com.br | www.zahar.com.br

Cet ouvrage, publié dans le cadre du Programme d'Aide à la Publication 2011 Carlos Drummond de Andrade de la Médiathèque de la Maison de France, bénéficie du soutien du Ministère français des Affaires Etrangères et Européennes.

Este livro, publicado no âmbito do Programa de Auxílio à Publicação 2011 Carlos Drummond de Andrade da Mediateca da Maison de France, contou com o apoio do Ministério francês das Relações Exteriores e Europeias.

Liberté • Égalité • Fraternité
RÉPUBLIQUE FRANÇAISE

MÉDIATHÈQUE
MaisondeFrance

Grafia atualizada respeitando o novo Acordo Ortográfico da Língua Portuguesa

Revisão: Eduardo Farias, Michele Mitie Sudoh | Capa: Dupla Design
Foto da capa: © Adam Mitchinson/Getty Images

CIP-Brasil. Catalogação na fonte
Sindicato Nacional dos Editores de Livros, RJ

Miller, Jacques-Alain, 1944-
M592 Perspectivas dos Escritos e Outros escritos de Lacan / Jacques-Alain Miller; tradução Vera Avellar Ribeiro; preparação de texto Carlos Augusto Nicéas; versão final e subtítulos Marcus André Vieira. – Rio de Janeiro: Zahar, 2011.
(Campo Freudiano no Brasil)

Extrato do curso ministrado no Departamento de Psicanálise da Universidade de Paris VIII, no ano letivo de 2008-09
ISBN 978-85-378-0159-8

1. Lacan, Jacques, 1901-1981. Escritos. 2. Lacan, Jacques, 1901-1981. Outros escritos. 3. Freud, Sigmund, 1856-1939. 4. Desejo – Discursos, conferências, etc. 5. Prazer – Discursos, conferências, etc. 6. Psicanálise – Discursos, conferências, etc. I. Título. II. Título: Entre desejo e gozo. III. Série.

CDD: 150.195
11-1668 CDU: 159.964.2

Sumário

Apresentação

Angelina Harari

Perspectivas dos Escritos *e* Outros escritos *de Lacan: Entre desejo e gozo* faz série ao se constituir como o terceiro livro composto a partir de um extrato do curso que Jacques-Alain Miller ministra, desde 1980, em Paris. Orientação Lacaniana – é com esse nome que seu curso figura na programação do Departamento de Psicanálise da Universidade de Paris VIII.

A cada ano o autor escolhe um tema para se debruçar, muitas vezes incluindo um comentário sobre um Seminário de Jacques Lacan. Foi assim nos cursos que deram origem aos títulos *Perspectivas do Seminário 5 de Lacan* (1999) e *Perspectivas do Seminário 23 de Lacan: O Sinthoma* (2010), ambos publicados por esta editora. Dessa forma, ele leva até seus ouvintes (e leitores) o fruto de seu trabalho no estabelecimento do texto de Lacan.

O presente volume traz um extrato do curso ministrado no ano letivo de 2008-09, intitulado "Coisas de fineza em psicanálise". A expressão "coisas de fineza" Miller tomou emprestada de Pascal para assinalar, segundo nos diz, sua fadiga em relação aos conceitos fundamentais da psicanálise organizados em estrutura. Tal expressão é desdobrada a partir da leitura do artigo de Freud "Sutilezas de um ato falho". Ao longo de sua exposição, o autor faz ainda uso de inúmeros escritos de Lacan, com o intuito de enfatizar a orientação para o singular da experiência analítica, já que, para Miller, a psicanálise pode morrer de sua complacência ao discurso do mestre, e o passe é a proposta de Lacan que serve à psicanálise como antídoto à complacência da psicanálise.

Com o passe, Lacan quis, segundo Miller, pôr a profissão de analista à prova da verdade, sabendo-se que a verdade é uma miragem. Para tanto, em seu estilo de transmissão, procura demonstrar o percurso próprio a Lacan, como, por exemplo, as viradas em seu ensino – Lacan contra Lacan: a primeira virada, que instala a subordinação do gozo ao primado da linguagem; e a segunda, que explora a subordinação da linguagem ao gozo e é o avesso da primeira.

Uma conferência do autor, "A salvação pelos dejetos", foi anexada a esta edição, pois seu tema segue tendo como pano de fundo, ao lado da elucidação da obra de Lacan, a sobrevivência da psicanálise, especialmente quando afirma:

"A inserção social da psicanálise, se ela tivesse que se realizar, seria ao mesmo tempo o seu desaparecimento."

Ao apresentar este livro, não podemos deixar de mencionar a feliz coincidência do anúncio, em 9 de janeiro de 2011, por Jacques-Alain Miller, da perspectiva de encerramento do estabelecimento do texto dos Seminários de Lacan. Ao todo, são 25 livros e mais quatro feitos a partir de notas dos ouvintes.

1. Primeira lição

Começarei pelo título deste meu Curso. É uma questão que me serve de apoio, de guia, toda suave, ao passo que meu discurso talvez não seja. O título é "Coisas de fineza em psicanálise".[1]

Ano passado sonhei que este ano me manteria ancorado no porto. Eis-me aqui, no entanto, embarcando com vocês para mais uma de nossas novas aventuras no mar, sempre recomeçadas, dedicado a arfar nos remos. Há, porém, uma escolha forçada. Se preciso remar com força é porque o movimento do mundo exige, uma vez que arrasta a psicanálise em sua esteira. A questão é saber se devemos consentir isso.

A resposta é *sim*, se a psicanálise for um fenômeno da civilização e não mais do que isso. A resposta é *não*, caso haja um fio de prumo da prática psicanalítica que mereça subsistir como tal. Se me nego a consentir que a psicanálise seja arrastada pelo movimento do mundo, faço-o em nome desse fio de prumo, apenas conjeturado, objeto de aposta, mas também uma questão de desejo. Pelo menos Lacan, ao criar sua Escola, acreditava na existência de tal fio.

Devo então remar firme, tanto mais que faço meu barco navegar contra a corrente, a ponto de, pela primeira vez, me parecer necessário proceder por meio de um *retorno a Lacan*. Nunca antes havia empregado essa expressão, e se o faço, hoje, é na convicção de que nos afastamos dele.

Afastamo-nos, por exemplo, quando nos enamoramos, nos inebriamos com o efeito curativo da psicanálise, já que, nela, esse efeito é apenas subordinado, derivado, obtido de viés. Ao menos em psicanálise, o foco não está no efeito curativo, razão pela qual abandonamos o termo *cura* [*guérison*] em prol do termo *experiência* analítica. No entanto, as coisas chegaram a tal ponto que lembrar a velha máxima segundo a qual a cura vem por acréscimo parece ser uma novidade. Não há dúvida de que o mundo julga a psicanálise em função de seus resultados terapêuticos. Essa, porém, não é uma razão para a psicanálise tornar seu esse critério. Somos forçados a formular uma doutrina da dupla verdade, forçados a distinguir o que é verdade para o mundo e o que é verdade para a psicanálise. A verdade para o mundo – que a psicanálise vale como terapêutica – não é verdade para a psicanálise. Ela vale como desejo, como meio de emergência de um desejo inédito cuja estrutura é ainda amplamente desconhecida.

Evoca-se uma nova clínica psicanalítica – certamente tenho algo a ver com isso – que se desenvolveria a partir do finalíssimo ensino de Lacan e superaria a antiga. Seria, dizem às vezes, a clínica borromeana, em oposição à clínica estrutural (que insiste na distinção neurose e psicose, ou, para ser completo, neurose, psicose e perversão).

Não posso desconhecer que, de fato, tenho algo a ver com essa questão e que isso foi cozinhado aqui. É o que me dá a um só tempo o dever e talvez a autoridade de dizer, em primeiro lugar, que, nessa matéria, a oposição entre o antigo e o novo solicita alguma dialética, pois a clínica considerada "antiga" é conservada na nova. Além disso, o que diz essa nova ou segunda clínica? Bem mais do que a primeira, ela invalida, ridiculariza a ideia de cura, relativiza o efeito terapêutico. Vou demonstrar.

O último Lacan e o efeito terapêutico

Para começar, essa segunda clínica derruba, põe abaixo a referência à normalidade, à saúde mental, ao tomar por princípio a fórmula – vinda apenas uma vez sob a pena de Lacan e num texto acessório[2] – que comentei em destaque no ano passado: *Todo mundo é louco, isto é, delirante.* Seria preciso ser cego e surdo para não perceber que se trata de arruinar qualquer chance de fazer emergir uma noção de normalidade, de modo a não mais retornarmos a ela. Assim como outrora se definia a verdade como *adaequatio rei et intellectus* – a adequação da coisa e do espírito, ou do entendimento –, após ter trabalhado no ano passado o paradoxo que ela comporta torno a fórmula *todo mundo é louco* um princípio. Lacan afirma ser radical a inadequação do real e do mental e que, do real, só se pode dizer "em falso", só se pode mentir.

Além disso, a segunda clínica amplia o conceito de sintoma, herdado de Freud, passível de ser eliminado [*se lever*], suspenso, conforme a expressão consagrada.[3] Ela amplia o conceito freudiano a ponto de incluir nele essencialmente os restos sintomáticos referidos por Freud ao final da análise, levando-o a pensar a análise como sem fim em função do que subsiste do sintoma. Pois bem, a segunda clínica psicanalítica é justamente aquela que reconfigura o conceito de sintoma sob o modelo desses restos. Assim, o que Lacan chamou de *sinthoma*, conforme a ortografia antiga restituída por ele, é, em termos próprios, o nome do incurável.

Em psicanálise, quando falamos de sintoma, entendemos com isso um elemento passível de dissolver-se ou, supostamente, desaparecer, suspender-se, ao passo que *sinthoma* designa o elemento que não pode desaparecer, que é constante. Em outras palavras, a chamada nova clínica psicanalítica é uma teoria do incurável. Então, que ironia fazer essa teoria do incurável sustentar uma prática toda orientada para a terapia e fazer dessa terapia um slogan!

Ao mesmo tempo, Lacan enfatizava: *é impossível terapizar o psiquismo*. Se devemos qualificar a ação do analista na dimensão do psiquismo ou do mental, será com outras coordenadas que não as da terapêutica. A noção de impossibilidade decorre logicamente do fato de ser impensável recompensar a falta fundamental do psiquismo, reduzir sua inadequação radical, desde que a admitamos, mas, aqui, faço valer apenas uma ligação lógica.

No entanto, uma rotina costumeira, como se expressava Lacan, está hoje em vias de se enraizar na psicanálise, fazendo do efeito terapêutico o alfa e o ômega da disciplina e até mesmo sua justificação.

Foi o que me impediu de ficar no porto, obrigando-me a relançar nosso barco, pois dar essa centralidade à ação terapêutica é ceder ao que o mundo doravante reclama da psicanálise, para seus próprios fins, seus fins de utilidade, seus fins de governança. Isso é ceder, abrir as portas da cidadela psicanalítica e deixar esse preconceito propagar-se no meio dela. O preconceito terapêutico é o cavalo de Troia por meio do qual penetra o discurso predominante no mundo no que chamei de a cidadela analítica, a Escola analítica, o Campo Freudiano. Acreditamos sair do entre si, como se diz, quando, na verdade, fazemos entrar o lado de fora, não saímos, fazemos entrar. E o cavalo de Troia é a figura mítica do presente envenenado.

Revirando a reviravolta lacaniana

A reviravolta trazida por Lacan à psicanálise consistiu, ao contrário, em constituir a psicanálise pura, antes chamada de psicanálise didática – a que faz do analisando um analista inclusive potencialmente –, como a forma perfeita da psicanálise, isto é, sua forma rematada. Em compensação, a forma restrita, reduzida, simplesmente psicanálise, é aquela em que interfere o cuidado terapêutico. Há o que Lacan chama, na p.231 dos *Escritos*,[4] de "os curtos-circuitos" e os "desvios" motivados pelo "cuidado terapêutico".

O cuidado terapêutico leva à retenção da potência liberada pelo próprio procedimento analítico, conduz a interrogar sobre a dose de verdade que um sujeito pode suportar, assimilar num dado momento – isso continua valendo –, e também a dose de verdade que lhe resta insuportável sem, contudo, um desconforto excessivo. Sem fazer desmoronar ou ameaçar desmoronar o que lhe vale como mundo.

Portanto, quando o cuidado terapêutico domina, adiamos o que a operação analítica tem de radical, e isso leva a impasses, a não dar a interpretação que naquele momento seria demasiado difícil ouvir ou levaria o sujeito a fugir do que assim lhe fora revelado, ou ainda a abrandar o gume das coisas para que ele permaneça enquadrado no procedimento. Portanto, "não tão depressa", "não tão forte", é uma questão, dizia eu, de dosagem. E esses freios, esses limites, supõem-se que possam ser suspensos quando nos engajamos na dimensão a que chamávamos antigamente didática, na qual o cuidado terapêutico era afastado e a dinâmica própria da análise podia, então, dar-se plenamente.

A reviravolta de Lacan consistiu em fazer da psicanálise pura não um acréscimo, um suplemento da psicanálise em seu cuidado terapêutico, mas, ao contrário, em considerar que a essência da psicanálise, sua verdade, era a psicanálise pura, da qual a forma aplicada seria uma redução. Em seu "Ato de fundação"[5] da Escola Freudiana de Paris, em 1964, Lacan dá lugar à psicanálise aplicada, mas em nome da medicina. Na seção que chamou de "Psicanálise aplicada", ele admite não analisados, caso sejam médicos, que possam, não obstante, contribuir para o avanço da reflexão psicanalítica.

Dessa forma, revirar o reviramento lacaniano, dar primazia à psicanálise aplicada à terapêutica, é simplesmente regressar a um aquém de Lacan. Apenas isso já justificaria a expressão empregada por mim, pela primeira vez, de um retorno a Lacan.

Falei há pouco de presente envenenado. Pois bem, este ano, com este Curso, gostaria de presentear vocês com um antídoto.

É um presente. De acordo com Freud, um verdadeiro presente é um objeto do qual só nos separamos com dificuldade porque gostaríamos de mantê-lo conosco. O verdadeiro presente é o que fará falta quando tiver sido dado. Isso se reconhece, é verdade, quando alguém lhes dá um presente querendo tê-lo para si mesmo, quando de fato percebemos que ele o guardaria consigo de bom grado, chegando eventualmente a nos dizer: "Comprei um igual para mim."

Podemos então compartilhar do antídoto. Sim. Embora nada impedisse que, afinal, estando todos atingidos, eu pudesse me dar o prazer de guardar o antídoto só para mim. Lacan evoca isso no começo de seu texto "Formulações sobre a causalidade psíquica", nos *Escritos*, à p.152.[6] Ele confessa o seguinte: "me entreguei, como Fontenelle ..." – deixemos Fontenelle, que viveu há mais de um século, foi o presidente da Academia das Ciências no século XVIII e o autor de *L'Entretien sur la pluralité des mondes* – "... à fantasia de ter a mão repleta de verdades para melhor encerrá-las."

Posso confessar que também cultivei essa fantasia. Foi quando – há três anos, me parece agora *a posteriori* – meus olhos viram, sem pestanejar, toda uma Escola e suas cercanias, muitas Escolas, talvez todas as Escolas do Campo Freudiano, possuídas por um frenesi de psicanálise aplicada, competindo na revirada dos preceitos de Lacan, que eu, no entanto, havia martelado, ensinado, a toda uma geração que, por sua vez, o havia feito também. Naquele momento, minha questão foi a seguinte: seria ouvido? Ainda posso ser?

Extraordinário fenômeno de psicologia de massa! Da massa psicanalítica! Em toda a extensão do Campo Freudiano, pluricontinental, não há mais nenhuma cidade que não queira ter seu estabelecimento de psicanálise aplicada. É uma questão de *standing*. Então, antes de me lançar, disse a mim mesmo: a troco de quê? Quando se é arrastado na esteira do movimento do mundo, a coisa não é reversível, não vou conseguir fazer com que se retorne. E: para que ensinar? Se há algo bem-feito para demonstrar quão vã é a pedagogia, certamente é essa história.

Não pude deixar de me lembrar da profecia de Lacan, formulada num momento de amargo pessimismo, quando sua Escola relutava em adotar o que ele lhe propunha, o procedimento chamado *passe*, a fim de verificar o final da análise. Naquele momento, Lacan – como dizer? –, um tanto deprimido, profetizou que a psicanálise deporia armas diante da civilização e seus impasses. Não penso assim. De todo modo, onde tive de fazer algo o fiz sustentando a ideia de que manteríamos as armas, não as entregaríamos. Mesmo com os beijos do vencedor, tal como em *La rendición de Breda*, de Vélasquez. Jamais!

Pois bem, por uma via que eu não imaginava, vi isso se realizar. No presente. Vi essa *rendição* acontecendo por meio da reviravolta que mencionei há pouco, por meio do preconceito terapêutico, pela redução da psicanálise ao exercício profissional de psicanalistas confundidos com os psis e os trabalhadores sociais, apresentados como orientados, todos, pelo ensino de Lacan e, ao mesmo tempo, animados pela preocupação com o bem-estar de seus contemporâneos, pela saúde mental de seus concidadãos.

Pois tudo isso – é claro, não é? – acontece em nome da Cidade. Cidade que não existe há muito tempo. A vida social não mais se organiza em Cidades, como nos tempos dos gregos, como na Idade Média ou no Renascimento. Podemos dizer *a sociedade*. Em nome da sociedade, de seu poder, dos deveres para com ela, com que, maravilhosamente, a orientação do ensino de Lacan coincidiria, convergiria, e nos serviria de trampolim para receber o reconhecimento e, como se diz, verbas, *sub-ven-ções*.

Somos aplaudidos. Recebidos de braços abertos, passados alguns momentos de desconfiança, pelas autoridades que presidem o que Lacan chamou, em sua rude linguagem, de discurso do mestre.

Era preciso ter visto. Apressem-se porque tudo está à volta de vocês e vocês estão no meio. Não acho que o fato de eu dizer bastará para isso desaparecer. De jeito nenhum. Mas, enfim, se não posso evitar, posso ao menos impedir que se use Lacan como referência.

O enclave Escola

Lacan não falava do discurso do mestre como "parceiro". Ele dizia: *é o avesso da psicanálise*. Só que isso não detém ninguém. É o que preciso constatar antes de berrar – mesmo com o respeito que me dou. Lacan afirma claramente na p.729 dos *Escritos*: "... nenhum pudor prevalece contra um efeito do nível da profissão ...".[7] É uma frase que poderia parecer opaca se isso não estivesse acontecendo no presente. Nenhum pudor, todo mundo está nisso sem qualquer dissimulação, ninguém tem vergonha de tocar a campainha, de seguir os programas governamentais de saúde mental e de pôr a trabalhar as pessoas com formação em psicanálise em função dos requisitos formulados pelo Ministério da Saúde. Nenhum pudor. É um fenômeno no nível da profissão. Esse efeito, continua Lacan – em 1971, creio, enfim, há muito tempo –, é "o do recrutamento do praticante para os serviços em que a psicologização ..." – foi o que ele pôde dizer, na época, sobre o fenômeno – "... é uma via muito propícia para toda sorte de exigências bem especificadas no social: como recusar, àquilo de que se é o suporte, falar sua linguagem?" Nos dias de hoje, isso se diz tranquilamente por meio de uma fórmula que, acho eu, me tomaram emprestada: *falar a língua do Outro*. É preciso falar a língua do Outro.

Pois bem! Isso nos permite enxergar melhor a razão de Lacan ter forjado uma língua especial para os psicanalistas, uma língua cifrada que os isolava. Não a língua do Outro, mas a língua do Um. Sim! Perfeitamente! Os psicanalistas precisam estar isolados, separados do discurso do mestre predominante no exterior de sua Escola. Precisam ser formados numa língua especial. E à parte. Eles precisam de um enclave. O que Lacan chamou de Escola é um enclave, tem suas leis próprias, distintas do resto da sociedade. Evidentemente, para subsistir, acomodamo-nos à lei das Associações, que, de resto, é liberal o suficiente para nos permitir continuar nossas pequenas questões internas. Aliás, Lacan associava o nome "Escola" às escolas da Antiguidade, às comunidades filosóficas da Antiguidade reunidas em torno de um saber e, em geral, de um fundador, cujos primeiros membros viviam em contato direto com ele e se formavam à sua volta. É o que se diz de Epicuro. Primeiro, ele entusiasmou sua própria família antes de juntar alguns à sua volta. Por fim, distinguiram-se quatro grandes homens como fundadores da seita epicurista. Dizia-se, de forma consagrada: Epicuro e os outros. Isso designava os quatro. Uma seita! Exatamente.

Essas escolas antigas eram concebidas, Lacan o lembrou, como refúgios e bases de operação contra o mal-estar na civilização, ou seja, como enclaves. Nem por isso um enclave é extraterritorial, já que é feito para que se realizem saídas a seu exterior. Todavia, a condição para se poder sair é não deixar entrar o cavalo de Troia. Evidentemente, entre *sair* e *deixar entrar* a diferença é radical, mas, ao mesmo tempo, ínfima. Se deixamos entrar, temos uma dissolução interna da linguagem e dos ideais da Escola. É o que observamos todo dia atualmente: uma dissolução progressiva da linguagem lacaniana em benefício da suposta língua do Outro. De posse dessa chave, leiam agora as publicações produzidas e vocês verão isso se espraiar à vontade.

Falei do mais proeminente, o preconceito terapêutico, mas poderia falar também do que se evidencia como um culto do crescimento. É preciso crescer cada vez mais, enquanto o pequeno, o limitado, é, nesse caso, perfeitamente obsoleto.

Então, para mim, eu diria que a consequência mais manifesta e mais lamentável do discurso do mestre na cidadela do discurso analítico é a convocação implícita, a aspiração ao *ao-menos-um*. Ou seja: o fato de o discurso do mestre infiltrar-se no discurso analítico tem como resultado, não imediato, mas um tanto diferido, fazer surgir *Um que diz não*, o famoso *existe x tal que não phi de x*, aquele que não está metido no esquema. E eis que eu mesmo me vejo aspirado, bancando esse fantoche, embora possa dizer e provar tratar-se de um papel que tudo fiz, precisamente, para abandonar. Representei muito mais o *menos-um*, o "ao menos menos-um", devotando-me a trabalhos de escrita e, principalmente, abandonando todo cargo administrativo e de direção. Devo constatar que fui levado, há pouco tempo, a reendossar esses velhos despojos. Posso ainda me perguntar por quê: por que não deixar as coisas irem até aonde tiverem que ir? Por que interferir? Nos termos de Pascal, quando todos rumam para o transbordamento, parece que ninguém está indo para lá, mas aquele que se detém leva a notar o arrebatamento dos outros, como um ponto fixo. Houve algo desse efeito quando falei desse ponto, de maneira mais delicada, em um recente congresso, o que deslocou as coisas um pouquinho. Muito pouco. Não deteve nada, a coisa continua a transbordar por todos os lados e por toda parte. Mesmo assim, senti uma pequena hesitação. No fundo, disse a mim mesmo: vamos lá, vamos tentar neste pequeno espaço que me é deixado para este Curso. Que ele sirva ao menos para isso. Vamos tentar lavrar um pouco mais esse sulco.

Esta, porém, não é minha ideia porque também não era a ideia de Lacan. A ideia de Lacan é manifesta no fato de ele ter chamado de *Analista da Escola* o analisando da psicanálise perfeita, ou seja, o analisando consagrado pela prova do passe como tendo autenticamente concluído seu percurso analítico, ou, pelo menos, tendo-o levado suficientemente longe para prossegui-lo sozinho, ou seja, pela autoanálise. Ao chamar esse analisando de *Analista da Escola*, ele o entendia como produto da prática analítica em vigor nessa Escola, como responsável, corresponsável pela Escola. Isso não funcionou muito bem na Escola Freudiana de Paris, que era a Escola de Lacan. Foi entravado de mil maneiras e, no momento de sua dissolução, em 1980-81, alguns dos nomeados Analistas da Escola foram, em sua maioria, talvez todos, desconsiderados. Mas a Escola da Causa Freudiana retomou essa experiência. Porém, a meu ver, o fenômeno atual obriga a declarar uma constatação de fracasso. Nenhum deles se ergueu contra o reviramento do reviramento.

Enfim, nenhum. Houve algumas inquietações, alguns alertas dados por muito poucos. Corrijo então de bom grado meu diagnóstico, tanto mais que, cabe dizê-lo, a Escola da Causa Freudiana prescinde amplamente dos Analistas da Escola. Ou seja, ela os utiliza em seu frescor para que eles falem de sua própria análise e de seu próprio passe, no elã de seu passe, e considera que, ao cabo de três anos, eles estejam "passados" [*défraichis*]. O título é temporário. Não o reprovo a ninguém, já que isso é muito possível, até mesmo bastante provável e praticamente certo. Aliás, tive uma ideia disso, outrora. Ao constatar o fracasso dos precedentes, propus que só nos valêssemos dos novos, em flor. Mas, diante do fenômeno atual, me parece que denominarmos um grande número de "*ex-AE*" definitivamente os despacha de sua responsabilidade, num momento em que precisaríamos deles, não apenas para narrar seu passe, mas para oporem-se aos impasses da civilização, para os quais o movimento do mundo arrasta a psicanálise.

Talvez fosse necessário restabelecer, nas Escolas do Campo Freudiano, uma comunidade de AE, na qual os ex-AE reencontrariam seu título de AE. Haveria os AE em vigor. Além disso, tal como previsto por Lacan, também os analistas dos AE. Restabelecer tal comunidade, ou forjar tal comunidade seria, talvez, dar uma última chance à ideia de Lacan. Sonhar que tal comunidade pudesse desempenhar o papel de bússola, sem que se tivesse a necessidade de recorrer ao teatro do "ao menos um", seria um alívio, além de deixar um futuro. Talvez não sirva de nada, mas, enfim, daria uma chance, caso a missão deles seja a de velar para que a psicanálise aplicada à terapêutica ceda lugar à psicanálise pura.

Pura e aplicada

Bom, deixo-me levar – não muito, um pouquinho –, isso me ajuda a dar este Curso.

Pura e *aplicada*, convenhamos, é uma distinção problemática e pretendo, este ano, questioná-la.

Começarei me inspirando em um texto que encontrei e que me ensinou coisas sobre a distinção entre as matemáticas *puras* e as *aplicadas*. A oposição entre elas parece ser uma problemática surgida tardiamente. Emergiu, assim parece, na segunda parte do século XIX, no momento em que o centro mundial, a sede do pensamento matemático, deslocou-se de Paris para Berlim e, em seguida, para Göttingen, com a escola de Hilbert. Nos séculos XVI, XVII e XVIII, porém, os matemáticos não faziam essa distinção e ocupavam-se, sem fazer hierarquias, tanto de questões hoje consideradas fundamentais quanto de questões de artilharia, fortificações, agrimensura, astronomia, cartografia, navegação. Já no século XIX, cuidavam de probabilidades, representações. Foi somente com Hilbert, culminando com seu famoso Programa de 1902, que a concepção axiomática e estrutural das matemáticas tomou a frente.

Isso não pode nos ser indiferente, já que a escola de Hilbert inspirou e foi radicalizada pela escola bourbakista, por Bourbaki, depois da Segunda Guerra Mundial, aqui, em Paris, na França. Evidentemente, há uma consonância entre o estruturalismo matemático de Bourbaki e a inspiração levistraussiana recebida por Lacan e transposta por ele para a psicanálise. A respeito de Bourbaki, um historiador norte-americano fala de uma *onda de pureza* que recobriu o exercício profissional dos matemáticos. E Jean Dieudonné, um dos grandes bourbakistas, qualificava de *casulo*[8] o que chamava de escolha bourbakista. Ele se expressa da seguinte forma: quanto mais uma teoria é abstrata, mais elimina o concreto e o contingente, e mais pode alimentar a intuição. No fundo, quanto mais ela é abstrata, mais – definitivamente – poderemos utilizá-la no concreto, preenchê-la de conteúdos empíricos.

Vou então citar-lhes uma passagem de um artigo que se tornou célebre, do ponto de vista bourbakista, um artigo intitulado *L'Architecture des mathématiques* e que se encontra num volume publicado justo depois da guerra. Li esse artigo, também lido por Lacan – este é um dado biográfico –, no volume que ele possuía.[9] Aqui está o que encontramos nele. Na verdade, bem se vê que Lévi-Strauss estava muito próximo disto: "Na concepção axiomática, a matemática aparece, em suma, como um reservatório de formas abstratas [as estruturas matemáticas] e ocorre – sem que saibamos a razão – que alguns aspectos da realidade experimental vêm moldar-se em algumas dessas formas, como por uma espécie de pré-adaptação." Esse é o núcleo da inspiração estruturalista e foi nele que os bourbakistas se apoiaram para extrair a noção de matemática pura, quer dizer, estrutural.

Ora, no movimento próprio das matemáticas, observamos uma báscula que guiou e ainda guia as aplicações da matemática, tornadas mais importantes do que suas formas puras – de todo modo, mais importantes do que antes. Cito trecho do artigo da epistemóloga Dahan Dalmedico, que só conheço por meio desse texto.

> Na França [ela toma como referência 1987] o colóquio realizado em 1987 sobre as "Matemáticas por vir" é significativo dessa virada: os matemáticos de todos os horizontes reunidos defendem, a um só tempo, uma ambição histórica de sua disciplina para compreender o mundo e suas inúmeras possibilidades de aplicações multiplicadas pelos novos meios de cálculo. Eles apresentam uma semiautocrítica sobre o caráter demasiado formalista e abstrato, separado das outras ciências e da prática que seu ensino pôde ter particularmente depois da reforma das "matemáticas modernas".

E a conclusão, para nós que estamos às voltas com o que chamei de fenômeno atual, é perfeita para ecoar e nos mostrar que a psicanálise, nos dias de hoje, é levada num movimento do qual os matemáticos não escapam, ou seja, não é uma anedota: é um movimento de fundo. Achei surpreendente. Diz ela:

> As representações ideológicas da disciplina por seus atores dão lugar a outras representações, que elas próprias privilegiam outros valores: os laços com o poder [para os matemáticos, não é?], a capacidade de obter contratos ou suscitar interações, o dinamismo empreendedor, o caráter pragmático e operacional dos resultados. Não é seguro que todas essas pessoas ainda considerarão por muito tempo que fazem o mesmo ofício.

Eis o fenômeno que habita o movimento interno das matemáticas: afastar-se da prevalência das matemáticas puras para valorizar as aplicações das matemáticas e, com essas aplicações, as relações com o poder, os contratos, os empreendimentos, o caráter pragmático e operacional dos resultados.

Sujeito

Parece estar aqui descrito o que se produz, hoje, no Campo Freudiano. Assim, passados os gritos de indignação aos quais atendi – isso vai de par com o papel do "ao menos um" –, podemos constatar que estamos às voltas com o movimento do mundo e que a psicanálise também sofre sua incidência. No fundo, como poderia ser diferente?

Então, os psicanalistas, tal como os matemáticos, não pretendem sacrificar o *primum vivere*; primeiro sobreviver, o que implica uma adaptação ao contexto. Mas a outra vertente que constitui a alternativa é – para continuar em latim, citemos o alerta de Juvenal – *et propter vitam vivendi perdere causas*: "e para salvar a vida perder as razões de viver." Portanto, estamos entre conservar o *primum vivere*, que é a condição de tudo, e, ao mesmo tempo, para essa sobrevivência, não sacrificar a razão de ser da psicanálise.

Ora, não me parece excessivo dizer que a psicanálise pode morrer de sua complacência para com o discurso do mestre. O discurso do mestre supõe uma identificação do sujeito por meio de um significante-mestre:

$$\uparrow \frac{S_1}{\$}$$

Esse significante-mestre pode tomar o valor de ser o número [*le chiffre*] condição da avaliação, e também da explicitação, assim como da categorização. O sujeito só será reconhecido como pertencendo a uma categoria: a criança, o adulto, o velho, por exemplo, categorias que distribuem a população. Mas isso não significa conhecer o sujeito, significa um exemplar da categoria.

Assim, o discurso do mestre produz um certo número de categorias clínicas. Quando se formula que *a obesidade é o mal do século*, depois de se ter formulado que *a depressão é o mal do século*, temos uma clínica do mestre à qual somos, evidentemente, levados a nos alinhar. Somos impelidos a validar essas categorias recorrendo muito ao que acumulamos de reservas ou de saber por outros meios. É preciso dizer que esse funcionamento segue a todo vapor. Atualmente, o discurso do mestre, especialmente na Europa e também nos Estados Unidos, é pródigo de uma nova clínica, uma clínica de significantes-mestres que nossos colegas italianos chamam gentilmente de *monossintomática*, para dizer que se trata de uma clínica organizada por significantes-mestres. Baseados neles, pomos o saber, S_2, a trabalhar:

$$\uparrow \frac{S_1}{\$} \longrightarrow S_2$$

Pomos a trabalho, particularmente, o saber da psicanálise, que ali está em posição de *escravo*, inscrito na estrutura do discurso do mestre. Não se trata de abstrações; são, de fato, estruturas significantes nas quais não temos dificuldade de encontrar o conteúdo empírico que nos é apresentado todos os dias e em expansão. O problema é haver nisso um elemento que permanece inassimilável, o fator que tem virtualmente a possibilidade de desregular o conjunto. Mas ele é rejeitado desse discurso:

$$\uparrow \frac{S_1}{\$} \longrightarrow \frac{S_2}{(a)}$$

É precisamente este elemento, *a*, inassimilável, que está por cima da carne seca no discurso do analista, funcionando com um saber *inexplicitável*, S_2, ou seja, um saber que não encontra seu lugar no funcionamento do discurso do mestre, o qual exige, ao contrário, explicitação e transparência.

O sujeito em função no discurso do analista, $\$$, só o é por não ser nele capturado, por não portar traços e significantes-mestres. Esses significantes-mestres, S_1, ao contrário, são rejeitados. Podemos dizer que apenas pelo fato de engajar-se na experiência analítica o sujeito é virtualmente despojado deles.

$$\frac{a}{S_2} \longrightarrow \frac{\$}{S_1} \downarrow$$

Portanto, não é na condição de exemplar de uma categoria da população que se faz uma análise. E quando vamos a estabelecimentos que são altivamente batizados com esses significantes-mestres: "venho como morador de rua", "venho como precário", "venho como criança", "venho como obeso", "venho como etc.", o fato de já se admitir isso significa estar em posição lateral com relação ao discurso analítico. Certamente podemos introduzir uma dialética e dizer: é preciso primeiro que o sujeito admita seus significantes-mestres para poder desembaraçar-se deles. A linguagem permite aqui todos os truques de mágica. O fato, porém, é que essas estruturas são o inverso uma da outra e Lacan chamou de avesso da psicanálise o discurso do mestre:

$$\uparrow \frac{S_1}{\$} \longrightarrow \frac{S_2}{(a)} \downarrow \quad \Bigg| \quad \frac{a}{S_2} \longrightarrow \frac{\$}{S_1} \downarrow$$

Não se pode servir a dois senhores ao mesmo tempo. Não se pode servir ao discurso analítico *e* ao discurso do mestre ao mesmo tempo. Podemos servir ao discurso analítico e, numa abordagem de dupla verdade, fazer valer, no discurso do mestre, que não seríamos sua completa subversão. O problema é que a máscara que trazemos sobre o rosto termina por se incrustar, e quando ela se incrusta a diferença se esfuma.

Então, o perigo dos efeitos terapêuticos rápidos é fazermos funcionar – e como fazer diferente? – um significante como um significante-mestre para o sujeito, a fim de lhe permitir balizar-se. Nós o identificamos, e fazemos isso também no discurso analítico, mas tendo tempo disso se desfazer. Conseguimos, portanto, um efeito terapêutico rápido por meio da escolha rápida de um significante-mestre suscetível de fixar o sujeito. Obtém-se, assim, certa ordenação dessas cadeias significantes a partir desse significante-mestre, e atentamos bastante para não tratar o fator suplementar, o fator pequeno *a*.

Nesse sentido, não se pode obter efeito terapêutico rápido sem fazer referência ao discurso do mestre, não fosse pelo fato de ele ter por foco o sintoma, sendo esse exatamente o avesso do que temos o hábito de fazer em uma análise propriamente dita. Retornarei a isso. Falo da problemática que gostaria de seguir neste ano.

Finezas, matemas e nós

Direi agora uma palavra sobre o título que escolhi e anunciei no começo. Havia alguns retardatários que, sem dúvida, pensavam estar chegando pontualmente no meu atraso – disse: "Coisas de fineza em psicanálise". Ele não é de modo algum trovejante como o que venho professando até agora. Não pretendo fazer isso grosseiramente. É a palavra empregada por Freud num texto que gostaria de comentar um pouco, mas hoje não terei tempo para isso: *Die Feinheit*, "La finesse d'un acte manqué" [A fineza de um ato falho].[10] É um texto pequenino no qual ele desfaz, desconstrói um ato falho consistido por um *lapsus calami*. Mas eu não disse *die Feinheit*, disse *coisas de fineza* pensando em Pascal e em sua oposição entre o espírito geométrico e o espírito de fineza.

Cito. Trata-se do 1º "Pensamento" de Pascal, na edição Brunschvicg, e do 512º, na edição Lafuma. Vou logo dizendo que cito essa passagem por ela valorizar o que devemos chamar de enfraquecimento do matema. Então, aqui, consideraremos os geômetras matemáticos. É Pascal o matemático que, como se sabe, põe o dedo na questão daquilo a que a estrutura não satisfaz. Diz ele:

> ... o que faz com que os geômetras não sejam sutis é que eles não veem o que está diante deles, e que estando acostumados aos princípios nítidos e grosseiros da geometria e a só raciocinar depois de terem visto bem e bem manejado os seus princípios, perdem-se nas coisas de fineza, onde os princípios não se deixam manejar de igual modo. Nós mal as vemos – as coisas de fineza –, as pressentimos mais do que as vemos, temos infinitas dificuldades em torná-las sensíveis para quem não as sente por si próprio. São coisas de tal maneira delicadas e tão numerosas que é necessário um sentido muito delicado e muito preciso para senti-las e julgá-las reta e justamente em conformidade com esse sentimento, sem poder, na maioria das vezes, demonstrá-lo por ordem, como em geometria, porque não lhes possuímos do mesmo modo os princípios e, tentá-lo, seria uma coisa infinita. É preciso, num instante, ver a coisa num só golpe de vista e não pela marcha do raciocínio, ao menos até um certo grau. E, assim, é raro que os geômetras sejam sutis e que os sutis sejam geômetras, porque os geômetras querem tratar geometricamente essas coisas sutis e tornam-se ridículos procurando começar pelas definições, em seguida pelos princípios, o que não é a maneira de proceder nessa espécie de raciocínio.[11]

Pois bem, essa é uma maneira de aqui evocarmos onde fracassa o matema. Lacan, assim como todos os estruturalistas, foi um bourbakista, e seu ensino começou, como vocês sabem, pelo primado do simbólico. Ou seja, primeiro por uma rejeição do real, no sentido em que a questão do real não era formulada. Num segundo momento, o imaginário parecia superado pelo simbólico, no sentido da *Aufhebung* hegeliana, superado, ultrapassado pelo simbólico. Foi o que Lacan chamou de *significantização*, valendo-se de um termo já enfatizado por mim. Isso supõe que a representação, imaginária, seja barrada, anulada e mesmo mortificada para ser elevada ao nível de significante. Mostrei que todos os começos do ensino de Lacan consistiam em significantizar os termos ainda imaginários nos quais se organizava a experiência analítica.

$$\uparrow \frac{S}{\cancel{\text{representação}}}$$

Em termos precisos, se o real veio para o primeiro plano do ensino de Lacan é por ele ser o que não pode ser superado pelo simbólico, o que não pode conhecer essa *Aufhebung*, essa significantização, permanecendo inassimilável.

Disso decorre uma ruptura entre simbólico e real, o que levou Lacan a reintroduzir o imaginário como terceiro termo que os enlaça:

$$\begin{array}{c|c} S & R \\ \multicolumn{2}{c}{I} \end{array}$$

Foi, digamos, o que o levou, se não a encontrar, pelo menos a utilizar, de maneira prevalente, o nó borromeano. De todo modo, o que sustentarei este ano é que o ponto de partida do nó borromeano é a ruptura, a fratura entre o simbólico e o real, cabendo ao imaginário a função de enlaçá-los. Disso resulta a evocação do nó borromeano, no qual, é claro, os três elementos estão objetivamente na mesma posição, uns em relação aos outros.

O fato de o real ser inassimilável faz com que seja sempre introduzido por um "não". É uma positividade que só pode ser abordada pelo negativo – pelo menos no que depende do simbólico –, ou seja, em sua face de impossível. É preciso haver uma articulação simbólica para podermos dizer que alguma coisa é impossível.

Num mundo em que falta a articulação significante, tudo é possível. Podemos fazê-lo valer comparando a imagem do mundo mágico do Renascimento com a transformação sofrida por essa imagem quando o discurso da ciência impôs sua grade. Com o advento da ciência, começou o impossível. Antes, havia um mundo onde, ao contrário, tudo era possível, em especial no Renascimento, quando o cosmo medieval já se havia fendido.

Portanto, numa vertente, o real depende do simbólico. Mas, numa outra – é o que Lacan deixa perceber –, há a autonomia do real. E o finalzinho de seu último ensino [*tout dernier enseignement*] está fendido entre estas duas posições: de um lado, a de uma autonomia do real que ele tenta animar, e, de outro, a compressão do real entre simbólico e imaginário.

Essa questão abstrata se encarna no problema desde então formulado pelo status do psicanalista: o analista tem um status no nível do real? O fato de ele o ter no imaginário está muito claro, que ele o tenha no simbólico, sua função de receptor e pontuador, basta para situá-lo. Mas haveria um status do analista no real?

Grana e algo mais

Em seu último ensino, Lacan não hesitava em proceder a um rebaixamento sociológico do analista e, ao mesmo tempo, delinear sua salvação, formulando a questão que está num escrito seu, o último dos *Outros escritos*,[12] cuja formulação brutal só é mais valiosa por se saber que é calibrada exatamente com a pena na mão: "... haverá casos em que outra razão leve alguém a ser analista senão o estabelecer-se, isto é, receber o que é correntemente chamado de grana?"[13]

Isso é encarar o fato de que a psicanálise é, com efeito, uma profissão. Em psicanálise há o nível da profissão. Por isso, Lacan quis pôr a profissão à prova da verdade – o que ele chamou de *passe*. Consiste em pôr a profissão à prova da verdade, sabendo que a verdade é uma miragem. Quer dizer que sobre o real só podemos mentir, não há adequação da palavra ao real. Então, será que há casos em que uma outra razão incite a ser analista que não a de receber grana? Pois há. Eu, por exemplo, recebo grana, é verdade, mas fui o primeiro a ficar surpreso porque, no fundo, o que me impeliu a ser analista foi estritamente o que faço agora: ou seja, fazer frente. Eu me tornei analista estritamente determinado pela adversidade – os que junto comigo conheceram a época da dissolução da Escola Freudiana sabem o que quero dizer. Não pensei em abraçar essa carreira e me entregar a essa profissão antes de encontrar aqueles que não queriam absolutamente que eu nela entrasse. Portanto, entrei nela por um *dizer que não*. Assim, não é surpreendente que eu tenha, afinal, em alguma parte, o júbilo de ser ainda hoje aquele que diz não.

É um exemplo. De todo modo, uma outra razão que não a de receber grana me impeliu a ser analista. Não sou o único, há outros que tiveram sua maneira de introduzir-se ali. Trata-se então de saber o que isso deve ao simbólico, ao imaginário e ao real.

Este ano, com o título "Coisas de fineza em psicanálise", gostaria de examinar, para dizê-lo de maneira kantiana, a psicanálise do ponto de vista pragmático; ou seja, o que a psicanálise faz, pode ou deve fazer de si mesma – estou parafraseando Kant nessa fórmula. E pretendo examinar isso ajudado pelo furo entre estrutura e contingência. Há um furo entre os conceitos fundamentais da psicanálise organizados em estrutura, dos quais os matemas das páginas anteriores dão uma ideia.

Constatei com pesar que, entre nós, continua-se a falar de *setting*, ao passo que Lacan diz "discurso". O *setting* é um conceito barroco que mistura ao mesmo tempo dados de estrutura e dados secundários, como instalação, número de encontros etc. Não se trata do *setting*, mas do discurso analítico.

Eis então a noção de uma estrutura, havendo um furo com o que é contingente. Um caso particular não é o de uma regra, não é o exemplar de um universal, não é a exemplificação do geral. A pragmática é precisamente a disciplina que tenta encontrar a regra a partir de um caso particular, ou seja, que sempre toma o caso particular como uma exceção à regra. Desde então, o caso particular é uma coisa de finura que Kant chamava, em sua linguagem menos elegante, de julgamento reflexivo. É aqui, nesse hiato, que se introduz essa prática mal-alojada chamada supervisão. Supõe-se que a supervisão venha colmatar a hiância entre estrutura e contingência. Gostaria que se pudessem dizer coisas sobre a supervisão – palavra da qual se faz por vezes um uso abusivo –, se me permitem, melhor estruturadas.

Depois, na mesma linha, formula-se a questão da educação do psicanalista. Prefiro dizer *educação* a *formação*. Isso permite ver melhor o exorbitante do termo, porque se há um domínio no qual a pedagogia não pode grande coisa, não pode nada, como dizia há pouco, é esse. Então, cabe saber o que o analista deve à sua análise, à sua experiência com pacientes, e o que ele poderá, e sob que forma, dever a outras disciplinas.

Além do mais, o que invalida a pedagogia em psicanálise é que o saber se paga, ou seja, adquire-se à custa do sujeito. A transmissão segundo a imagem dos vasos comunicantes não dá conta desse pagamento. Mas paga-se. E o saber que se pode adquirir na própria análise é pago. Eu mesmo manejei, sem dúvida com demasiada ligeireza, um dado constante e radical da experiência analítica, a saber, a gratuidade. Pensava que isso deveria ocupar uma pequenina superfície a título experimental. Manejei subtraindo o dado do dinheiro. E o que descrevi como *fenômeno atual* é, sem dúvida, devido, por uma ampla parte, à subtração desse elemento. Ora, o dinheiro não é apenas a grana, como dizia Lacan, destinada a prover as necessidades do interessado e de sua família; é também um elemento com a propriedade de matar todas as significações, e que opera, por si mesmo, uma ação de limite. O "cada vez mais" que assinalei há pouco é evidentemente articulado, desta feita não à aquisição do dinheiro, mas ao abismo acarretado por seu desaparecimento, esse apelo sem limite de uma demanda da qual não sabemos nos subtrair.

Por fim, pragmática. Digo também pragmática porque o saber-fazer tende, em psicanálise, a suplantar o saber, o pragmático tende a suplantar o epistêmico. É preciso a um só tempo reconhecer esse movimento naquilo que o fundamenta e ajustá-lo. Gostaria de tentar isso este ano naquilo que, na verdade, é um exercício de antecipação: aonde vai a psicanálise? *Para onde ela vai*, caso sigamos as indicações do tempo presente? E, em nossa opinião, supondo que ela possa, *para onde ela deve ir*?

Até a semana que vem.

12 de novembro de 2008

2. Segunda lição

Disse *fineza*, palavra com que Pascal faz o antônimo de *geometria*. Pascal era geômetra e até um gênio da geometria, um gênio precoce, mas sabia, ao mesmo tempo, que nem tudo é geometria, que nem tudo se deixa manejar pelo matema. Isso nos esclarece sobre o que Lacan tentou em seu último ensino, no final de seu último ensino. Esclarece o que quer dizer aquilo que se nomeia teoria dos nós, que é uma tentativa de flexibilizar o matema, uma tentativa de torná-lo capaz de capturar as coisas de fineza. É, porém, uma tentativa desesperada, pois elas não se deixam, em definitivo, matematizar.

Se falei em fineza não foi somente por causa de Pascal. É em razão do texto de Freud de 1935, que se intitula "*Die Feinheit...*", "As sutilezas de um ato falho".[1] Freud não se via diminuído ao apresentar, já tão longe em sua elaboração, um ato falho de seu inconsciente, de apresentá-lo à comunidade de psicanalistas. É o que ele queria lembrar-lhes, tão tarde: que um analista continua a aprender com o seu inconsciente. Ser analista não o exonera desse testemunho. Ser analista não é analisar os outros; é, a princípio, continuar a se analisar, continuar a ser analisando – é uma lição de humildade. A outra via seria a enfatuação do analista – caso ele se considere em dia com seu inconsciente. Não se está jamais. É aquilo que, em ato, em ato de escrita, Freud comunicava a seus alunos. A questão é saber se nós saberemos compreendê-lo.

A fineza desse ato falho, como Freud o qualifica, é um *lapsus calami*, uma divagação da caneta, não numa mensagem endereçada a analistas, mas num bilhete enviado a um joalheiro, onde deveria figurar duas vezes a preposição "para" e, no lugar da segunda ocorrência, Freud escreveu a palavra "bis", que ele teve de riscar. É essa rasura que o motivou a escrever seu texto. Seu lapso se deixa interpretar, na primeira vez, da seguinte forma: "Escrevi 'bis', em latim, ao invés de escrever duas vezes a palavra 'para', o que teria sido uma inabilidade de estilo; escrevi a palavra latina, que significa 'duas vezes', ao invés de escrever duas vezes a preposição 'para'."

Essa seria a primeira interpretação dessa formação do inconsciente da qual ele dá testemunho – um nada que, porém, vale ser comunicado. Esse lapso se presta a uma segunda interpretação, que ele destaca ter vindo de sua filha. Ele aceita que de sua família lhe venha uma interpretação. Ela diz: "Você escreve 'bis' porque o presente que você quer dar, o presente de uma joia que você quer dar a uma mulher, já o deu antes, por isso você escreve 'bis'."

Freud aceita essa interpretação familiar. Mas agora vem a terceira interpretação, na qual ele acrescenta:

> Se escrevi "bis", não foi somente porque meu enunciado implicava duas preposições "para", não foi somente porque esse presente repetia um presente anterior, mas porque esse presente eu não queria dar, porque esse presente eu queria guardar para mim e somente me separaria dele com o sofrimento de que ele iria me faltar.

É a verdade do presente. Só se dá, verdadeiramente, a falta, da qual, sabemos, vamos sofrer. Damos, de modo autêntico, somente o que cavará, em nós, a falta daquilo de que nos separamos. Ele o diz com uma refinada discrição: "Que seria de um presente que se ofereceria sem que lhes causasse um pouco de pesar!" Dou aquilo que não quero dar. Dou contra um fundo de "não quero dar". Dou, e é esse recalcamento de um "não quero" que dá o preço do presente. Aí está a fineza, *die Feinheit*. A fineza exige que o recalque se insinue naquilo que o *eu* empreende, ela tem a ver com o próprio recalque. É isto que não se pode esquecer, precisamente: o "não quero", que está esquecido e que é, em última instância, o motivo, a razão de ser do que aparece na cena do mundo.

A generosidade encontra seu fundamento na retenção, no egoísmo, em um *É para mim*. É, no sentido próprio, o que se deixa interpretar. Eis a fineza, que passa pelas coisas ínfimas e, nesse ínfimo, a análise se fez revelação de um desejo que desmente o que se propõe abertamente. Recomendo a vocês a leitura desse pequeno texto. Eu o tomo por guia, por paradigma do que quero desenvolver neste ano diante de vocês.

Erótica do extranormativo

Esse suporte tão fino vale mais do que aquilo que triunfa na cena do mundo. O que triunfa é a terapêutica. É a isso que se pretende reduzir a psicanálise, uma terapêutica do psíquico, e os psicanalistas são incitados a encontrar aí a justificativa de seu exercício.

A isso se opõe, a princípio, um clichê, um clichê filosófico, o de que o homem, como tal, é um animal doente, que a doença para ele não é um acidente, é intrínseca, faz parte de seu ser, daquilo que se pode definir como sua essência. Pertence à essência do homem ser doente; existe uma falha essencial que o impede de estar com boa saúde, ele não está jamais. Nós não dizemos isso somente porque temos a experiência daqueles que nos procuram. Dessa experiência que temos inferimos que não há ninguém que possa estar em harmonia com sua natureza, e que em cada um se aprofunda essa falha, não importa como a designemos, a falha do fato de que ele pensa e que, por isso, nada do que faça é natural, porque refletido, reflexivo.

É uma maneira de dizê-lo. Dizer que ele está distante de si mesmo, que é um problema coincidir consigo mesmo, que sua essência é não coincidir com seu ser, que seu "para-si" se afasta de seu "em-si". A psicanálise diz algo desse em-si, que esse em-si é seu gozo, é seu mais-gozar, e que alcançá-lo só pode ser o resultado de uma ascese severa. É dessa forma que Lacan considerava a experiência analítica, como a aproximação, pelo sujeito, desse em-si, e ele tinha a esperança de que a experiência analítica permitiria ao homem reunir-se a seu em-si e elucidar o mais-gozar em que reside a sua substância. Mas também considerava que a falha que faz com que o homem seja doente era, para sempre, a ausência de relação sexual. Que essa doença era irremediável, que nada poderia preencher ou curar a distância de um sexo ao outro; que cada um, como sexuado, encontra-se isolado do que quisermos considerar como seu complemento.

A ausência de relação sexual torna inválida qualquer noção de saúde mental e qualquer noção de terapêutica como volta à saúde mental. Ao contrário do que o otimismo governamental professa, não há saúde mental.

O que se opõe à saúde mental e à terapêutica que deveria recuperar essa saúde mental é, digamos, a erótica. Essa erótica, isto é, o aparelho do desejo que é singular para cada um, faz objeção à saúde mental. O desejo está do lado oposto de qualquer norma. Ele é, como tal, extranormativo.

Se a psicanálise é a experiência que permitiria ao sujeito explicitar seu desejo, na sua singularidade, essa experiência somente poderá se desenvolver se afastarmos qualquer intenção de terapia. A terapia, a terapia do psíquico, é a tentativa fundamentalmente vã de padronizar o desejo para que ele coloque o sujeito na esfera dos ideais comuns, de um *como todo mundo*. Ora, o desejo comporta essencialmente, no ser que fala e que é falado, no ser falante, um *não como todo mundo*, um *à parte*, um desvio fundamental e não secundário.

O discurso do mestre quer sempre a mesma coisa, o discurso do mestre quer o *como todo mundo*. E se o psicanalista representa alguma coisa, essa coisa é o direito, é a reivindicação, é a rebelião do *não como todo mundo*. É o direito a um desvio que não se mede por nenhuma norma. Um desvio vivido como tal, porém, que afirma sua singularidade, incompatível com qualquer totalitarismo, com todo *para todo x*. A psicanálise promove o direito de um só com relação ao discurso do mestre que faz valer o direito de todos. Isso revela quanto a psicanálise é frágil, como é fraca, como é sempre ameaçada. Ela só consiste, só se sustenta pelo desejo do analista de dar lugar ao singular, ao singular do Um. O desejo do analista se coloca do lado do *Um*, com relação ao *todos*. O *todos* tem seus direitos, sem dúvida, e os agentes do discurso do mestre se vangloriam de falar em nome do direito de todos. O psicanalista tem uma voz trêmula, uma voz bem pequena para fazer valer o direito da singularidade.

A psicanálise verdadeira e a falsa

Lacan pôde opor, no passado, a psicanálise verdadeira e a falsa. Que critério, para ele, imperava nessa distinção? Qual era o critério do verdadeiro e do falso em matéria de psicanálise? Para ele, o critério, único, era o desejo.

A verdadeira psicanálise, no sentido de Lacan, é aquela que se põe no rastro do desejo e visa isolar, para cada um, sua diferença absoluta, a causa de seu desejo na sua singularidade, eventualmente a mais contingente. Disse eventualmente! A causa do desejo para cada um é sempre contingente. É uma propriedade fundamental do ser falante, a causa de seu desejo sempre tem a ver com um encontro, o seu gozo não é genérico, não tem a ver com a espécie. A modalidade própria do gozo tem a ver, em cada caso, com uma contingência, com um encontro. O gozo não é programado na espécie humana. Temos aí uma ausência, um vazio. O que dá ao gozo, para cada um, uma figura singular é *uma* experiência vivida, um encontro. Aí está o escândalo. Gostariam que o gozo fosse genérico, que fosse normatizado para a espécie. Pois bem, ele não é. Aí se destroçam todos os discursos universalistas.

A falsa psicanálise é aquela que se põe no rastro da norma, aquela que se dá por objeto, por finalidade, para reduzir a singularidade em benefício de um desenvolvimento que convergiria para uma maturidade constituinte do ideal da espécie. A falsa psicanálise é a psicanálise que se pensa como terapêutica.

É verdade que a psicanálise tem efeitos terapêuticos. Ela tem efeitos terapêuticos de tampão, de adaptação, de alívio, na medida exata em que reconhece a singularidade do desejo. Ela opera terapia, não quando reconduz à norma, e sim quando autoriza o desejo no seu desvio constitucional. Sujeitos vêm para a análise com sua queixa, com sua vergonha com relação a seu gozo. Os efeitos terapêuticos da análise não consistem em reconduzir esse desvio à norma, mas, ao contrário, em autorizá-lo quando ele se fundamenta no autêntico.

Houve um tempo em que os analistas imaginavam curar a homossexualidade. Eles voltaram atrás. Hoje, são procurados por homossexuais, que sofrem desse desvio com relação à ideologia comum, e a ação analítica é terapêutica à medida que ela os reconcilia com seu gozo, em que ela lhes diz que é permitido. Principalmente porque os ideais comuns foram, eles próprios, remodelados pela psicanálise e, hoje em dia, por assim dizer, é socialmente mais fácil ser homossexual do que no passado. Nenhum analista sonha mais curar a homossexualidade como se ela fosse uma doença vergonhosa do desejo da espécie, mas, ao contrário, sonha reconciliar o sujeito com seu gozo. E essa reconciliação ocorre a despeito do que se propõe como norma.

O discurso analítico não reconhece outra norma além da *norma singular* que se depreende de um sujeito isolado como tal da sociedade. É preciso escolher: o sujeito ou a sociedade. E a análise está do lado do sujeito. A análise teve esse poder de fazer com que a sociedade se tornasse mais porosa ao sujeito. Os agentes do discurso do mestre não estão exatamente no tempo desse *aggiornamento*, e se a psicanálise tem uma missão em sua direção é a de aperfeiçoá-los quanto a isto: as normas sociais não terão mais superioridade que a norma singular; um sujeito, tendo alcançado a autenticidade de seu desejo, pode inscrever o contrário com relação à ordem que deveria dominá-lo.

Se Lacan podia distinguir a psicanálise verdadeira da falsa é porque tinha a ideia de que a experiência analítica manifesta uma verdade como tal. Na realidade, a análise manifesta *verdades múltiplas* à medida que se elabora a singularidade do sujeito. A verdade, sem dúvida, se revela variável conforme as coordenadas que ela toma, as contingências de sua história. No entanto, por meio dessas verdades múltiplas, uma *verdade una* se manifesta. O que se manifesta, digamos, é *o local* dessa verdade. É que, em todos os casos, a causa é mais lógica do que psíquica, e a lógica, entendida como os efeitos da palavra e do discurso, do *logos*, vem no lugar do psíquico. É nisso que Lacan reconhecia a verdadeira psicanálise: a verdadeira psicanálise é aquela que reconhece os efeitos da linguagem na doença intrínseca do ser humano como ser falante e como ser falado, isto é, como *falasser*.

Desse ponto, abrem-se duas vias contraditórias. A primeira é a de uma *pedagogia corretiva*, para usar a expressão de Lacan. É a de colocar o sujeito, por meio da persuasão, nos trilhos que o conduzem ao que a *sociedade* espera dele: o trabalho, a inserção no meio social, na família, e, no final, a reprodução. Nesse caso, o que chamamos de psicanálise consiste em operar uma sugestão social com fins de assujeitamento. E não devemos nos espantar com que, se propusermos isso às autoridades que presidem o discurso do mestre, sejamos por elas aplaudidos. Se o psicanalista se oferecer como um empreendedor de sugestão social com o fim de fazer com que os sem-teto encontrem uma moradia, que os obesos fiquem magros, que os precários se tornem ricos, não nos surpreendamos com que as autoridades do discurso do mestre batam palmas com as duas mãos. Ainda mais porque evocaremos a rara eficácia da operação analítica de manejar os significantes-mestres para conduzi-los a isso. Doravante, as mulheres agredidas serão mulheres queridas!

Bem, sem dúvida, é necessário pôr alguma autoridade em jogo. É o que Lacan chamava de *psicoterapia autoritária*. Devemos dizer que a psicanálise aplicada à terapêutica, concebida nessa ótica, nada mais é que uma psicoterapia autoritária.

Nos tempos da Escola Freudiana de Paris, de Lacan, havia ali um enclave que se autodesignava psicoterapia institucional. Reunia colegas que se dedicavam precisamente a dar consequências à psicanálise no quadro das instituições de tratamento, e eles tinham a decência de chamar de *psicoterapia*. Alguém teve a ideia, há cerca de cinco anos, de revalorizar a operação, qualificando-a de psicanálise aplicada. Esse alguém fui eu. O resultado está aí – é que, quando praticamos isso, achamos que somos psicanalistas. Então voltemos à origem: trata-se de psicoterapia! É psicoterapia de instituição, é uma redução da psicanálise para finalidades que são as do mestre. Então, evidentemente, quando chamamos isso de psicanálise aplicada, não fica absurdo no sentido abstrato.

Trata-se, de fato, de um esforço para articular as incidências terapêuticas da psicanálise, que existem. Se chamarmos a isso, porém, "psicanálise aplicada", não devemos nos surpreender se, em seguida, seus operadores se considerarem analistas, enquanto, desde sempre, eles foram designados como psicoterapeutas, como terapeutas que operam sobre os distúrbios do psiquismo. Ah! É menos glamouroso, não provoca o mesmo entusiasmo. Evidentemente, há cinco anos, quis suscitar um entusiasmo e consegui perfeitamente – foi por aí que me desnorteei [*j'ai erré*].

Do desejo do analista

Eu dizia que há uma via, que é a da sugestão social e da psicoterapia autoritária. A outra via é a da explicitação do desejo. De fato, é o que se pratica. Tive a oportunidade, no sábado passado, de presidir uma jornada de estudos onde foram apresentados casos tratados num estabelecimento de psicanálise aplicada e devo dizer que não tive nada a criticar, que cada um dos casos era, a seu modo, admirável. Admirável porque, a despeito do contexto, não havia nenhuma psicoterapia autoritária sendo utilizada e havia uma explicitação do desejo. A despeito do fato de que cada um desses casos respondia a certos critérios de redação padronizados, era possível ler que os operadores estavam bem inspirados pela psicanálise, que quando estavam diante dos sujeitos não pensavam nem um pouco em trazê-los de volta à norma e encontravam a norma no próprio desejo que lhes era comunicado nas entrelinhas. Devo dizer que isso me consolou. Consolou-me de ter posto no mundo esse conceito de psicanálise aplicada e me senti justificado, graças a esse trabalho que, faço questão de dizer, admirei. Reconheci, de fato, no que foi apresentado, um esboço do ato analítico propriamente dito, tal como Lacan o definiu. Não o ato analítico desenvolvido, aquele que é suscetível de conduzir ao fim da análise, como o denominamos, mas um ato analítico de alguma forma esboçado, desenhado.

O ato analítico, como sabemos, é distinto de qualquer ação, não consiste em um fazer. O ato analítico consiste em autorizar o fazer do sujeito. É, como tal, um corte, é praticar um corte no discurso, é amputá-lo de qualquer censura, pelo menos virtualmente. O ato analítico é liberar a associação, isto é, a palavra, liberá-la do que a limita, para que ela se desenvolva numa rota livre.

Constatamos, então, que a palavra em rota livre faz voltar as lembranças, que ela remete o passado ao presente e que desenha, a partir daí, um futuro.

Esse ato, o ato analítico, depende do desejo do analista, esse ato é o feito do desejo do analista. O desejo do analista não é da ordem do fazer. É, essencialmente, a suspensão de qualquer demanda por parte do analista, a suspensão de qualquer demanda de ser. O analista não pede ao sujeito que seja inteligente, que seja verídico, não pede ao sujeito que seja bom, que seja decente, pede somente que fale do que passa por sua cabeça, que entregue o mais superficial do que lhe vem ao conhecimento.

O desejo do analista não é o de torná-lo "em conformidade com", não é fazer-lhe o bem, não é curá-lo. O desejo do analista é o de obter o que há de mais singular naquilo que faz seu ser. É o de que você seja capaz, por seus próprios meios, de cercar, de isolar o que o diferencia como tal e de assumi-lo, de dizer: *Sou isso, que não é legal, que não é como os outros, que não aprovo, mas é isso*. E isso somente se obtém, de fato, por uma ascese, por uma redução.

Esse desejo do analista, o desejo de obter a diferença absoluta, não tem a ver com pureza alguma, porque essa diferença nunca é pura, ela está, ao contrário, conectada a alguma coisa em relação à qual Lacan não hesitava em chamar de *sujeira* [*saloperie*]. Essa diferença está sempre conectada a uma sujeira que contraímos do discurso do Outro e que repelimos, da qual não queremos saber. Há um matema para isso, o objeto *a*. Na prática, porém, não se pode nunca deduzi-lo, ele se apresenta. Há um matema, ou seja, um assunto de geometria, mas, na prática é, sempre, uma *coisa de fineza*. Só se capta de um relance, quando, ao final de um tempo para compreender, uma certeza se precipita e se condensa num *É isso*. Sem dúvida, eventualmente, mais de uma vez. Mas, enfim, enquanto vocês não obtiverem um *É isso*, não adianta brincar de fazer o passe. O que Lacan chamava de *passe* requeria a captação de um *É isso* na sua singularidade. Enquanto vocês pensarem pertencer a uma categoria, renunciem a tentar o passe.

O desejo do psicanalista, evidentemente, não tem nada a ver com o desejo de *ser psicanalista*. Ah, ser psicanalista! Sensacional: o homem, a mulher, que apresentaria os semblantes de – de quê? de afabilidade? de compreensão benevolente? uma certa distinção? uma suposta experiência nesses assuntos? – e que os tomaria pela mão para se tornarem como ele.

O desejo de ser psicanalista é, no fundo, sempre de qualidade duvidosa. É, convenhamos, um desejo "em falso" [*fausse monnaie*]. A ideia de Lacan era a de que nos tornamos psicanalistas porque não podemos agir de outra forma, e que vale quando é uma escolha forçada, isto é, quando fizemos a ronda dos outros discursos e voltamos a esse ponto em que todos aparecem como falhos, e nos relançamos no discurso do analista porque não temos como agir de outra forma. É bem diferente de um *cursus honorum*, é bem diferente de passar pelas etapas de um *gradus*. É falta de algo melhor. É falta de se deixar levar pelas ilusões dos outros discursos.

Os analistas, uma vez estabelecidos na profissão, não pensam mais sobre os fundamentos que os tornaram analistas. Há, em geral, um esquecimento do ato do qual são oriundos. Eles pagam seu estatuto, diz Lacan, com o esquecimento do que o funda. E é a razão pela qual eles se põem, no caso, a recrutar os novos analistas com base em critérios que não se referem ao ato analítico. Uma vez estabelecidos, eles consideram – na melhor das hipóteses, uma vez que tenham alcançado sua singularidade – o inconsciente como um fato de semblante. A elaboração do inconsciente não lhes parece um critério suficiente para ser analista.

O analista e seu inconsciente

Lacan tentou outrora algo em nome do passe para responder à pergunta: *como nos tornamos analistas?* Era o seguinte: recrutar o analista com base no que se modificou de seu inconsciente pela experiência analítica, com base nas hipóteses de que um inconsciente analisado se distingue, por assim dizer, de um inconsciente selvagem, de que um inconsciente analisado tem propriedades singulares, de que um inconsciente *mais* sua elucidação fazem com que sonhemos de outra forma, fazem com que não sejamos submetidos aos atos falhos e aos lapsos de todo mundo. Claro, isso não anula o inconsciente, mas faz com que suas irrupções se distingam.

Freud imaginava que os analistas, periodicamente – a cada cinco anos, dizia ele –, refariam um ciclo. Para vocês verem como ele se interessava pelo inconsciente do analista. É uma insistência que não podemos ignorar. É o motor da análise da contratransferência. Na Associação Internacional de Psicanálise, de fato, isso continua como mola essencial. Os analistas praticantes, quando operam, ficam tão atentos às suas formações do inconsciente quanto às de seu paciente, até mais, isto é, eles continuam a se analisar ao mesmo tempo em que analisam o paciente. Como eles conhecem melhor o próprio caso do que o do paciente e se interessam mais por seu caso, evidentemente, isso acaba encobrindo o caso: eles acabam só falando deles! É tradicional nos lacanianos não ligar para isso. No entanto, é o testemunho do que não pode ser esquecido: a relação do analista com seu inconsciente.

Sem dúvida, o local onde essa relação deve ser elaborada não é a própria prática analítica. O analista em funcionamento não tem inconsciente, pelo menos é o que sua formação deve lhe ter permitido obter. Mas ele tem esse inconsciente e – é o que proponho – ele tem de elaborá-lo, tem de elucidá-lo e tem de testemunhá-lo, de testemunhar, se posso dizer, o inconsciente pós-analítico, após sua investidura como analista. Aí está uma dimensão que ainda não foi destacada.

Parece-me, no entanto, que, se uma Escola de psicanálise tem um sentido, ela deveria permitir que o analista testemunhasse o inconsciente pós-analítico, isto é, o inconsciente na medida em que ele não faz de conta [*ne fait pas semblant*]. Da mesma forma, isso permitiria verificar que o desejo do analista não é uma vontade de semblante, que o desejo do analista está, para aquele que dele pode se prevalecer, fundado em seu *ser que não é* e que, segundo a expressão de Lacan, é "um querer na falta" [*un vouloir à la manque*].[2]

Nisso expõe-se uma economia do gozo que deve ter sido remanejada pela análise. Devemos colocar a questão do gozo do analista? Em que medida ele goza de seu ato? Em que medida, ao contrário, deve ele se manter a distância do gozo do ato? Estaria ele, nesse ato, tomado por uma compulsão de *sempre-mais*? É verdade que a despadronização da prática, após Lacan, é feita para favorecer o *sempre-mais, sempre-mais* pacientes. A questão se coloca sobre o gozo que está aí implicado.

De qualquer forma, está posta a questão do inconsciente como critério. É a questão que põe o passe, que faz da modificação da relação do sujeito com seu inconsciente o critério de recrutamento. Isso deve se estender, além do recrutamento, ao analista recrutado. Que relação ele continua a ter com o inconsciente? Que relação com o próprio inconsciente tem um sujeito que, ao longo do dia, trata do inconsciente dos outros? Seria excessivo pedir que, no contexto de sua Escola, esse analista seja capaz de testemunhar – como testemunhamos no passe – acerca da relação que mantém com o seu *não quero*?

Freud, em 1935, não achou que o diminuísse, enquanto se dedicava às especulações mais audaciosas, mais inovadoras sobre a teoria analítica, dar testemunho da atenção extrema que dedicava às suas formações do inconsciente.

Sempre tentei seguir essa lição. Os cursos que posso ministrar a vocês, que eu diga ou não, estão sempre ligados, por assim dizer, a um de meus sonhos. Sempre parto de um *Einfall*, de uma ideia que me passa pela cabeça. Tenho um esboço, claro, os matemas, mas não venho jamais, diante de vocês, o mesmo. Venho sempre como um sujeito do inconsciente, pelo menos gosto de crer nisso. É nessa disciplina que encontro o motor para prosseguir ainda a elucidar, após tantos anos, sem dúvida, a prática analítica que nos ocupa a todos, coletivamente; porém, a elucidar, mais secretamente, mais discretamente, o que, como sujeito, me motiva a desejar, a amar e a falar.

Até a semana que vem.

19 de novembro de 2008

3. Terceira lição

Ontem à noite recebi um e-mail de Buenos Aires, onde, sempre por meio eletrônico, se está perfeitamente a par do que me agita por aqui. O e-mail me propunha uma referência para este Curso, que intitulei "Coisas de fineza em psicanálise". Por esse canal recebo contribuições das quais, até o presente, não dei notícias. Essa, porém, me chamou a atenção. É de Graciela Brodsky, minha amiga Graciela, que foi minha sucessora como presidente da Associação Mundial de Psicanálise. Ela me escreveu em espanhol. Traduzo:

> No que diz respeito a Freud e à decifração de seu próprio inconsciente, há uma carta que ele endereçou a Istvan Hollos, em 1928, e que você mesmo publicou em *Ornicar?* n.32, em 1985.[1] É uma *pieza preciosa* – é uma peça rara, uma peça valiosa, de escolha. Seu amor pelo inconsciente e seu desprezo pela terapêutica são emocionantes.

Assim se fez de novo presente para mim essa carta que, na época, era inédita em francês e me foi propiciada pelas tradutoras de um volume prestes a ser lançado na ocasião, mas agora já publicado há muito tempo, que se intitula *Lembranças da Casa-Amarela*.[2] A Casa-Amarela era um asilo de Budapeste da qual Istvan Hollos foi médico-chefe. Ele era amigo de outro psicanalista húngaro, mais conhecido, Ferenczi, tinha sido analisando de Paul Federn, foi um dos primeiros psicanalistas húngaros e didata renomado – como se dizia então – em Budapeste, onde se formavam os jovens aspirantes à qualidade de psicanalista. É a razão pela qual ele conhecia Freud. Pensou, então, em endereçar-lhe as lembranças de sua direção desse asilo, redigidas por ele num estilo romanesco. De fato, ele ali trata de questões que, como psicanalista e como homem, essa prática podia lhe suscitar, pois ele era também psiquiatra. As tradutoras me confiaram essa carta como folha do copião do livro de Hollos, do qual escolhi algumas páginas. Freud acusa o recebimento da obra por meio dessa pequena carta, no fundo, a carta que ele não escreveu a Lacan quando, quatro anos mais tarde, Lacan lhe endereçou sua tese de psiquiatria. Freud limitou-se, então, a um cartão-postal, que coloquei, tempos atrás, na capa de minha revista *Ornicar?*. Lacan deixou esse documento como um presente a um de seus pacientes, marcando assim certa indiferença para com o cartão de Freud e, sem dúvida, um pequeno ressentimento para com Freud por ele não ter honrado aquele envio com um comentário, como fizera com Hollos.

Nessa carta, que lerei para vocês porque é muito breve, Freud deu mostras de que essa obra o conduziu a uma leitura subjetiva. Com isso devemos entender que ele foi tocado, que o livro não acionou apenas sua reflexão, que ele não fez essa leitura no nível do conceito, mas que a obra ressoou para ele, e sobre um certo fundo de mistério, uma vez que ele não explica completamente sua própria reação. Sua reação, tal como deixa entrever, tal como a nomeia, é de surda oposição à prática asilar de Hollos. De fato, através dessa carta, sente-se que, em Freud, o recalque foi o visado, algo do seu: *não quero saber nada disso.*

Uma carta de Freud

Tomo, então, essa carta, que tem três parágrafos e é datada de Viena, outubro de 1928.

> Caro doutor,
> Tendo sido advertido de que omiti agradecer-lhe por seu último livro, espero não ser demasiado tarde para reparar essa omissão. Ela não provém de uma falta de interesse pelo conteúdo ou pelo autor, cuja filantropia aprendi, por outras vias, a estimar. Foi, sobretudo, consecutiva a reflexões inacabadas que me preocuparam por muito tempo ainda depois de ter terminado a leitura do livro, leitura de caráter essencialmente subjetivo.
>
> Embora apreciando infinitamente seu tom caloroso, sua compreensão e seu modo de abordagem, me encontrava, entretanto, numa espécie de oposição que não foi fácil compreender. Tive finalmente de me confessar que a razão disso era eu não gostar desses doentes. Com efeito, eles me dão raiva, irrito-me por senti-los tão longe de mim e de tudo o que é humano. Uma intolerância surpreendente que faz de mim, antes de mais nada, um mau psiquiatra.
>
> Com o tempo fui deixando de me achar um sujeito interessante a analisar mesmo dando-me conta de que esse não é um argumento analiticamente válido.

> No entanto, é bem por isso que não pude ir mais longe na explicitação desse movimento de suspensão. Você me compreende melhor? Será que não estou me conduzindo como os médicos de outrora com relação às histéricas? Minha atitude seria a consequência de uma tomada de posição cada vez mais clara no sentido da primazia do intelecto, a expressão de minha hostilidade com respeito ao isso?
>
> Ou então o quê?
>
> Seu, Freud.

No início da carta:

> Caro doutor,
>
> Tendo sido advertido de que omiti agradecer-lhe por seu último livro, espero não ser demasiado tarde para reparar essa omissão.

Algum intermediário deve ter sinalizado o fato a Freud, mas, enfim, ele não escreveu a carta que deveria ter escrito. Esse é o ponto de partida e sua oposição já se manifesta aqui: esse livro o perturbou.

> Ela [a omissão] não provém de uma falta de interesse pelo conteúdo ou pelo autor, cuja filantropia aprendi, por outras vias, a estimar.

Nessa expressão de estima pela filantropia de Istvan Hollos já se sente uma certa distância de Freud.

> Foi, sobretudo, consecutiva a reflexões inacabadas que me preocuparam por muito tempo ainda depois de ter terminado a leitura do livro, leitura de caráter essencialmente subjetivo.

Freud alega que a omissão dessa confirmação de recepção estava cativa de seus processos psíquicos, processos sobre os quais ele mesmo não tem uma completa clareza, uma vez que qualifica suas reflexões de inacabadas.

> Embora apreciando infinitamente seu tom caloroso, sua compreensão e seu modo de abordagem [no romance-lembranças em questão], me encontrava, entretanto, numa espécie de oposição que não foi fácil compreender.

Eis Freud ultrapassado por um afeto, não compreendendo o fundamento de um afeto. "Tive finalmente de me confessar...", essa, no fundo, é uma expressão típica nos esforços de autoanálise.

Pergunto-me às vezes – e vou tirar isso a limpo este ano – se autoanálise se pratica. Da heteroanálise, por outro lado, com certeza, todos temos testemunhos, eu mesmo os tenho. Mas, quando reli essa passagem de Freud, isso me disse algo, porque estou continuamente tentando me confessar coisas. E sinto bem quando resisto a confessá-las, percebo bem depois que as confesso a mim, antes não. Quero dizer que, na realidade, desde o começo deste Curso, há bastante tempo, nunca progredi senão, se me permitem, pela via da confissão. Da confissão a mim mesmo e da retransmissão, evidentemente peneirada, sofisticada, sublimada, ao auditório constituído pelos presentes. Analiso-me uma vez por semana, de forma mais ou menos, em geral bastante, mascarada. De todo modo, trago os resultados do combate que pude travar com meu *não quero saber nada disso*. Portanto, esse "Tive ... de me confessar" fala a mim.

> Tive finalmente de me confessar que a razão disso era eu não gostar desses doentes.

Graciela diz elegantemente: "seu desprezo pela terapêutica", mas, no fundo, no texto de Freud, isso vai além. Ele não gosta dos doentes manicomiais, essa é uma confissão a si mesmo que pode ter lhe custado e da qual ele se livra numa carta privada que permaneceu por muito tempo desconhecida do público.

> Com efeito, eles me dão raiva, irrito-me por senti-los tão longe de mim e de tudo o que é humano. Uma intolerância surpreendente ...

Então, o que Freud apresenta ao destinatário dessa carta é verdadeiramente algo como um pedaço de seu inconsciente; permitam-me dizê-lo, ele próprio se surpreende com isso.

> Uma intolerância surpreendente que faz de mim, antes de mais nada, um mau psiquiatra.

Com efeito, o que aqui figura é uma confissão indicando haver em Freud, pelo menos no nível inconsciente, uma profunda disjunção entre a psiquiatria e a psicanálise – disjunção, por isso mesmo, bastante convincente. Último parágrafo:

> Com o tempo fui deixando de me achar um sujeito interessante a analisar …

Este é o caso de inúmeros analistas que acreditam já terem dado muito nesse exercício.

> … mesmo dando-me conta de que esse não é um argumento analiticamente válido.

Portanto, aqui, ele põe em questão sua reticência, sua dificuldade de se analisar ou, pelo menos, de se achar interessante como analisando.

> No entanto, é bem por isso que não pude ir mais longe na explicitação desse movimento de suspensão.

Assim, fica implícito que ele não se analisou o bastante para poder elucidar de maneira satisfatória o afeto sentido.

> Você me compreende melhor? Será que não estou me conduzindo como os médicos de outrora com relação às histéricas?

Como se conduziam os médicos de outrora com respeito às histéricas? Eles, de fato, tinham uma atitude de distância e de desprezo. Freud foi contra isso, ele as escutava apaixonadamente e não havia, nesse caso, movimento de suspensão. Isso implica que ele paga sua paixão pela fala da histérica com a repulsa pelo psicótico.

> Minha atitude seria a consequência de uma tomada de posição cada vez mais clara no sentido da primazia do intelecto, a expressão de minha hostilidade com respeito ao isso?

De fato, na época, em 1928, era o tempo da segunda tópica, e o arcabouço, a estrutura da reflexão de Freud passava pelas categorias do *eu*, do *supereu* e do *isso*. O fato de Freud aqui se questionar sobre o que seria sua hostilidade em relação ao *isso* tem todo o peso, um *isso* cujo lugar, na psicose, segundo sua teoria, ultrapassa o enquadramento que o *eu* deveria dar à vida psíquica.

> Ou então o quê? [segue-se, então, a fórmula de polidez de Freud]

Ou então o quê? Ele interrompe esse pequeno pedaço de confissões justo no indeterminado do que o animaria, portanto na confissão – que talvez seja o mais precioso de tudo – de que ele permanece um mistério para si mesmo, do qual não tem clareza; de que, diante de alguns sinais, desse afeto surdo, do eco que esse livro encontrou nele, o seu ser está ainda por decifrar. E tudo isso parte da confissão: *Não gosto desses doentes*, e também, *eles me dão raiva*, em que está implicada uma atitude subjetiva, uma posição subjetiva, que ele constata sem aprová-la.

Graciela diz que essa carta atesta seu amor pelo inconsciente. Bem, ela atesta, primeiro, talvez, sua repulsa à psicose, e, certamente, a relação mantida com o seu *não quero saber nada disso*, suscitando-lhe uma interrogação a ponto de mobilizar as categorias teóricas que ele havia inventado e nas quais estava, então, empenhado: o *isso*, o *eu* e o *supereu*.

Infinito e recalque

Então, quando se ensina, quando se pensa, quando se tenta pensar como psicanalista, é mesmo muito vantajoso manter-se em relação com o seu *não quero saber nada disso*, muito simplesmente porque ele nunca se esgota.

Há uma expressão utilizada por Freud em *A interpretação dos sonhos*, o umbigo do sonho, o ponto no qual, definitivamente, as interpretações ao mesmo tempo convergem, misturam-se e se abrem para um horizonte indefinido. Então, o homem que fez a primeira coletânea – que até hoje continua sendo a única – das interpretações de seus sonhos, que as multiplicou, é aquele que diz, *in fine*, que todas essas interpretações estão inacabadas. Não por fadiga, ou preguiça, mas por estrutura, que todo sonho comporta um umbigo, um ponto no horizonte – para dizê-lo matematicamente –, e que nenhuma interpretação está, para falar com propriedade, terminada.

Esse princípio freudiano do infinito é também o que anima seu texto "Análise terminável e interminável",[3] que prescreve aos analistas o retorno à posição de analisando, periodicamente, a cada cinco anos. Esse princípio do infinito vale para a interpretação. Pode-se dizer também: *interpretação finita e infinita*. Com efeito, em relação a alguns aspectos nos detemos, a coisa se fecha; com relação a outros, cabe ainda prosseguir. É o mesmo princípio do infinito que inspira Freud, mais tarde, em "Inibições, sintomas e angústia",[4] a evocar, aquém de todo recalque suscetível de ser levantado, o recalque fundamental, como ele o chama, intransponível, eterno para o sujeito, a respeito do qual ele chega a dizer que atrai para si todos os recalques. Ele é, como na teoria da gravidade, uma massa atraindo para si os recalques parciais, indefinidamente suplantados sem chegar à completude.

Essa é a incompletude da empreitada analítica para todo sujeito que animou Freud e que Lacan, num dado momento, sem negar o recalque primordial ou fundamental, tentou invalidar com sua construção do passe, por razões evidentemente fundamentadas, mas que foram postas em questão e desfeitas ao longo de seu ensino. De tal sorte que esse princípio freudiano do infinito deve ser trazido à ordem do dia.

Na vida cotidiana, tanto Freud quanto Lacan se relacionam com seu *não quero saber nada disso*. Lacan dizia que seu ensino surgira dessa relação. Por vias evidentemente diferentes, esse é o sentimento que me anima, responsável, por vezes, como testemunhei, confesso, por meus atrasos para chegar aqui, no desejo de forçar um pouco mais longe o que posso sentir como uma barreira.

É formidável! O recalque primordial é formidável por ser um recurso, uma garantia de que tudo não está dito – por vocês, em todo caso. É o que permite incessantemente transformar o que serve de instrumento para pensar, construir, ou para se dedicar – para se dedicar às ocupações rotineiras também. Permite transformar o que é instrumento de reflexão em obstáculo: o que serviu no tempo 1, revela-se, no tempo 2, como tendo mascarado o que poderia ser encontrado no tempo 3. É o que chamamos de questionar-se [*se remettre en cause*]. É preciso não misturar os tempos. Se vocês acabaram de apreender o instrumento e veem, imediatamente, tratar-se de um obstáculo, ficarão entalados. É preciso dar tempo. Se acontecer um engarrafamento temporal, vocês ficarão nocauteados.

Entusiasmo

Preservar essa relação com o *não quero saber nada disso* é uma disciplina, poderia até dizer uma ascese. Quando se ama o inconsciente, porém, manter relação com seu *não quero saber nada disso*, para forçá-lo, é uma ascese jubilatória – mesmo se o que encontrarmos não for forçosamente regozijante, mesmo se a verdade for horrível, o que fez Lacan deixar passar a indicação de que o entusiasmo lhe era, em definitivo, insuportável.

É o que se pode deduzir do Prefácio com o qual ornou seu "Relatório de Roma", o grande texto fundador de seu ensino, seu alicerce, produzido em 1953 e reeditado em 1966, em seus *Escritos*. Ele é precedido de um Prefácio cuja primeira frase é: "Um nada de entusiasmo é, num escrito, o traço mais seguro a deixar para que ele marque uma data, no sentido lamentável."[5]

De fato, esse escrito marca uma data, no sentido positivo, e Lacan, ao relê-lo, sublinha: entusiasmo demais.

Nada envelhece como o entusiasmo. O entusiasmo se explica pelas circunstâncias. Uma cisão acabava de acontecer no que era, até então, a única associação psicanalítica francesa, a Sociedade Psicanalítica de Paris. Uma nova associação se formava, a Sociedade Francesa de Psicanálise, conduzida pela equipe dos humanistas. Lacan e depois, é preciso dizer, Lagache, hoje esquecido – ao qual, no entanto, devemos a invenção da psicologia clínica –, teriam muito a dizer sobre isso. E a sra. Favez Boutonnier, mais esquecida ainda, de quem não poderia falar muito porque, na época, só assisti a um de seus cursos na Sorbonne e nunca mais voltei. Depois Françoise Dolto, de quem celebramos, há pouco, um aniversário. Visto de 1966 quando esse grupo explodiu – Françoise Dolto permaneceu com Lacan –, ou visto de 2008, o entusiasmo de 1953 é um testemunho histórico, mas aparece, com efeito, em desuso. É que o próprio entusiasmo não convém ao psicanalista, porque ele é o esquecimento do inconsciente, é o esquecimento da permanência do inconsciente. O entusiasmo é um: *Chegamos lá! Pronto!* É nomear com o único nome em que poderíamos, de fato, estar por completo, ou seja, o nome de Deus. *Entusiasmo* traz a raiz grega – pelo menos dessa vez ela é simples – *en theos*: em Deus. Um movimento de transporte em Deus, ou uma decida de Deus sob a forma da inspiração, em grego: *enthousia*. *Enthousia* é a palavra com a qual se qualificam os delírios sagrados da pítia ou da sibila, transmitindo as palavras de Apolo. Para nós, em nossa língua, qualifica um estado de exaltação ou uma emoção intensa, individual ou também coletiva. O *Grand Robert* diz: "Um estado privilegiado onde o homem, erguido por uma força que o ultrapassa, se sente capaz de criar."

en | theos

Isso deve ser aproximado da confissão de Freud, de seu distanciamento de tudo o que poderia lembrar a ilusão oceânica, o sentimento pelo qual podemos ser invadidos de participar da natureza, da ordem das coisas, e, por isso, sentir uma certa exaltação, cultivada, na época, pelos poetas, muitos no século XIX. Penso em Worsworth, ou no próprio Goethe. Em relação a esse sentimento, Freud testemunhava algo como: *muito pouco para mim.*

Dou destaque à citação de Jean-Jacques Rousseau fornecida pelo *Grand Robert* a propósito do entusiasmo e que diz bem as coisas para nós. Ela vem de *A nova Heloisa.* "O entusiasmo é o último grau da paixão. Quando ela está no seu máximo, vê seu objeto perfeito: ela, então, faz dele seu ideal; coloca-o no céu."

E Rousseau diz que a linguagem da devoção sagrada é a mesma da linguagem do amor. Isso designa, precisamente, o entusiasmo pela metáfora do objeto de amor, pela divinização do *a*. Esse *pequeno a*, causa do desejo, que Lacan pôde qualificar de porcaria, toma valor de bem soberano. É especialmente aqui que o entusiasmo se coletiviza, ou seja, ele é posto, segundo o esquema freudiano, como denominador comum por um certo número de sujeitos. Nele, eles se fundem em seus "nós", fabricando conjuntamente a força que os ultrapassa, que nada mais é do que a própria potência da multidão organizada, do grupo que constituem. Se quisermos, é uma emoção de sublimação.

De maneira moderada, sem dúvida pela distância, tivemos recentemente entre nós um eco do entusiasmo norte-americano por uma figura rara, certamente merecedora, que, com efeito, foi levada às nuvens, que continua sendo objeto de esperança, de expectativa, dedicada a ser progressivamente enquadrada, tamponada, e produzindo diversas decepções, o que não retira em nada a habilidade do personagem que estudo de perto. Mas minha impressão de que ali se tinha um grande espertalhão, nem um pouco cativo desse entusiasmo, se confirma. O homem da mudança retoma todos os antigos, e alguns de seus partidários não conseguem enquadrar completamente essa imagem de recomeço absoluto nessa reciclagem dos dejetos das administrações precedentes. Ontem escapamos do pior, pois ele se apressava em nomear, como diretor da CIA, um partidário da tortura *à la* Bush, se me permitem dizer. Depois, *in extremis*, como a decepção de alguns, apesar de tudo, foi muito verbalizada, ele recuou. Mas, enfim, eu, que não partilhei do entusiasmo de alguns que me são próximos por esse personagem, justamente por achá-lo muito espertalhão e muito duro, estou contente em verificar minhas intuições à medida que os dias passam. Bem, esse não é absolutamente nosso assunto, não é? Não é o assunto, mas, enfim, ele põe um pouco de atualidade. Há outros assuntos, não é mesmo? Há exemplos mais próximos de nós, mas que, no caso, confinam com o ridículo. Já ele, ele é forte mesmo, não é? Ela, para mim, é difícil, mas ela, ela tem classe, com certeza, uma audácia dos infernos; ao lado dela, as outras, de fato, não têm absolutamente nada. De todo modo, esses fenômenos a que assistimos têm uma incidência na vida política.

Portanto, a partir do exemplo que Freud e Lacan nos dão, sustento que manter a relação com o seu *não quero saber nada disso* e a cultura do entusiasmo é antinômico.

Afetos e desapego

Pode-se operar pelo entusiasmo. Já me aconteceu suscitar entusiasmo. Quando fico com raiva neste Curso suscito entusiasmo, ou então, quando parece que testemunho uma emoção pessoal, profunda, como da última vez, segundo me disseram, isso poderia suscitar entusiasmo. Na verdade, é contra minha vontade e não é de modo algum com essa corda que devemos tocar.

Ainda uma palavra. Lacan dizia que em nossos dias o objeto *a* foi levado ao zênite social. É muito próximo do que Jean-Jacques Rousseau explica sobre o objeto do entusiasmo colocado no céu. Evoquei esse objeto *a* situado no zênite social quando se manifestava – isso não dura muito, em geral, isso não é feito para durar – um entusiasmo de consumidores, como na ocasião do lançamento do último celular da Apple, quando as pessoas fizeram fila com dois dias de antecedência para comprá-lo, suscitando também emoções em todo o planeta. Isso é muito contemporâneo, não temos exemplo de entusiasmo de consumidores antes de nossa época. Deve ter se iniciado com o aparecimento dos objetos manufaturados, quando deviam chegar os xales tecidos na Inglaterra.

É possível que em Paris também se esperassem por eles, embora apenas uma parte reduzida da população. Hoje o consumo de massa é, de fato, objeto de entusiasmo. O entusiasmo consumidor.

Parece-me que o entusiasmo não convém ao analista. Mas, então, qual é o afeto que lhe convém?

Será a *apatia*? Busquei os antônimos de *entusiasmo* no dicionário. A apatia tem um grande *pedigree* filosófico: manter-se afastado da paixão, sem paixão. Deixemos um ponto de interrogação, porque, se traduzimos essa zona de abstenção total nos termos de ser um peixe frio, isso sem dúvida não parece satisfatório – embora mais do que o entusiasmo.

Há também *o embotamento* [*blasement*], como se exprime o *Grand Robert*, dizendo que é uma palavra antiquada. Embotamento, não. Não convém ao analista porque ele precisa da curiosidade, e a curiosidade é uma paixão. Então, apatia não dá.

Como antônimo de entusiasmo, propõe-se também *enjoo* [*ecoeurement*]. O analista deve estar enjoado? Evidentemente, isso nos evoca o fastio, o nojo [*dégout*], afeto histérico, e me parece excessivo dizer que o psicanalista deva bancar o enfastiado. Nesse sentido, talvez seja preciso contentar-se em dizer, com Lacan, que o analista deve, no que concerne ao paciente, manter-se ao abrigo do *você me agrada*. É uma conveniência que se pode revelar no que chamamos de supervisão.

A supervisão pertence às coisas de fineza em psicanálise, portanto, ela é muito difícil de enquadrar e, talvez, não possa sê-lo. Mas há uma versão da supervisão que se aproxima da análise. Digamos que é uma análise na qual um parâmetro é tocado, ou seja, não se trata de associação livre pura, é a associação livre a propósito do paciente. Portanto, alteram-se os parâmetros da associação livre, já que o tema é restringido.

Há diferentes momentos numa supervisão. Mas, quando num analista que está sendo supervisionado se revela um excessivo *você me agrada* em relação a seu paciente, isso é, em geral, índice de uma dificuldade. Lacan recomendava colocar-se de esguelha com relação a esse afeto; de todo modo, a reconhecê-lo como uma dificuldade que suscita identificações, ou, pior ainda, esperanças. Não há nada pior do que o analista que vê em um analisando uma esperança, uma esperança para a psicanálise, uma esperança de êxito. Aliás, em geral, isso falha. Então, nada de fastio, mas distância com o *você me agrada*.

O dicionário propõe também *frieza, indiferença, insensibilidade, fleuma.* Há uma bela e grande tradição fleumática entre os psicanalistas, que evoquei num outro momento a partir de um livro da jornalista Janet Malcolm que, nos anos 1950, entrevistou analistas e pacientes. Ela relata a anedota, que retive, do paciente chegando ao consultório do analista, em Manhattan, após um acidente muito grave, completamente entrevado, mancando, com um braço na tipoia, uma muleta, o rosto inchado, e o analista, sem dar uma palavra, lhe mostra o divã sem lhe perguntar coisa alguma. É um ideal de analista, de todo modo. É um ideal de inumanidade que vale mais do que a compaixão, que vale mais do que a filantropia. Percebe-se bem que Freud utiliza a palavra com a maior distância, como um homem que aprendeu a medida do que quer dizer *amar o próximo como a ti mesmo.*

Então, de todos os termos propostos pelo dicionário como antônimos de entusiasmo, o que prefiro – guardei para o bom momento – é "modesto". É *o desapego* [*détachement*]. É o que comporta o personagem sugerido por Lacan como referência identificatória, imaginária, ao psicanalista, o famoso guerreiro aplicado de Jean Paulhan. O guerreiro aplicado é o contrário do guerreiro entusiasta. Não é Aquiles, não é Heitor, não é Bayard, não é D'Artagnan. Não são golpes a torto e a direito. É *aplicado.* Ele está desapegado da cólera de Aquiles, do dever de Bayard, do júbilo de matar e de talhar. Ele faz o que tem de fazer, tenta fazê-lo bem, mas, digamos, com efeito, apático, distante das paixões.

Parece-me que o desapego é a posição que convém ao analista, uma vez que seu ato consiste em desapegar [*détacher*] o significado do significante. Ou seja, em reconduzir o significante à sua nudez, ali onde não se sabe o que isso quer dizer para o outro.

Não se sabe o que verdadeiramente uma palavra quer dizer para o outro. Não se conhecem as significações acumuladas na história dele, significações que se sedimentaram, significações que foram recalcadas. Para cada palavra que o paciente lhes diz, vocês não sabem. Do mesmo modo, quando vocês, como analistas, dizem uma palavra, não têm a menor ideia do efeito que isso pode produzir, não sabem o que farão repercutir, ao acaso.

Aliás, isso me tornou muito filósofo, no sentido de desapegado, no que concerne ao que posso fazer como curso. Na época, eu multiplicava – porque isso me habitava – os matemas, as construções, os edifícios. Comparava o matema A e o B e o C, de Lacan. Depois, nesse discurso que parece mais verdadeiro por ser o discurso desdobrado, eu ouvia: "Ah!, o que me impressionou na sua exposição de hoje, é que você empregou a palavra *prematuramente*." "Para mim, é ao mesmo tempo o *prematuro* e o *amante*." Então com isso a gente adquire – à força – uma modéstia com relação ao conceito, não é? E adquire-se uma grande prudência diante das palavras que se pode dizer no consultório do analista. As lições são pungentes. Eu as aprendi com uma paciente. Numa ocasião em que ela se inquietava com suas intenções profundas, inconscientes, escondidas, vendo-se assolada por elas, angustiada, acreditei que a ajudava – ai, ai... – a se extrair disso, dizendo: "Não, você não é má", e ela: "Por que você diz que sou má?" Quando se é iniciante, a gente experimenta um grande sentimento de injustiça.

Mas foi ela quem interpretou: afinal, foi a palavra *má* que veio a meus lábios. E por que a propósito dela? Então, você aprende que o não, a negação, é perfeitamente inoperante nesse caso, ou seja, ela interpreta a sua denegação, já que a palavra ali está. A negação nada mais é do que a marca do recalque da coisa, portanto, o significante é essencialmente positivo. O que conta é que ele deu as caras, já suas modalidades: zero. É *como tal* que isso conta. Agora, tentem, depois, dizer: "Não! Eu não disse isso!"

E ainda existem pacientes que se queixam de você não falar muito! Se o analista não fala muito é pelas melhores razões do mundo. Depois, evidentemente, ele pode vir a ter a ideia, que chega com a experiência, de poder falar sem tocar nos pontos vivos, de poder contar com seu jeito, mas, então, há sempre o risco de banalizar, de trivializar os significantes que usa.

Sentido, gozo e interpretação

O desapego talvez seja, aqui, menos um afeto do que a tradução em vocês da distância que vocês, como analistas, introduzem entre o significante e o significado. Registra-se o significante, depois é preciso um tempo suplementar para que se incube, eventualmente, o significado, que pode ser o significado comum. De todo modo, o significado comum pode ocupar, se me permitem, a maior parte do espaço semântico, mas, enfim, há sempre um toque do idioleto. Não há uma só palavra empregada por alguém que não seja minimamente deformada pelo simples fato de a pronunciar, pelo fato de ser a *sua* palavra.

Exceto as pessoas que falam como livros. Naqueles que falam como livros, com efeito, não se sente de modo algum o gozo que eles ali colocariam. Conheci isso levado ao patológico, em uma paciente que não se considerava inteligente o bastante para fazer uma análise, sobretudo comigo, que ela elevava ao céu. Então, como você faz nesse caso, se você não é medroso? Pois bem, eis o que ela fazia: ela decorava pedaços de livros e artigos e os servia para mim, no divã. Isso durou até que eu me desse conta, quer dizer, afinal, não muito tempo depois. Não muito tempo, mas, evidentemente, era o sonho de falar como um livro e, precisamente, não se entregar.[6]

Outra história. Numa ocasião, um rapaz que havia feito análise por um longo tempo em outro lugar, um analista praticante, assim parecia, na segunda vez em que nos vimos me contou um sonho. Ao escutar o sonho, disse a mim mesmo que se tratava de um sonho falso, que não colava e não o interpretei. Na vez seguinte, ele me disse que havia me contado o sonho de um de seus pacientes como sendo dele, para ver o que isso me suscitaria. Bom, então, vocês veem que o desapego, nesse caso, era bastante necessário.

Não se tem clareza do sentido do que nos é dito enquanto não se tem clareza do gozo que o inspira. É o valor da palavra, que aparece uma vez no texto de Lacan e que destaquei em outro momento, *jouïs-sens*: o sentido é sentido gozado. Há uma satisfação intrínseca ao que chamamos de compreensão: compreender é um efeito da satisfação. O que faz sentido para um sujeito é sempre determinado pelo gozo. Digamos que as modalidades do sentido para um sujeito têm a ver com o modo singular de seu gozo.

É bonito dizer *falar a língua do Outro*. Mas é preciso começar aprendendo a língua do Outro. Em análise, vocês partem, primeiro, do fato de que lhes falam uma língua estrangeira e de que aquilo que vocês podem dizer é também uma língua estrangeira para seu paciente. Portanto, é preciso tempo para que lhes venha o sentido da língua do Outro. É o que significa o aforismo de Lacan, segundo o qual *a interpretação visa à causa do desejo*.

Significa que a interpretação visa ao gozo, ou, mais precisamente, ao mais-gozar, que é o princípio e a mola do sentido. Na interpretação não se trata somente de substituir um sentido por outro, num quiproquó. Trata-se de diferenciar esse quiproquó para, por algum viés, mirar, fazer ressoar, vibrar o gozo que mantém fechado, se me permitem, o *não quero saber nada disso* do sujeito, de maneira a fazê-lo ceder um pouquinho do gozo deste seu *não quero saber nada disso*.

O aforismo de Lacan surpreende porque se pensa que a interpretação visa ao significante, visa à fala. Esse aforismo, porém, assinala que a interpretação visa a aquém dela.

Lacan construiu e tornou clássica, pelo menos no Campo Freudiano, a tripartição: necessidade, demanda e desejo. A necessidade, supostamente natural, conhece uma transmutação simbólica pelo fato de o objeto de uma demanda, classicamente endereçada à mãe – vejam o *Seminário*, livro 4, *A relação de objeto*[7] –, tenho fome, tenho sede, e até mesmo o simples grito endereçado ao outro, vir a ser simbolizado. Mas, terceiro tempo: a demanda deixa sempre um resto, inapreensível, que corre entre as palavras, a metonímia do discurso, que Lacan batizou de desejo. O desejo, classicamente metonímico, inapreensível, é o furão que escorrega, que faz labirinto. É nessa dimensão que o sujeito formula sua questão, precisamente por ele ali não se encontrar. É o momento do *estou perdido*. Todavia, impõe-se acrescentar um quarto termo: necessidade, demanda, desejo e *gozo*. O gozo, contrariamente ao desejo, é um ponto fixo. Não é uma função móvel, é a função imóvel da libido.

Referindo-nos ao velho termo freudiano "libido": Lacan lhe deu uma primeira tradução em termos significantes, sob o nome de "desejo". Muito claramente, essa primeira tradução não saturou todos os aspectos da libido freudiana e ele a completou dando-lhe sua segunda face: o gozo. O gozo, ao contrário do desejo, é para o sujeito uma resposta. Vocês conhecem o refrão de Lacan a respeito das perguntas e das respostas: *Eu não faria a pergunta se já não tivesse a resposta*. Pois bem, isso também vale para o analisando, para o sujeito: *eu não faria a pergunta do desejo se já não tivesse a resposta do gozo*. Mas é preciso ainda fazer com que, digamos, se encaixem e se articulem a questão do desejo e a resposta do gozo.

As coisas de fineza em psicanálise se dividem entre desejo e gozo. Em todo caso, é por essa via que tentarei deslizar.

Interpretações de um ato falho

Talvez haja tempo para retomar o texto de Freud "As sutilezas de um ato falho", de 1935, e incitar um pouco sua interpretação.[8] É a narrativa, em três páginas, do que foi um *lapsus calami* dele próprio. Em seus termos: "um absurdo erro de pena [*erreur de plume*]." Lacan, por sua vez, ao fazer em seu curso um lapso de escrita, disse: "É um erro grosseiro." Com efeito, para transformar um erro em lapso, é preciso implicar uma intenção inconsciente. O mesmo ocorre com o que chamei – eu chamei? –, o que foi dito, uma vez, por Lacan, num contexto pouco claro: *o inconsciente real*. Pois bem, é nesse nível que consideramos ter feito um erro grosseiro. Somente se transformarmos esse erro, implicando nele uma intenção inconsciente, ele se tornará um lapso.

Nada os impede de tomar o inconsciente real no discurso do mestre. Se vocês o capturarem no discurso do mestre, obterão um certo número de efeitos terapêuticos, pois é isso que busca o mestre, a terapia universal. E obterão outros efeitos se o capturarem no discurso analítico. Isso é objeto de uma decisão. Podem-se fazer tratamentos no quadro do discurso do mestre – é um certo tipo de tratamento –, obter um certo número de efeitos e, até mesmo, que esses efeitos sejam benéficos. É possível. Simplesmente obtém-se outra coisa diferente por completo quando se captura o inconsciente real no discurso analítico. Mas, sem dúvida, é preciso valorizá-lo e isso depende do desejo do operador. Não está dado, não está de todo cozido, é preciso colocá-lo sobre o fogo, é preciso acolhê-lo de uma certa maneira, em um certo enquadramento.

Isso não para aí. A universidade é um centro de tratamento, um centro de tratamento do inconsciente real pelo discurso da universidade. Cola-se saber sobre as feridas de vocês, aplicam-lhes curativos de saber, aliás, isso evita pensar.[9] É um modo de tratamento. Os discursos são modos de tratamento. O discurso da histérica também: é um tratamento do inconsciente real que tende, preferencialmente, a tornar doente, mas também é um tratamento que se aplica ocasionalmente.

Freud transforma seu absurdo erro de caneta em lapso, mas em vários tempos. Por um lado, há um fenômeno significante, que é a aparição de um significante em excesso, a palavra "bis". Vou ler para vocês o começo do texto:[10]

> Preparava um presente de aniversário para uma amiga, uma pequena gema para engastar em um anel. Sobre um cartão, no centro do qual eu fixei a pequena pedra, escrevi: "comprovante para um anel de ouro que o joalheiro L. confeccionará... [aí ele deixa três pequenos pontos] para a pedra anexa, na qual está gravado um barco com velas e remos ..."

Foi por isso que falei em *embarcar*, logo no começo deste Curso. Ora, ele diz, no lugar deixado vazio entre *confeccionará* e *para*, apareceu, sob sua pena, uma palavra que ele foi obrigado a riscar porque era uma palavra em excesso, a palavra "bis". Eis em que Freud se detém. Ele escreveu, sua pena deslizou, ele escreveu uma palavra a mais e se pergunta por quê, tal como há pouco, para Istvan Hollos, ele se perguntava por que não havia respondido imediatamente e felicitado o autor pelo livro. Perguntava-se também por que havia tido um movimento de suspensão diante dessa obra. Aqui, é um movimento de interrupção diante da palavra inconveniente, do significante em excesso.

Então ele observa que "bis" existe em alemão, é uma preposição e quer dizer "até" - como se diz *bis wann*, "até quando". Nessas associações ele é, ao contrário, conduzido ao latim, em que "bis" quer dizer "duas vezes". Então, evoca o adágio do direito romano: *Ne bis in idem* – "duas vezes, não para a mesma coisa." Ele não faz comentários mas, enfim, é, com efeito, um princípio elevado do direito que não se julgue alguém duas vezes pela mesma coisa. Uma vez que se é exonerado ou condenado por um fato, uma vez terminado o apelo, a cassação etc., não se é julgado duas vezes. Como ele explica o surgimento dessa palavra que quer dizer "duas vezes"?

Primeira explicação: pelo incômodo que teve ao escrever duas vezes a palavra "para": comprovante "para" um anel "para" a pedra anexa. Ele diz que a repetição pouco feliz dessa preposição fez com que a ideia de "duas vezes" surgisse, que ela surgiu sob a forma dessa palavra em excesso que quer dizer "duas vezes" e, no fundo, ele foi levado a riscar a palavra "bis" assim como queria riscar um dos dois "para". Portanto, a rasura [*rature*] *fez parte* do próprio ato falho. O ato falho não é simplesmente a aparição da palavra em excesso. Quando se lê bem Freud, a rasura é parte integrante do ato falho.

A partir desse "bis" vai se abrir uma outra cena, um outro discurso.

Freud se diz, contudo, muito satisfeito nesse primeiro tempo por essa solução como um problema interno de harmonia do significante. Com a repetição de "para" sendo desagradável, ele acrescentou a palavra "bis" e se viu levado a fazer uma rasura, aquela que queria fazer. Mas assinala que, nas autoanálises, o risco de ser incompleto é particularmente grande. Quem virá, no fundo, na posição de analista para ele? Sua filha. Ele não dá o nome dela, mas pode-se supor que se trate da pequena Anna Freud, que lhe dá uma segunda interpretação: "Você já deu, antes, uma gema para um anel. Eis, sem dúvida a repetição que você quer evitar. Com efeito, não gostamos de dar, sem cessar, o mesmo presente." Nesse momento, Freud aceita, ratifica essa segunda interpretação. A repetição em questão não é simplesmente a dos dois "para", é a repetição do presente de uma pedra à mesma mulher. Agora mudamos de plano, pois o fenômeno da repetição da palavra é, de fato, repetição do presente. Passa-se da palavra ao presente, quer dizer, do significante à causa do desejo. Pode-se permanecer no quadro da substituição significante. Freud estava satisfeito, é uma solução, mas o que a pequena Anna Freud traz a mais é que ela visa à causa do desejo, que está na base desse episódio de palavras.

Temos aqui um esquema do discurso do inconsciente, os dois "para", que são S_1 e S_2, a rasura, da palavra "bis" nesse caso, $\$$ e, depois, temos o segredo do caso, que é de fato o *a*, que é a pedra em questão.

$$\frac{S_1}{\$} \quad \frac{S_2}{a}$$

Seguem, ainda, duas interpretações de Freud.

Terceira interpretação: "Foi fácil descobrir a sequência [a gente já se pergunta se devemos tomá-lo ao pé da letra]. Procurei um motivo para não oferecer esta pedra e o encontrei na consideração de que já havia oferecido a mesma coisa."

Digamos que essa terceira é sua reformulação da interpretação de sua filha: "Não quero oferecer essa pedra porque já ofereci uma."

Quarta interpretação. Ela é distinta. É: "Não tenho vontade de oferecer essa pequena pedra, não somente porque já ofereci uma, mas porque ela me agrada muito e, portanto, eu quero guardá-la para mim."

E Freud termina sobre o seguinte: "A elucidação não exigiu muito esforço. Além disso, não demorei a fazer uma reflexão que reconcilia tudo. Um pesar [*regret*] a esse ponto só aumenta o valor do presente."

Isso me custa, não somente no nível da carteira, mas no nível do gosto que tenho por esse presente. "Um pesar a este ponto só aumenta o valor do presente." Estamos verdadeiramente muito perto do mais-gozar, há aí um suplemento. "O que seria um presente que se ofereceria sem que isso nos causasse um pouco de pena?" Eis o que Freud expressa como uma reflexão que reconcilia tudo.

Não há saúde mental

Gosto muito deste texto, "Carta a Istvan Hollos". No passado, republiquei-o e o pirateei em *Ornicar?*. Foi o que me guiou até Pascal para pinçar a palavra "fineza". Mas devo dizer que não creio na reflexão que, no fim, reconcilia tudo.

Vou me contentar em formular a questão do sentido sexual desse caso.

Nesta "fineza" trata-se da relação com uma mulher – não consultei a biografia de Freud para saber se essa mulher a quem ele presenteia havia sido identificada[11] –, sabe-se que era uma questão para ele, em todo caso, porque ele o sublinhou: *o que quer uma mulher?*. Aqui, ele parece saber: *ela quer uma pedra preciosa* e constata-se uma certa recusa em dar: *prefiro guardá-la para mim.*

Seria abusivo evocar a perda que o ato sexual, a consumação sexual, a consumação genital – como se expressa Lacan –, a perda que a consumação genital comporta para o macho? Porque ela se traduz por uma impotência temporária e, enfim, pelo desaparecimento do falo. A ponto de Lacan poder dizer: "para o órgão masculino o gozo é sempre prematuro." Além disso, há uma sabedoria, muito bem-fundada na história, que ensina ao macho o benefício da retenção espermática. Fazer amor, sim, mas nunca ejacular, para que isso suba ao cerebelo, não é? É bom para os neurônios, enfim, eles não chamam de neurônios, é o tantrismo. É uma disciplina que visa evitar que o macho dê o que deveria guardar para si. Isso é a fineza da fineza do ato falho.

É extraordinário que Freud seja levado a procurar pelo "bis" na referência ao adágio romano *Non bis in idem*, no lugar da citação mais comum *bis repetita placent* – as coisas duplamente repetidas dão prazer –, cuja aplicação no domínio sexual é comum. Além disso, o próprio fato de que se tratava de um presente, de uma joia, nos introduz nesse campo sexual.

Lacan tentou nomear o umbigo do sonho, do qual falei no começo, que é também o umbigo de todo ato falho, o recalque primordial, em definitivo. Ele tentou de muitas formas até chegar ao "não há relação sexual" como sua designação mais próxima: o problema sexual não tem solução significante.

Por que presenteamos uma mulher? Por que presenteamos uma mulher que amamos? Ou que desejamos? Ou que amamos e desejamos? É que, ao presenteá-la, nós a visamos como faltante do que vamos lhe dar. Ela é visada como castrada, ao passo que, precisamente, ela não perde nada no ato sexual. Por isso se fala tanto em tomá-la, enquanto, ao contrário, é o homem quem dá.

Não há relação sexual: é de uma verdadeira foraclusão do significante d'*A mulher* que se trata. É por essa foraclusão do significante da mulher que não se tem o conceito universal d'*A mulher*, o que justifica a proposição de Lacan. É nesse nível que está justificado que sobre esse assunto, sobre o assunto da mulher e da relação sexual, cada um tem sua construção, cada um tem seu delírio sexual.

Então, mais especialmente, *todas as mulheres são loucas*, diz Lacan, na medida em que, faltando um conceito universal da feminidade, elas não sabem quem são. Mas ele diz também que *elas não são loucas de todo*,[12] já que elas sabem que não sabem. Enquanto os homens sabem, creem saber o que é ser um homem, o que só se faz no registro da impostura.

Isso conduz, também, a presentear uma mulher para que ela encarne o objeto não detumescente, o objeto não evanescente do desejo. A pedra é isso, por excelência, o objeto eterno.

Poderia dar ainda um passo a mais e rir desse barco com vela e remos que Freud queria gravar sobre o anel. *O vento nas velas*, vejam o que isso quer dizer em *O banquete*, de Platão, comentado por Lacan em seu Seminário sobre a transferência.[13]

Prolonguei esse pequeno texto de Freud com essa diversão apenas para destacar o nome do recalque primordial como *Não há relação sexual*. E é o que faz objeção a toda ideia de saúde mental. Para dizê-lo verdadeiramente, *saúde mental* é uma expressão cômica que veste aquilo do que se trata e que é, sempre, a inserção social. Não existe definição séria da saúde mental, a não ser a inserção social.

Em uma pequena conferência feita em Estrasburgo, em 1988, meu velho mestre Canguilhem, que era um filósofo da biologia, sublinhou, a partir de citações de Kant, que a saúde é *um objeto fora do campo do saber*, que nenhum biologista fez do conceito de saúde um conceito científico, que é um conceito que pertence à língua vulgar – não existe ciência da saúde.

O que pude desenvolver – evocarei na próxima vez – é congruente com a verdade fundamental da psicanálise. A harmonia nunca é alcançada pelo ser falante, a doença lhe é intrínseca e essa doença se chama foraclusão, a foraclusão da mulher. Ela comporta não haver relação sexual. E está aí a mola da mínima formação do inconsciente.

Essas formações continuarão a florescer enquanto formos seres falantes. O analista, seja um analista nomeado, analista autoinstituído, analista experimentado, ou analista iniciante, o analista não está, em nenhum caso, exonerado de tentar, como Freud nos deu o exemplo, esclarecer sua relação com o inconsciente. Não disse amá-lo.

Até a próxima semana.

26 de novembro de 2008

4. Quarta lição

Começarei retomando o que disse na última vez, em primeiro lugar, quanto ao texto de Freud, de cujo título me vali para nomear meu Curso este ano: "As sutilezas de um ato falho", *Die Feinheit*.

A posteriori, devo acreditar que eu fazia absoluta questão de cantar meu refrão sobre os homens e as mulheres, sobre a relação distinta de homens e mulheres para com o ato sexual, que, justamente, não é um ato. Por si mesmo não funda nada entre dois seres, entre dois *falasseres*, é um acontecimento de gozo, embora, como tal, não marque nenhuma transposição simbólica. Foi por querer inserir essa cantilena – e, ainda por cima, à custa de Freud! – que descuidei da nota de rodapé de James Strachey, que eu certamente lera, à p.233 do volume XXII da *Standard Edition*. Como vocês sabem, é a edição completa das obras de Freud, em inglês, cronologicamente ordenada, trazendo, para cada texto, um Prefácio e notas. Não há outra que lhe seja equivalente. Nem em alemão, pois a *Gesammelte Werke* se distingue por uma desordem incrível; nem em francês, cuja edição completa, que está sendo produzida, é inutilizável (felizmente temos os textos que precederam essa empreitada). No que concerne a esse aparato crítico, a *Standard Edition* é a edição de referência, tendo, por outro lado, a vantagem de ser o produto de um único tradutor, cujos *partis pris* permanecem constantes por entre os muitos tomos, possibilitando, assim, que os desfalquemos ou corrijamos, caso achemos válido.

Pois bem, a *Standard Edition* nos dá, no lugar esperado, uma informação definitiva sobre a identidade da pessoa de sexo feminino a quem Freud destinava a pedra preciosa da qual, conforme nos mostra seu trabalho de interpretação, ele não queria se separar. Aparentemente, achei válido descuidar dessa nota para inserir minha cantilena. Mas ela me foi lembrada justo depois de minha última lição, especificamente, por Luis Solano. Em seguida, recebi muitos e-mails a esse respeito e agradeço a seus autores.

Interpretação e consistência

A mulher a quem Freud destinava seu presente era uma analista que partilhava da intimidade de sua filha, Anna. Esta tinha, portanto, as melhores razões para saber que seu pai já dera de presente uma pedra daquela à sua amiga. Foi o que lhe assinalou, conforme indica Freud em seu texto. Muito se elucubrou sobre a intimidade dessas duas mulheres, Dorothy Burlingham e Anna Freud. Não é abusivo supor que tivessem relações homossexuais, sem que se tenha, até onde sei, algum testemunho comprovado do caráter preciso dessas relações. Enfim, elas se apreciavam, viviam juntas, sem dúvida se amavam.

Esse fato abre uma outra linha de interpretação, ou de sobreinterpretação, do texto freudiano. A existência de uma ligação estabelecida entre a destinatária do presente e a filha de Freud lança, em particular, outra luz sobre a palavra "bis", palavra latina – pois Freud se referiu ao latim e não simplesmente ao alemão, que também dispõe dessa palavra incongruente, que aparece sob a pluma de Freud e exige ser rasurada, anulada. Como não supor que a palavra "bis" remeta ao casal formado por essas duas mulheres e que Freud rejeite esse casal simbólica e secretamente, sem o saber, quero dizer, via recalque? Não restam dúvidas de que, em seu texto, ele não leva sua análise até esse ponto, muito embora possamos inferir que, uma vez lançado na interpretação do ato falho, ele não mais lhe fosse desconhecido. Freud, porém, não poderia lhe dar passagem sem entrar na vida privada da filha – e traí-la.

No momento de, digamos, consagrar esse casal por meio do presente feito à amiga de sua filha, ele rasura o "bis", o que nos deixa em condições de considerar que, embora ele confesse e reconheça esse laço, ele o rejeita mediante uma intenção inconsciente, pois o "bis" é, de fato, riscado. Além disso, a citação latina que Freud associa em seu texto começa por uma negação: *ne bis in idem*.[1] Como não pensar, nesse caso, que o *bis repetita* de que falei na última vez não lhe agradava tanto assim?

De todo modo, não considero que isso invalide a *cauda*, a sequência que dei na vez passada ao texto de Freud, a cantilena sobre os homens e as mulheres. Ela se acrescenta. Conforme se enfatize o fato de a destinatária do presente ser uma mulher, ou precisamente esta mulher, se obterá uma ou outra dessas interpretações.

No decorrer da análise, as interpretações não se substituem umas às outras, mas se acrescentam, acumulam-se, estratificam-se, sedimentam-se. É correlativo ao que se pode perceber da estrutura do inconsciente. A esse respeito, Freud evocava o exemplo de Roma, onde as igrejas foram construídas sobre o mesmo local que os templos pagãos e onde, sob o culto a Virgem, a arqueologia demonstra a presença do culto a Mithra, o touro degolado. O inconsciente é feito da copresença desses elementos que seriam logicamente contraditórios. A menor parte da associação livre oferece, na análise, tais contradições: a um só tempo uma coisa e seu contrário. Uma vez definida a lógica por meio do princípio de contradição, Freud podia dizer: *o inconsciente não conhece a contradição*. Pois bem, a interpretação tampouco a conhece, pois ela se modela, se molda pela estrutura do inconsciente. Cabe então ao analista não focar uma única linha dedutiva.

Quando se trata de lógica concernindo ao inconsciente, como é frequente ocorrer com Lacan, trata-se, evidentemente, de uma lógica desligada do princípio de contradição. Haveria uma lógica sem princípio de contradição? Resposta: sim. Na própria lógica matemática distinguem-se, estudam-se as lógicas chamadas de "não *standards*". Quer dizer que se investiga o que subsiste de lógica, uma vez que se pôs o princípio de contradição entre parênteses. A questão é saber se essa suspensão da contradição afeta ou não o conjunto do sistema. Em caso positivo, nós a chamamos de inconsistente, ou seja, com ela se pode demonstrar tudo e seu contrário. Foi nessa linha que Lacan escreveu, em "Subversão do sujeito e dialética do desejo no inconsciente freudiano",[2] que o Outro é inconsistente. Ou então essa inconsistência afeta apenas uma parte do sistema. Mas é impossível analisar e interpretar sem haver relação com a inconsistência. É sobre o fundo dessa inconsistência que se destacam os pontos de fixação, os pontos fixos, organizando à sua volta a gravitação dos elementos que se repetem. A inconsistência não faz objeção à repetição, ao contrário, ela a torna ainda mais manifesta, já que o sujeito repassa pelos mesmos elementos que reaparecem em sua fala.

A experiência também mostra que as contradições não são percebidas de saída e que, entre uma proposição e seu contrário, há uma distância, um intervalo, um lapso de tempo que resta ser percorrido. Um sistema lógico pode perfeitamente subsistir em sua inconsistência durante o tempo que for necessário para que se a perceba. De certo modo, essa inconsistência é recalcada quando se trata daquilo que, do inconsciente, faz sistema. O respeito que se deve ter por essa inconsistência supõe que se respeite o tempo gasto para que essa inconsistência venha realçar-se. Cada vez que queremos forçar o fator tempo, obrigamo-nos a um postulado de consistência, regramos-nos por uma consistência que não existe no nível do inconsciente.

Acostumar-se com a disciplina do inconsciente é, por certo, uma das chaves do que chamamos de formação do psicanalista: *Que ninguém entre aqui se obedecer ao princípio de contradição.* Voltarei a isso.

Saúde subjetiva

Há um segundo ponto que abordei na vez passada e que quero retomar hoje. Diz respeito ao conceito de saúde que introduzi, quando me referi a uma conferência de Georges Canguilhem, de 1966.[3]

Sua proposição, como eminente epistemólogo da biologia, é, para mim, uma referência absolutamente essencial. Ele dizia que a saúde é um objeto fora do campo do saber do qual não há ciência propriamente dita, assim como Aristóteles afirmava não haver ciência do contingente. Essa proscrição da saúde fora do campo do saber me parece inscrever-se na filiação platônica que opõe *doxa* e *epistémè*, opinião e ciência. É uma clivagem que se desenrola através dos séculos, atinge a todos – tal como a peste os animais, em Fontaine –, ninguém lhe escapa, tal como, aliás, Pascal, que opõe o espírito de geometria e o espírito de fineza, a quem me referi, para começar. É uma nova edição da clivagem platônica em que apenas nos dedicamos a dar um valor próprio à *doxa*, sob o nome "fineza", pois as coisas de fineza são as que não se demonstram segundo a geometria. E quando Lacan avança seus matemas, ele também é platônico. Ele enfatiza o que poderia tirar o pensamento psicanalítico do reino da *doxa*, da simples *opinião*. Ele almeja que a psicanálise seja demonstrativa, mas só pode fazê-lo se reservar o lugar da fineza: ele sabe muito bem que não pode fazer entrar no matema o ponto de onde procedeu e só pode pretender que seja da ordem da *opinião justa*. E aqui subsiste o mistério, o de que possa haver uma opinião, uma proposição não demonstrada, sem validade matemática, e que, no entanto, venha exatamente a calhar no que concerne à experiência. Lacan nunca cultuou os matemas. É bem evidente que tudo na psicanálise não é matema, há um registro que é o da opinião justa, um registro em que se trata de coisas de fineza e pelo qual temos de nos orientar no inconsciente, o que supõe, como já dei a entender, manejar o fator tempo.

No que concerne à *doxa* da saúde, é mais simples. Canguilhem vai direto ao ponto para dizer que a *doxa* da saúde é essencialmente social, o que traduzimos dizendo que ela decorre do discurso do mestre. É aquele que pode circular, à medida que *circulando!*, é o imperativo do que constitui o núcleo do Estado, ou seja, a polícia. A polícia detesta os engarrafamentos, mesmo se eventualmente os organiza, por desleixo, por burrice, por sua ausência ou presença excessiva. Uma das melhores lembranças a esse respeito é a de um engarrafamento monstruoso na praça do Palais Royal, que me fez descer do carro com meu saudoso amigo Michel Silvestre para fazer circular os carros e desembolar o engarrafamento! No fundo, basta ter gestos autoritários. Nem é preciso uniforme, todo mundo te respeita. Há que ter o gestual. Em suma, é um fenômeno de hipnose coletiva. Em alguns minutos, a praça do Palais Royal se viu resolvida – ela, que estava obstruída. É uma ação terapêutica, ela põe cada um novamente em condições de passar de um ponto a outro sem incomodar seu próximo. Em resumo, esse é o modelo de troca social de um universo que funciona. Quando não funciona, confiscam-se os carros. E, de vez em quando, os indivíduos. Há uma lógica perfeita em considerar haver uma copertinência entre o hospital psiquiátrico e a prisão. Isso foi redescoberto ontem pelo chefe de Estado, e todos os protestos humanistas, trêmulos, aliás, não mudarão nada. Sobretudo no que concerne à saúde mental, e nos damos conta disso na conferência de Canguilhem. Porque, quando se fala em saúde, o visado, antes de tudo, é o corpo e seu funcionamento harmônico – ele fala muito pouco sobre a doença mental. O espírito, o mental, o psíquico só concernem à saúde se não fizerem objeção à harmonia física. Isso permitiu a Canguilhem proferir que a saúde é a verdade do corpo. Talvez esteja mais em conformidade com minha própria orientação dizer que a saúde é a verdade de *um* corpo. A saúde de um não é forçosamente a saúde de outro. Ela se deve ao fato de que para um, em particular, algo se harmoniza no interior do corpo e nas relações desse corpo com seu meio, ou seja, varia segundo os meios e segundo os organismos.

No fundo, tudo o que ele diz aponta para o seguinte: não há universal da saúde como verdade do corpo, o único universal da saúde é social. E, se o mental está concernido, é a alma, em seu status aristotélico, ou seja, como forma do corpo, que designa sua propriedade harmônica, sua harmonia. Nesse sentido, a alma faz parte do corpo, já que ela é sua forma, sua consistência. É no nível do corpo que temos a chance de encontrar uma consistência na experiência.

A noção de saúde como verdade é, evidentemente, antinômica à filiação teórica em que se inscreve Freud, segundo a qual o homem é um animal doente e, em particular, doente do pensamento.

Isso foi percebido por alguns filósofos, em particular por aquele que, devido às melhores razões do mundo, preocupava-se muito com as questões de saúde, a saber: Nietzsche. Essa noção do homem como animal doente o levaria a formular, comparativamente à proposição de Canguilhem, esta que lhe é antinômica: *a doença é a verdade do homem* e, em termos mais precisos, para o que nos concerne, *o sintoma é a verdade do homem*. Essa é, sem dúvida, a perspectiva que se impõe quando não tomamos como ponto de partida o físico, o somático, mas o psíquico, o mental, que nunca aparece de acordo com a função do útil. No universo mental há sempre demais, demasiado pouco, fora do seu lugar. Admitamos que podemos definir um acordo. De acordo. Mas o acordo não vale para o mental do qual Lacan, na parte final de seu último ensino, fazia uma espécie de supuração, de secreção fundamentalmente doentia, proscrevendo, nesse sentido, toda ideia de norma, especialmente a que seria dada pelo cataplasma do Nome-do-Pai.

A ideia de harmonia que preside a *opinião sobre a saúde* engendra a preocupação da higiene. O que assinalou Canguilhem faz agora quarenta anos. Desde então, o higienismo se desenvolveu, se intensificou, a ponto de ser para nós uma presença e, por vezes, um interlocutor constante. A higiene se apresenta como um saber concernindo à saúde, um saber prescritivo, que indica como protegê-la, garanti-la, reforçá-la: o discurso da higiene pertence, de ponta a ponta, ao discurso do mestre. Como já dizia Canguilhem, é um discurso animado por uma ambição sociopolítica médica, estou resumindo. Retomar, adotar os imperativos sanitários promovidos pela administração é, sem dúvida, alinhar-se com a estrutura do discurso do mestre.

A saúde só pode ser dita do homem na medida em que ele participa de uma comunidade – seja ela social ou profissional – a título de universal. É o que leva Canguilhem a questionar a validade do conceito de saúde pública, na p.27 da conferência "Escritos sobre a medicina". Ele diz: "O higienista se esmera em gerir uma população. Ele não tem de se haver com indivíduos." *População* já é uma palavra do mestre. O grande número, com efeito, é o parceiro do administrador e do político por onde ele se distingue do psi – não digo nem do *psicanalista* –, que só deveria ter de lidar com o um por um. O administrador lhes apresenta sempre categorias, lhes pede para ocupar-se de populações conformes a uma categoria. E quando se aceita a seleção feita pelo discurso do mestre, pois bem, é uma seleção necessariamente grupal.

> Saúde pública é uma denominação contestável. Salubridade conviria melhor. O que é público, publicado, é com frequência a doença. Há mais Doença Pública do que Saúde Pública. O doente pede ajuda, chama a atenção: ele é dependente. O Homem sadio que se adapta silenciosamente às suas tarefas, que vive sua verdade de existência na liberdade relativa de suas escolhas está presente na sociedade que o ignora. A saúde não é somente a vida no silêncio dos órgãos, é também a vida na discrição das relações sociais. Se digo que vou bem, bloqueio, antes que as profiram, as interrogações estereotipadas. Se digo que vou mal, as pessoas querem saber como e por que, elas se perguntam ou me perguntam se estou inscrito na Previdência Social. O interesse por uma fraqueza orgânica individual se transforma eventualmente em interesse pelo déficit orçamentário de uma instituição.[4]

Em 1966, o famoso furo da Previdência ainda não havia se tornado a preocupação permanente da administração francesa e estava muito além dela.

A essa saúde pública, Canguilhem opõe a saúde subjetiva, descrita por ele, de maneira a um só tempo simples e eloquente, na interlocução entre o doente e o médico.

> Meu médico é aquele que aceita, de um modo geral, que eu o instrua sobre o que somente eu estou fundamentado para lhe dizer, ou seja, o que meu corpo me anuncia por meio dos sintomas e cujo sentido não me é claro. Meu médico é aquele que aceita que eu veja nele um exegeta antes de vê-lo como reparador. A definição de saúde, que inclui a referência da vida orgânica ao prazer e à dor experimentados como tais, introduz, sub-repticiamente, o conceito de corpo subjetivo na definição de um estado que o discurso médico acredita poder descrever na terceira pessoa.[5]

Aqui, nessa interlocução, Canguilhem – suponho –, sabendo disso, reaproxima o médico da figura do analista, mostra o que há de transferencial na própria base do endereçamento ao médico; o fato de pôr em palavras, inclusive o sintoma orgânico, constitui o médico na condição de um exegeta, um leitor de sintoma. Foi o que Lacan disse, à sua maneira, quando lembrou, alguns anos depois, em *Televisão*, que a medicina desde sempre acertou na mosca ao proferir as palavras que traduzem, formalizam o sintoma, retornando a mensagem àquele que dele havia feito uma alegação às cegas.

Desde então, podemos ver como a relação com o médico era diferente da que se impõe, hoje – a de ter que se relacionar com uma máquina.

O real não é o verdadeiro

A relação primordial com o médico era uma relação com o exegeta, ao passo que a máquina de diagnosticar apresenta números, dá um diagnóstico na terceira pessoa, apagando assim, por si mesmo, o que Canguilhem – sem dúvida, digo eu, pensando na análise – chama de sentido dos sintomas. Percebemos com clareza que hoje, no que diz respeito à saúde mental e aos sintomas que se inscrevem nessa dimensão do mental, gostar-se-ia de poder avaliá-los por meio da máquina. Por ora, a máquina toma a forma de questionários: o questionário ainda é lido na presença do paciente, ainda se faz um objeto de troca. Mas vemos nitidamente que basta apenas um passo que, sem dúvida, já deve ter sido dado, pois a cada vez sou pego pelos fatos quando ainda estou fazendo ficções. Nesse sentido, não sabemos o que se oporia ao fato de esses questionários de saúde mental serem comunicados diretamente à máquina para, em seguida, em função do DSM-5 ou 6 [Manual Diagnóstico e Estatístico de Transtornos Mentais], lhes serem enviados com o nome dos transtornos dos quais vocês sofrem, o tipo de medicação que vocês deverão tomar ou o tipo de psi que vocês deverão consultar.

Com efeito, no âmbito do mental não se pode dizer que a saúde é a verdade, a não ser que digamos que a verdade é mentirosa. Nenhuma das máquinas mudará nada, mas, enfim, se poderá fazer *semblante*.

Essa é uma proposta do finalíssimo ensino de Lacan que apenas formaliza a hipótese do inconsciente, ou seja: há um *não-sei* que permanece irredutível. Se há um recalque primordial, então a verdade é mentirosa, toda verdade é mentirosa. A função do recalque primordial objeta à definição da saúde como verdade. A verdade nunca é a adequação da palavra à coisa, razão pela qual ela se casa, ela se acasala irresistivelmente com a mentira.

É a intenção de verdade ou a intenção de mentir, por mais opaca que essa intenção possa ser, que permanecem distintas na experiência analítica. De todo modo, há um fenômeno que se deve saber detectar na fala do analisando, isto é, o fenômeno da reserva mental: *Eu sei, mas isso não é para ser dito.* O que pode ser tanto pelas melhores quanto pelas piores razões do mundo. As melhores são do tipo: *Tenho outra coisa a dizer bem mais interessante, não vou ocupar meu tempo, eventualmente curto, com essas besteiras ou esses acidentes.* E as piores: *Ele não deve saber principalmente disso porque poderia ter uma má impressão de mim.* Desse modo, durante dois, cinco, dez anos, você estará ignorando os dados absolutamente fundamentais de seu paciente. Em nome da reserva mental. Aqui, não são necessários grandes esforços para ver que a verdade não é o contrário da mentira, embora para ela deslize de modo permanente.

Ao lado do axioma segundo o qual *a verdade é mentirosa*, situemos a proposição de Lacan: *o real só pode mentir ao parceiro.* Seja esse parceiro amoroso, sexual, ou o parceiro analista, o real só pode mentir àquele a quem dirigimos nosso discurso, o real não diz com verdade [*ne dit pas vrai*].

Para apreendê-lo na neurose, podemos nos remeter ao núcleo de histeria de toda neurose, a crer em Freud, em que isso se confirma. O núcleo da histeria é um *não-sei*, o que Lacan grafou valendo-se do $S̸: *Não sei quem eu sou, não sei o que penso, não sei o que digo, não sei o que quero, não sei por que desejo, não sei por que sou assim.*

Pode-se ganhar desse não-sei, mas não se pode suprimi-lo. Portanto, dizer o real só pode mentir para o parceiro é um segundo axioma que repercute também a tese freudiana do recalque originário, da permanência do não-sei.

É sobre o fundo da permanência do não-sei que se eleva, se constrói a atitude obsessiva constatada na análise, a que consiste em recapitular, fazer a soma, para tentar, a partir dessa adição, reencontrar o ponto de partida do que não funcionou, do que falhou. Como Lacan evoca nas p.338 e 347 de seu *Seminário*, livro 10, *A angústia*:[6] "o que o sujeito obsessivo procura no que chamei de sua recorrência ..., no processo do desejo, é exatamente reencontrar a causa autêntica de todo processo." Nesse sentido, no processo da análise, mesmo o sujeito que entra em análise, histérico ou histericizado, isto é, posto em contato direto com seu não-sei, intensificado e tornado incandescente pela própria análise, até mesmo esse sujeito se obsessionaliza.

Inicialmente, a análise é histericizante e, em seu decorrer, obsessionalizante. Ou seja, ela leva o sujeito a buscar a própria causa do que lhe é mais familiar e que se sintomatiza devido ao efeito mesmo da experiência. É preciso, então, modular esse esforço tão pronunciado no caso do sujeito obsessivo, pois, ao mesmo tempo em que ele se esforça para encontrar essa causa, ele a evita. A causa sempre referida a um objeto que Lacan diz abjeto e derrisório, em conformidade com a tradição freudiana, uma vez que referimos eletivamente a posição obsessiva ao objeto anal. Essa evitação leva o sujeito ao suspense, à dúvida, às falsas pistas, e dá à análise um aspecto indefinido, genialmente nomeado por Freud de *perlaboração*, ou seja: salta-se de um não-é-isso a outro não-é-isso... E quando se encontra um é-isso, em geral ele é pago com um: não-é-exatamente-isso! Lacan diz isso nestes termos: "o sujeito obsessivo adia o momento de acesso ao objeto último." Aqui, a palavra de ordem [*le maître-mot*] é *adiamento* [*atermoiement*], que se pode decompor do seguinte modo: o eu mente a termo[7] e aterra também, já que, ocasionalmente, nos sentimos aterrados.

Não nos esqueçamos que o objeto *a*, tal como isolado por Lacan, é, em termos precisos, um objeto separado, caído, e, nessa linha, talvez seja o objeto anal que, em sua fase mais profunda, realize essa essência do objeto. Nada mostra isso melhor do que este termo que aparece uma vez em Lacan e que foi citado por mim há duas semanas, termo com o qual ele qualifica o objeto *a*: *a sujeira* [*la saloperie*]. Ou seja, Lacan chama o objeto *a* valendo-se de seu nome anal.

Se o núcleo da neurose é a histeria, ainda assim é do lado da obsessão que encontramos a essência de seu objeto.

Vou rápido no que concerne à verdade mentirosa e ao real mentiroso, mas tenho de me perguntar: e na psicose? Na psicose o real fala, e poderíamos dizer que ele diz a verdade do sujeito. O real só pode mentir para o parceiro, mas, hoje, digamos que na psicose – e isso difere do que está em *Televisão* – o real diz, anuncia ao sujeito sua verdade. Aqui o analista é especialmente solicitado no nível da terapêutica. Em que consiste essa terapia? Em convencer o sujeito de que o real mente, de que o real que lhe fala e lhe diz a verdade até ele mente. Não se deve crer nele, não se deve escutá-lo. A terapia consiste, essencialmente, em ensinar um método, truques, para manter a verdade a distância.

O sinthoma e o analista

Neste ponto, afastando-me, retomando um pouco de fôlego em relação ao que evoquei em lição anterior, gostaria de entrar numa questão não resolvida, a de medir a incidência clínica e prática do conceito de *sinthoma*, tal como Lacan o escreve em seu último ensino, do momento em que ele é promovido a conceito clínico único.

Sou impelido a começar dizendo que – tal como quando se trata do inconsciente e da interpretação – não se deve pensar que o conceito de sinthoma anula as outras leituras da clínica. Ele se acrescenta a elas. Ou seja, ele supõe a arqueologia de tudo o que o precede: a clínica freudiana e a clínica lacaniana clássica, que reformula a clínica freudiana em termos linguísticos. Precaução, portanto, *sinthoma não equivale a rasura*. Sinthoma é um termo que se acrescenta, supera clivagens e multiplicidades de conceitos precedentes e adquire seu sentido a partir daquilo que supera. Em particular – já o enfatizei no passado –, a clivagem do sintoma e da fantasia, que evidenciei no segundo curso desta Orientação Lacaniana, cujo título foi "Do sintoma à fantasia e retorno".[8]

Comecei enfatizando que o sintoma faz o sujeito sofrer, ao passo que a fantasia é, ao contrário, um meio de gozo. Opus, inclusive, esses dois termos de modo bem simples, como dor e prazer. A leitura do sintoma levava a perceber o gozo no sofrimento, posição que se encontra na raiz da inumanidade do analista: *ali onde tu sofres, tu gozas*. Para tanto, me apoiava em "Inibições, sintomas e angústia",[9] no qual, a respeito da neurose obsessiva, Freud indica como o sintoma é arrastado para a homeostase do sujeito, ou seja, faz parte de sua maneira de ser cuja mola é seu modo de gozar. E o sinthoma, em sua última acepção, designa o que há de comum entre sintoma e fantasia, a saber, o modo singular de um sujeito gozar, modo de gozar apreendido em seu funcionamento positivo.

O ponto de vista do sinthoma, ao pôr em primeiro plano o modo de gozar em sua singularidade, isto é, substraindo-o das categorias, apaga a distinção neurose-psicose. *Singularidade* quer então dizer subtração das categorias, ao passo que na *particularidade* ainda há categorias. Nela, por certo, não se tem a categoria de *todos*, como no universal, tem-se, porém, a categoria de *alguns*, a categoria do tipo, ao passo que com o singular as categorias desaparecem. A distinção neurose-psicose, tal como reformulada por Lacan a partir de Freud, pauta-se, com efeito, numa distinção significante: a presença ou não do Nome-do-Pai. Mas isso se traduz, de fato, numa tipologia dos modos de gozar. Assim, na neurose há um condensador de gozo estritamente debruado pela castração, o que Lacan grafou como

$$\frac{a}{(-\varphi)}$$

Ou então há um transbordamento, ou seja, não há o limite da castração, o modo de presença do gozo é deslocado, aleatório, e, via de regra, excessivo. Ele perturba – entre aspas – a harmonia e até mesmo a circulação social. A distinção neurose-psicose repercute como uma tipologia de dois modos de gozo, cujas fronteiras aparecem, nesse nível, singularmente móveis.

Disse *o excesso*. E não foi a troco de nada que Lacan chegou a chamar o objeto *a* de objeto *mais-gozar*: é que o gozo, por ele mesmo, comporta um transbordamento. Sua investigação sobre a sexuação feminina também o levou a considerar o gozo feminino como não tendo a ubiquidade estável da sexuação masculina. Portanto, a distinção neurose-psicose é operatória no nível significante, é muito menos operatória no nível do modo de gozar e, se abandonamos a tipologia, se passamos à singularidade, então, nesse nível, dizemos: *todo mundo é louco*. O que também quer dizer: *o real mente para todo mundo, a verdade é mentirosa para todo mundo*. A incidência do conceito de sinthoma é fundamentalmente desestruturante; ela apaga as fronteiras do sintoma e da fantasia, da neurose e da psicose.

Vejam, por exemplo, como é mais complexa a arquitetura dos quatro conceitos fundamentais da psicanálise, tais como Lacan os nomeou em seu *Seminário*, livro 11, *O inconsciente*,[10] a repetição, a transferência e a pulsão.

Inconsciente
Repetição
Transferência
Pulsão

Já indiquei que inconsciente e transferência fazem par, assim como repetição e pulsão. Tentei tornar manifesta a junção do inconsciente com a transferência falando de inconsciente transferencial. É o inconsciente ligado à interpretação, o inconsciente no qual o não-sei é evidenciado com a suposição de saber que lhe é correlata, razão pela qual, na neurose, a transferência está à flor da pele, uma vez que o recalque originário é correlativo de uma transferência originária. O par repetição e pulsão, por sua vez, prepara o que Lacan chamará de *sinthoma* como modo de gozar; funcionamento de gozo, funcionamento-repetição de gozo pulsional. Esse par é dissimétrico.

Ao mesmo tempo em que Lacan formula essa quadripartição, mantém as referências ao seu esquema de dois patamares, em que o primeiro permanece no nível da *sugestão* e, no segundo, a *transferência* é posta em questão. Ele, contudo, mantém sua validade considerando que a questão do *desejo* não é extinta pela resposta do gozo. Foi sobre esse esquema que situei a *psicoterapia*, conforme suas indicações, no patamar inferior, e a *psicanálise*, propriamente dita, no patamar superior.

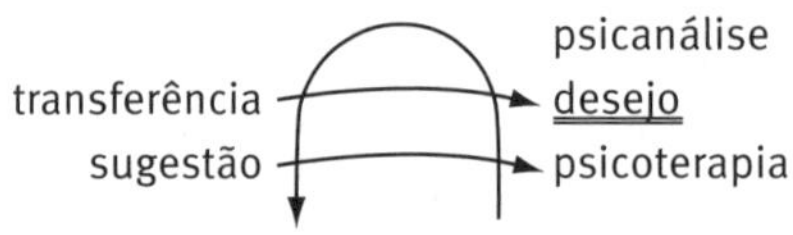

A questão é saber se a incidência do sinthoma chega a anular também a clivagem psicoterapia-psicanálise, assim como ela chega a anular as clivagens sintoma-fantasia e neurose-psicose. Será que pautando nossa clínica no conceito de sinthoma devemos também renunciar à clivagem psicoterapia-psicanálise e, no mesmo elã, renunciar à diferença psicanálise pura-psicanálise aplicada? Uma experiência social ainda em curso parece mostrar uma dinâmica operando de modo a fazer incidir o sinthoma sobre essa clivagem.

Não é uma questão que se possa resolver simplesmente lembrando os princípios – o que já fiz. É preciso trabalhar com novos recursos: *o que é o psicanalista com relação ao sinthoma?*

Supõe-se que devamos ter uma ideia do que é o psicanalista em sua relação com o sintoma à antiga: supõe-se que ele seja capaz de decifrar o sintoma, as formações do inconsciente de um modo geral, sem interposição do que para ele próprio fez sintoma. E também que possa revelar, no sintoma, o gozo incluído no sofrimento. Em sua relação com a fantasia, ele é suposto ser capaz de abrir, aqui (cf. esquema), a questão do desejo, liberada pelo segundo espaço, até chegar a questionar a fantasia e a atravessá-la, digamos, na direção de uma contingência.

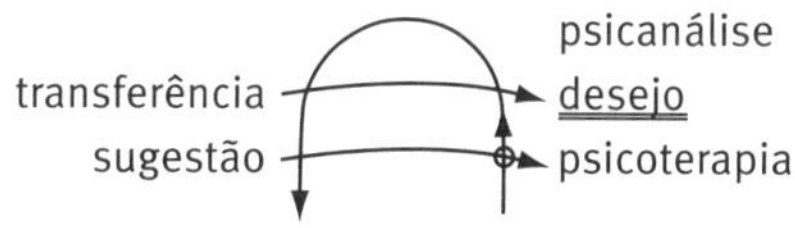

Ora, será que o sinthoma, em sua última definição, o sinthoma como modo de gozar singular, como funcionamento positivo de gozo, disposição de gozo, é suscetível de questão? O sinthoma é uma resposta que já está lá e parece que Lacan buscava, com ele, uma outra maneira de proceder, diferente da interpretação. Ele a buscava por meio da manipulação, da cirurgia dos nós. Para tanto, escolheu justamente um domínio da matemática que parecia escapar à matematização completa. Ou seja, escolheu um domínio das matemáticas em que o espírito de fineza tinha seu lugar junto ao espírito de geometria. Ele não recorreu aos instrumentos propriamente matemáticos que permitiam a aproximação do sinthoma, e que repousam em trajetória, como seu grafo. Esses instrumentos foram afastados em prol da manipulação. Portanto, será que o sinthoma, do momento em que é percebido, revelado em sua positividade, se presta à questão?, ao modo de abordagem pela questão?

Quando pergunto *será que ele se presta ao modo de abordagem pela questão?*, essa seria a condição para que a distinção entre psicoterapia e psicanálise permanecesse válida na perspectiva do sinthoma. Na perspectiva clássica, a psicoterapia requer uma modificação dos parâmetros do ato psicanalítico visando favorecer a obtenção de efeitos terapêuticos. *Efeitos terapêuticos*, acrescentemos, implicariam um voltar à circulação no que concerne à ordem social. É o que chamamos de inserção e, no que concerne ao sujeito, implicariam sua face de satisfação subjetiva.

Psicanálise e psicoterapia, os matemas e o tempo

No que diz respeito a esses efeitos terapêuticos, podemos, sem dúvida, distinguir os que são propriamente analíticos. Mas será que esses efeitos analíticos põem em questão o fato de que o modo de gozar percebido no nível do sinthoma é *ne varietur*? O conceito de sinthoma está centrado no que em Freud aparece como os restos sintomáticos da análise que levam a dizer: isto é o essencial, é o núcleo do sintoma e da fantasia, o que permanece *ne varietur*.

A partir do momento em que se percebe o *ne varietur*, é a própria incidência do ato analítico que passa a ser a questão. Então, caso o desejemos, por qual viés podemos fundamentar a distinção entre psicoterapia e psicanálise?

Comecemos pela psicanálise aplicada à terapêutica, que também é psicanálise. Ela está referida ao ato de um psicanalista que decide moderar a potência do dispositivo analítico. O dispositivo analítico é intrinsecamente um empuxo-à-verdade. Ainda que essa verdade seja sempre mentirosa, à sua passagem, por sua natureza, ela faz vacilar os semblantes, abala os semblantes, visa o des-ser [*désêtre*] que se escreve como $\$$, desidentificação, ou seja, o ponto em que o sujeito pode experimentar sua própria contingência, aquilo que ele próprio tem de fortuito. Nesse sentido, se mantivermos as rédeas com o espírito de terapia, o faremos para respeitar os semblantes. A terapia é o respeito aos semblantes, uma vez que eles permitem ao sujeito circular. Eventualmente, nos melhores casos, a coisa pode chegar à invenção de semblantes sob medida, possibilitando ao sujeito circular. É, portanto, completamente diferente do empuxo-à-verdade. É mais animado, pode-se dizer, por um *noli tangere* quanto à verdade, isto é, não tocar na verdade. Quando se procede nesse espírito de terapia, valorizam-se sobretudo as manobras do terapeuta que permitiram ao sujeito preservar semblantes ameaçados e que lhe eram essenciais, assim parece, para continuar a circular. Pode-se até evidenciar os semblantes que fomos levados a lhe propor, ou que fabricamos com ele, a fim de que ele continue tranquilamente a girar na ordem social.

Com efeito, um analista pode moderar, tamponar a potência de seu ato a fim de preservar, e mesmo erigir, semblantes. Mas o nível terapêutico da ação psi também está aberto – isto é um fato – aos debutantes, aos aprendizes, aos que não pretendem assumir o ato analítico e que se dedicam ao exercício terapêutico.

A psicanálise aplicada à terapêutica tem um sentido quando se trata de passar – se eu sigo o esquema dos dois níveis –, quando se trata de operar a partir do nível 2 sobre o nível 1. Mas é diferente quando – admitamos que se possa saber disso facilmente – não se pretende o ato analítico e se opera no nível 1 sem chegar ao nível 2. No primeiro caso, temos a psicanálise aplicada à terapêutica e, no segundo, a ação psicoterapêutica.

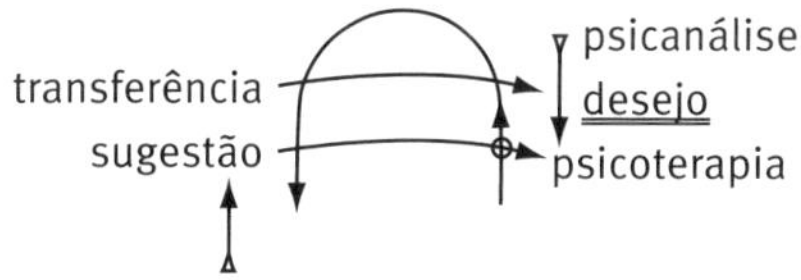

As coisas se passam assim: quando estamos fazendo formação, dedicamo-nos ao exercício terapêutico no que ele tem de contra-analítico, ou seja, trabalhamos para que se erijam semblantes terapêuticos, somos mantenedores de defesas. Então, ali onde uma dificuldade se introduz no movimento social, passa-se da noção *quem pode o máximo pode o mínimo* – do nível 2 ao nível 1 – à noção segundo a qual *quem pode o mínimo pode o máximo* – do nível 1 ao nível 2. Escuto alguns risos esparsos, mas estou me esforçando muito seriamente para recompor uma lógica que entrou numa certa dinâmica.

Creio – e vou terminar por aqui, pois me dou conta de que ao refletir assim, à rédea solta, já estou com vocês há duas horas – que o ponto crucial a ser visado agora é um termo que, por ser incalculável, é também incompreensível na análise, ou seja, o fator tempo. O fator tempo é o grande ausente dos matemas. Estes apresentam estruturas estáticas, mesmo quando comportam trajetórias estabelecidas. O fator tempo é uma quantidade inquantificável, no sentido de incalculável antecipadamente e, em particular, por estar em contato direto com o gozo.

Toda forçação do fator tempo deve por isso desconhecer sua natureza? Essa é a questão que evocarei na semana que vem e, espero, sem detê-los por duas horas.

É isso.

3 de dezembro de 2008

5. Quinta lição

Na última vez, evoquei a clínica do sinthoma, – segundo a ortografia antiga que Lacan restabeleceu e com a qual intitulou seu *Seminário 23*.[1] Já abordei aqui esse Seminário e o retomei formulando a questão de saber qual era a incidência do que chamei de um ponto de vista, uma perspectiva – a do sinthoma – sobre a prática da análise e o estatuto do psicanalista. Inclui-se aqui uma incidência sobre a própria psicanálise, uma vez que esse conceito que apaga fronteiras introduziria também uma confusão entre psicanálise e psicoterapia.

Interesso-me, portanto, por um fenômeno de dinâmica conceitual. Até onde devemos nos deixar levar pela perspectiva do sinthoma? Já da última vez eu lembrava que essa perspectiva não anula as precedentes, que ela nos propicia, pelo contrário, um olhar sobre suas lógicas e salienta os pontos fortes da elaboração da clínica de Freud. Vou continuar hoje essa reflexão enfatizando, de início, que a clínica não é a psicanálise.

A clínica não é a psicanálise

No Campo Freudiano – e tenho a ver com isso – tomamos gosto pela palavra "clínica". Entendemos assim que não nos contentamos com a teoria, mas que julgamos os conceitos, os matemas – como chamamos –, pela ordenação que trazem aos fenômenos da experiência. A clínica, o apelo à clínica, é uma postulação realista. Não é falso, como sustentou um historiador da psicanálise, que quando me encontrei em posição de salvar alguma coisa – pelo menos do ensino de Lacan –, no momento da dissolução de sua Escola e logo após sua morte, não é falso, dizia eu, que eu tenha promovido algo como um retorno à clínica, depois de perceber um uso abusivo da teoria na antiga Escola Freudiana de Paris. Este *retorno à clínica* foi então inscrito no *software* do Campo Freudiano como um todo, a partir de 1980-81, e vivemos hoje as últimas consequências disso. Posso apoiar-me no que, de minha parte, formulei, já em 1982, com o título *Clínica sob transferência*. Era uma comunicação que pretendia precisamente destacar em quê a clínica na psicanálise é especial, o que, entretanto, dava destaque à palavra "clínica". Talvez tivesse sido oportuno, naquela época, salientar que a transferência tinha sobre a clínica um poder dissolvente, que a psicanálise limita fortemente a perspectiva clínica e, em certo sentido, invalida-a e a remete a seus começos. Ao atravessarmos a soleira de uma psicanálise, a clínica deve ser deixada para trás.

A perspectiva sobre o sinthoma é precisamente de natureza a nos descolar da perspectiva clínica.

O que é a clínica? Ela se faz classicamente à cabeceira do paciente e é, no essencial, uma arte de classificar os fenômenos a partir de sinais e de indícios previamente repertoriados. É um exercício de ordenação, de classificação e de objetivação. Uma clínica é como um herbário. Assim, essas coletâneas que aparecem periodicamente sob o acrônimo DSM, façamos-lhes justiça, são indiscutivelmente uma clínica. Respondem a seu conceito, apresentam uma lista de sinais e de indícios, embora, sem dúvida, sejam um pouco mais fracas quanto à classificação. Podemos censurar nessa clínica sua dispersão, sua fragmentação, mas parece-me que o espírito da clínica anima a empreitada. Deixo de bom grado o termo *clínica* para os DSM.

Isso não me impede de reconhecer aquilo que, na psicanálise, em sua literatura, figura como classes clínicas – classe com o sentido de classificação. Na psicanálise, perpetuaram-se classes clínicas herdadas, em boa parte, da psiquiatria, onde eram elaboradas por professores às vezes levados a se afastar da interlocução com os pacientes. Que classes clínicas encontramos na psicanálise? Há, principalmente, a grande tripartição de neurose, psicose e perversão. Seja qual for a sofisticação que possamos dar a essa classificação, um psicanalista terá que se referir a ela, isso faz parte dos instrumentos dos quais nos servimos, mesmo quando reprovamos seus fundamentos. Ela serve, mas nos aperta,[2] arrocha o raciocínio e é preciso um esforço muito especial para conseguirmos dela nos descolar. Em seguida, temos as subclasses. A neurose se reparte em três: histeria, neurose obsessiva, fobia, ao que podemos acrescentar, quando necessário, a neurose de angústia, já que a neurose dita atual caiu em desuso. Falamos com facilidade das psicoses no plural. Avaliamos, em análise, o grau de paranoia que uma psicose apresenta, admitimos a subclasse da melancolia e isolamos os fenômenos de humor, o que nos permite flertar com o termo "psicose maníaco-depressiva", quando esses fenômenos parecem se organizar em duas vertentes alternantes. Quanto à perversão, a diversidade é admitida e caracterizamos as subclasses segundo o que já foi classicamente isolado pelos psiquiatras. Temos, assim, um discurso sedimentado do qual nos servimos em função do encontro com o paciente. Não existe nenhuma disciplina de pensamento que possa afastar um analista de fazer referência a ele, nem que seja na ordem da denegação. Há uma rotina clínica que continua a condicionar a abordagem do indivíduo que se propõe a fazer uma análise. Consideremos agora o que essa clínica se torna no ensino clássico de Lacan.

As classes clínicas antigas, herdadas de uma tradição, figuram em seu ensino como estruturas. Poderíamos dizer, se quisermos ser depreciativos, que estão lá repintadas ao gosto dos anos 1950 e 1960, mas isso não seria justo, pois não se trata apenas de uma mudança de denominação: estrutura no lugar de classe. Trata-se de uma transformação conceitual. Com efeito, as estruturas clínicas, no sentido do Lacan clássico, não são apenas amontoados de signos listados como tantos itens. Digamos que o conceito de estrutura acrescenta a causa à classe e, nisso, se destaca da descrição que chamei de objetivante.

Estrutura e discurso

Quando dizemos estrutura, entendemos que para além dos fenômenos chegamos a uma máquina, a uma matriz da qual eles são as manifestações, os efeitos. O conceito de estrutura acrescenta ao conjunto, ou ao amontoado sinalético, uma articulação. *Articulação* é a palavra mais neutra, mais funcional, para dizer sistema, que é uma articulação daquilo que vai junto. O que é este *o que vai junto*? São elementos ou funções, elementos funcionais, diferenciados, que entram em relação e são apreendidos em uma determinada disposição. Desse modo, as classes são comparadas, são profundamente homogeneizadas. Esses elementos são suscetíveis de permutar seus lugares e, portanto, de assegurar funções diferentes. Isso acompanha o conceito de estrutura. Numa conferência que fui levado a publicar,[3] Lacan privilegia o conceito de lugar [*place*]. Destaco que *lugar* não se refere necessariamente a um espaço métrico. Sem dúvida, para que haja lugares é preciso uma distância, mas esta não é necessariamente quantificável. Há também espaços em topologia onde o espaço cessa de ser métrico, onde as distâncias são de borracha. Isso não faz desaparecer o conceito de lugar. As relações de sucessão – antes, depois – permanecem, e até mesmo as relações de envelopamento – dentro, fora. Ainda que o antes e o depois, o dentro e o fora não estejam lá situados como em um espaço métrico, eles, apesar disso, lá estão.

Em relação à estrutura, os sintomas têm o sentido de: aquilo que dela aparece, aquilo que dela é manifestação.

O conceito de estrutura foi afinado, depurado, de fato simplificado, quando Lacan promoveu o conceito de discurso, quando reduziu a quatro os elementos articulados.

Primeiro o sujeito, designado por um S maiúsculo riscado por uma barra, $\$$, que assinala precisamente seu caráter insubstantivo e condicionado pela articulação. É nesse sentido que ele é sujeito da estrutura clínica. Seu símbolo comporta, em si mesmo, o fato de ele não ser substancial e dever aquilo que é, seu ser, à articulação na qual está inserido.

A articulação fornece os outros dois termos do vocabulário, S_1, S_2, em relação. Escrevo aqui o signo do losango, que significa *em relação, referido a*. Esses dois termos são o mínimo necessário para designar uma articulação:

$$S_1 \diamond S_2$$

Na estrutura que Lacan chamou de discurso, se acrescenta o termo *a*, cuja presença é tão equívoca quanto a do sujeito, estando também num limiar, uma vez que esse símbolo indica o produto da articulação, tal como o símbolo $\$$ deve designar a hipótese subjetiva da articulação.

$$\left[\begin{array}{l} \$) \\ S_1 \diamond S_2 \\ a) \end{array}\right.$$

Esse vocabulário de quatro termos, com o sistema de quatro lugares nomeados que o acompanha, nos dá de modo reduzido o que deve ser entendido por estrutura.

É fato que, apurando assim o conceito de estrutura, Lacan aparentemente o estende para fora dos limites da clínica em sentido estrito, já que com ela ordenou quatro discursos nos quais entram formações sociais. No entanto, é sobre o conceito de discurso que converge toda a sua elaboração estrutural da clínica.

Em vista das circunstâncias, ao introduzir o conceito de discurso, ele faz figurar, nos quatro discursos surgidos das permutações desses quatro termos em quatro lugares, o discurso do mestre, o discurso da universidade e também o discurso da histérica e o discurso do analista. Como assinalei antes, é necessário reconhecer na estrutura do discurso do mestre a do inconsciente. Portanto, só o discurso dito da universidade aparece como fora da clínica.

$$\left[\begin{array}{l} -\,\$) \\ S_1 \diamond S_2 \quad \frac{2}{1} \ \frac{3}{4} \\ -\,a) \end{array}\right.$$

Lacan fez empréstimos, é claro, de outros registros matemáticos, outras escritas, em particular à lógica da quantificação. E eu paro por aqui. Quando percebemos, porém, que com esse vocabulário e com esse sistema de quatro lugares temos a essência da estrutura clínica, quando se apreende o conceito de estrutura clínica em sua simplicidade funcional, a questão é saber se temos aí apenas um artifício de classificação, um artifício simbólico, um semblante, ou se é verdadeiramente do real que se trata. Essas estruturas clínicas são da ordem do saber inscrito no real?

Estrutura e real

Então, estendamos a questão da estrutura até o que eu poderia chamar de estruturação espontânea. Nada há de mais espontâneo – pelo menos de direito – do que aquilo que o analisando nos entrega, uma vez que lhe foi autorizada a associação livre e que ele apreendeu que pode falar em rota livre, sem respeitar preconceitos, semblantes e sua suposta sensibilidade. Evidentemente, isso é da ordem de um mais ou menos, introduz-se sempre um fenômeno de reserva mental, mas, enfim, tomemos o espontâneo da palavra do analisando. Pelo simples fato de o sujeito contar sobre si mesmo e pelo simples fato de ele falar, pelo simples fato da palavra, a coisa se ordena, nem que seja sob a forma da colocação em série do que lhe acontece, do que ele teme ou espera que lhe aconteça, para ocupar as três dimensões classicamente distinguidas no tempo.

O que lhe ocorre, a expressão diz bem, tem relação com o acaso, com o imprevisto, com o encontro, como se diz. É o que Lacan sublinha em seu Seminário sobre o sinthoma: "São os acasos que nos fazem ir a torto e a direito."[4] É reconhecer, nos termos de Aristóteles, que a existência se desenrola no reino da contingência.

Pelo simples fato de falarmos, uma trama se institui entre os acasos e algo como uma necessidade vem à luz e toma a figura de destino ou de vocação. Uma ordem emerge a partir de fatos de repetição e, em análise, uma já é muito. Isso permite inferir o *sempre* e os *sou-assim*, *está-escrito*, *só-amo-quem-não-me-ama*, axiomas que o sujeito faz emergir espontaneamente na narração do que lhe ocorre, dos quais, de modo eventual, caberá ao analista formular a trama.

Por conta disso, opera-se apenas a transformação da contingência em articulação. Um S_1 ao acaso se articula a um S_2 e isso faz um efeito de sentido, um efeito de sentido articulado. O acaso ganha sentido. É uma operação quase invisível. É preciso um esforço de discernimento para perceber essa mutação em que o sentido se insinua na contingência.

Quando surge um axioma, o mais frequente, para não dizer sempre, é percebermos que ele foi passado ao sujeito em sua infância, num momento especial de disponibilidade e de abertura por alguém de sua família, ou por quem tinha esse lugar. Assim, o sujeito que fala é também um sujeito falado, daí Lacan ter proferido o neologismo do *falasser*, um ser falado falante, que adquire, por isso, uma densidade especial. Isso permitiria dizer que o falasser é o conjunto da articulação. Não é o sujeito, é o sujeito *e* a articulação, mais o produto da articulação.

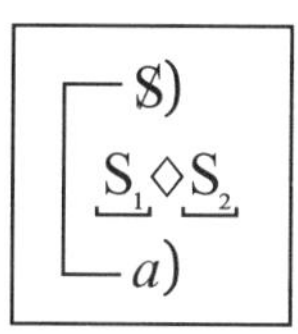

falasser

Essa articulação S_1, S_2 não é a sua, necessariamente. Ao contrário, é inclusive primordialmente do Outro. Então, isso se trama de maneira espontânea, e a análise é como um laboratório onde assistimos à tecelagem dessa trama de sentidos, organizando, articulando, sistematizando os elementos do acaso que a precedem.

Disse de maneira *espontânea* porque não é calculada. Mas não podemos desconhecer que essa articulação de sentido é uma superestrutura, ou seja, uma estrutura que se sobrepõe a elementos prévios.

Em termos precisos, quando depuramos o conceito de estrutura até reduzi-lo a esse vocabulário e a esse sistema de lugares, ou ainda a uma proposição lógica da quantificação – *existe para todo x etc.* –, enfim, quando depuramos o conceito de estrutura até esse ponto, somos levados a perceber que toda estrutura é uma superestrutura.

O último ensino de Lacan começa com essa clivagem entre a estrutura e os elementos de acaso prévios, os quais ela encaixa e significa. A prática da psicanálise ganha então outra ênfase. Trata-se de reconduzir a trama de destino do sujeito da estrutura aos elementos primordiais, fora de articulação, quer dizer, fora do sentido e, por serem absolutamente separados, podemos dizê-los *absolutos*. Trata-se de reconduzir o sujeito aos elementos absolutos de sua existência contingente.

A partir disso, a função da interpretação mudou. A interpretação não é propor um outro sentido ou girar o sentido manifesto para fazer surgir um sentido escondido. A interpretação visa desfazer a articulação do destino para mirar o fora-de-sentido, o que quer dizer que a interpretação é uma operação de desarticulação.

Então, aqui, desse ponto aonde os conduzi – que mais fiz a não ser tecer uma trama que tenta articular em corte a lógica aspirada por Lacan até seu último ensino? –, volto ao sinthoma, que é o termo pivô desse último ensino.

Tomo o sinthoma como chave do último ensino de Lacan. Faço-o também porque o fizeram em torno de mim como eco do deciframento ao qual me entreguei, ao mesmo tempo e após a publicação desse Seminário.

O sinthoma desabonado

O conceito de *sinthoma* foi inventado para o caso de James Joyce, um caso sem análise. É uma inspiração recebida de um caso do qual temos dados biográficos, literários, sua obra, sua correspondência, as lembranças de seus próximos e, para Lacan, até o fato de ter visto, em sua juventude, Joyce na rua do Odeon. A partir disso, infere-se a clínica, o caso clínico de James Joyce. Sem análise. Não é inédito, pois Freud não fez nada de diferente com o caso do presidente Schreber, para o qual se apoiou essencialmente no livro *Memórias de um doente de nervos*.[5] Foi dessa produção que ele inferiu uma estrutura clínica, ordenou os fenômenos – enfim, diagnosticou-os a partir de Kraepelin e daí construiu uma articulação.

No caso Schreber, como no caso Joyce, isso foi feito sem decifração do inconsciente, sem que nenhum dos dois tenha se entregado à associação livre e sem que se tivesse, pelo sujeito ou pelo analista, o testemunho das descobertas, das iluminações que pudessem marcar uma trajetória.

O fato foi consagrado por Lacan quando disse que *Joyce era desabonado do inconsciente.*[6] Quer dizer, pelo fato de não se ter testemunho algum do inconsciente de Joyce, por não haver nenhuma experiência, Lacan inferiu que Joyce não tinha, propriamente falando, relação com o inconsciente. É que, em termos precisos, essa articulação de quatro termos sobre o pivô do binário S_1-S_2 não valia para aquele que podemos chamar de *o falasser Joyce*. Este se revela ser muito mais um *escritosser* [*scriptuêtre*], já que dele temos a escrita. Portanto, dessa articulação Lacan diz que "em Joyce não há, não há nada que se pareça com isto, nada que se pareça com o discurso do inconsciente". No lugar dessa articulação ele inventa, a fim de dizer o que há ali, o sinthoma.

É, portanto, um conceito que se propõe onde não há o inconsciente. É, se quisermos, o negativo do inconsciente.

Se procedermos passo a passo, como faço, já temos aí a questão. Quando se trata de sujeitos que não são desabonados do inconsciente, a questão da validade do conceito de sinthoma pode ser colocada, uma vez que este foi inventado para um sujeito do qual se supunha ser desabonado do inconsciente, por não haver ali uma articulação. Então, é muito possível – e, aliás, é o que eu acredito – que o sinthoma comporte um ensinamento para os sujeitos abonados do inconsciente, mas é preciso levar em conta o fato de esse conceito ter sido inventado para um desabonado do inconsciente. Ademais, poderíamos também defender que ele não tem valor quando o sujeito, ao contrário, está articulado em uma estrutura.

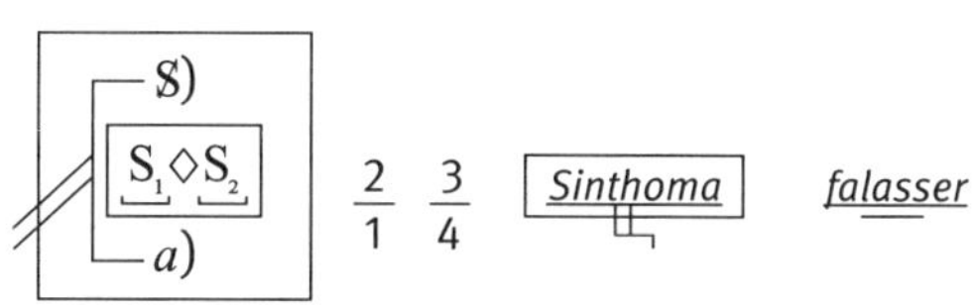

Por que Lacan supôs que Joyce era desabonado do inconsciente? Não é simplesmente por ele não ter feito análise, mas porque ele não podia essencialmente fazê-la. Lacan supôs isso a partir da leitura de Joyce, constatando que aquilo não se parecia com nada, constatando que os leitores dessa obra, os universitários principalmente – para não dizer unicamente –, estavam colados nesse texto a fim de encontrarem soluções para seus enigmas, além de afirmar que ninguém teria a ideia de lê-lo para se distrair.

Portanto, *desabonado do inconsciente* surgiu simplesmente do fato de Lacan perceber que aquilo não podia emocionar ninguém, não fazia ninguém chorar, não nos toca, não mexe com nosso objeto *a*. Para Lacan, isso não tem a ver com equívoco algum que possa emocionar o inconsciente de quem quer que seja. Não se trata apenas da crítica de um leitor, é o que o conduz a dizer: *aqui não há inconsciente*. É, portanto, a obra de alguém separado, obra de um exilado, quer dizer, algo absolutamente singular. Vejam o que o termo "singular" traz consigo: a distância de qualquer comunidade. Nada de comum. É fechado sobre si mesmo.

Universal, particular e o singular de Joyce

Não é o particular. Aquilo que nos é particular é o que temos em comum com alguns. O particular é o que permite formar classes clínicas. É o que se assemelha de um sujeito a outro – *Ah! É a mesma coisa*. Esse exercício foi levado a seu ponto máximo com a grande clínica psiquiátrica clássica. Quando, de um grande caos de doenças mentais, um Kraepelin, por exemplo, conseguiu fazer capítulos, parágrafos, classes e subclasses, agrupando fenômenos particulares pelos quais os sujeitos se assemelham, exigindo que eles se assemelhassem não somente no momento em que são apreendidos, mas também na evolução do quadro clínico. A clínica se faz no nível do particular. Evidentemente, não se trata do universal, ou seja, aquilo que vale para todos.

Com a obra de Joyce temos um produto que vale apenas para o um-sozinho [*un-tout-seul*]. Nesse sentido, Lacan inventou o conceito de sinthoma para designar o singular, podemos dizer, fora da clínica, fora da classificação, o singular em seu absoluto.

Então, será que só vale para Joyce? Ou será que isso ajuda a perceber que, em cada um, em cada um daqueles que se parecem com alguns outros e dos quais a clínica cuida, há algo absolutamente singular que é desabonado do inconsciente?

Lacan acreditou ter percebido e mostrado isto: há sinthoma em cada um.

O que distingue Joyce – e foi o que Lacan pôde perceber nele – é o fato de ele ter se identificado com esse singular (e destaco a palavra *identificado*). Ele encarnou [*incarné*] o sinthoma. Essa é a palavra empregada por Lacan. Joyce encarnou o singular ali onde o comum o apaga, onde o comum se apressa em se abonar ao inconsciente, e, nesse momento, a máquina de fabricar sentido comum se põe em marcha, a máquina de fabricar equívocos capazes de nos revirar as tripas numa multidão.

Evidentemente, quando falo, e até mesmo quando improviso, quando bordo, prendo a atenção da multidão, a formada por vocês pelo menos. É minha fraqueza. Porque toco bem nas cordas capazes de emocionar vocês. Se fosse Joyce, todo mundo daria no pé. Mas seria Joyce. Talvez um dia eu chegue lá! Se eu realizasse o sonho de Lacan de fazer tudo isso passar para a matemática, poderia concluir e depois escrever fórmulas no quadro de alto a baixo. Então, só ficariam quatro ou cinco pessoas. Lacan sonhava com isto: ele sonhava poder encarnar seu sinthoma. Mas isso não é dado a todo mundo. Habitualmente o cobrimos com camadas para poder viver com os outros. Digo tudo isso, emocionado assim, para fazer vocês compreenderem o valor a ser dado à indicação muito precisa de Lacan, a saber: *Joyce encarna o sinthoma*. Está tudo aqui.

Existe a singularidade do sinthoma em cada um, mas ela está recoberta. Nós tratamos de encarnar outra coisa. Encanar nossa trama, nosso destino, a herança da família, um grande personagem, ideais. Joyce – escolha ou não? – se dedicou a encarnar o sinthoma no espaço do desabonamento do inconsciente. Desse modo, fez ver algo que a clínica dissimulava.

Então, a clínica do sinthoma – entre aspas – é, de início, uma clínica plana. Não tem degraus, não é estratificada, nela não se distinguem o sintoma e a fantasia e nem mesmo podemos falar aí de avanço ou de resistência. Tampouco podemos falar de uma saída: *Que ninguém entre aqui se tiver a intenção de sair*. O que aí prevalece, já disse, é o girar em círculos.

Isso nos obriga a desaprender a clínica do desejo. Ela é toda animada pela dinâmica do mais-além, que é, evidentemente, dialética e conduz a distinguir a necessidade (apreendida em uma fisiologia elementar), a demanda (onde o significante – a palavra, a simbolização – se sobrepõe à necessidade) e, mais-além ainda, o desejo (resultante da subtração da necessidade à demanda, pelo menos em uma das versões dadas por Lacan sobre isso). Como, apesar de tudo, um elemento falta, Lacan acrescenta, como quarto termo e sem achar sua articulação precisa com os três primeiros, a pulsão: necessidade, demanda, desejo e *pulsão*. Desta, ele faz em seu ensino clássico a resposta inconsciente à demanda, faz da pulsão uma cadeia significante, mas articulada no corpo.

Quando ele extrai tanto da fantasia quanto da pulsão o conceito de gozo, inaugura-se uma dinâmica conceitual que o conduz ao sinthoma. Lacan – já disse – durante muito tempo pensou poder dar conta da libido freudiana em termos de desejo: modelou os deslocamentos da libido que Freud valorizou como metonímia do desejo. Mas, é preciso dizê-lo, algo fazia objeção, isso não dava conta da fixidez da libido. Foi assim que, me parece, o conceito de gozo encontrou sua necessidade. Nós o encontramos repartido, presente no objeto *a* da fantasia e presente na pulsão, quando Lacan começa a tratá-lo aparelhado pela mesma lógica do mais-além colocada por ele em função a propósito do desejo. Foi o tempo em que distinguia o prazer e o gozo. O prazer homeostático responde a um bem-estar fisiológico – ele tomou emprestada a noção de homeostase do fisiologista Cannon – como resposta a um estado de equilíbrio, ao passo que o gozo implica um a-mais, um excesso, que vem desequilibrar a homeostase, assinalando-se por sua presença perturbadora e por seu valor eventualmente doloroso. É necessário dizer que essa descrição muito potente satura muitos fatos clínicos. Ela foi isolada quando Lacan chamou seu objeto *a* de mais-gozar. É a mesma lógica que encontramos no grafo de Lacan: primeiro andar, o prazer; segundo, o gozo, sob a forma de um a mais.

Mais tarde, ele renunciou a essa lógica do mais-além, na qual a transcendência que anima a lógica do desejo é substituída por um plano de imanência. Quer dizer, uma perspectiva em que o conceito de prazer é reabsorvido no gozo, perspectiva na qual se opõem o nível do significante e o da substância gozosa. Lacan então pôde dizer que a significância, a ordem significante, encontra sua razão de ser no gozo do corpo, e que o sinthoma é condicionado não pela linguagem, mas por *lalíngua*, aquém de qualquer articulação. Essa porta entreaberta por Lacan no *Seminário 20*[7] culmina em seu conceito do sinthoma, que, em sua singularidade, designa a substância gozosa. O modo de gozar absolutamente singular é, como tal, irredutível, ou seja, é um resto absoluto, não pode ser reduzido mais além.

Quanto a isso, Joyce, o *não analisado*, porque soube encarnar seu sinthoma, figura como paradigma do que se pode obter do sujeito no fim da análise, paradoxo que Lacan modula, tempera, toma por vários lados, mas mantém como linha diretriz. Além da identificação com o sinthoma, temos a encarnação do sinthoma por Joyce, a obtenção de um estatuto que não é mais suscetível de qualquer transformação. A clínica do sinthoma é um convite a tomar esse ponto de vista sobre o sujeito em análise. Com certeza, via de regra, o sujeito em análise é um assinante do inconsciente, está abonado por ele. Quer dizer, é suscetível, sim, a avanços, resistências, e sua estrutura se apresenta como estratificada, folheada, tem esse caminho a fazer e esse caminho demora por razões essenciais às quais voltaremos.

Ao mesmo tempo, tomar o ponto de vista do sinthoma é saber que há algo que não mudará, tomar o ponto de vista do sinthoma é um limite inaugural ao *furor sanandi*. É o incurável inscrito na porta de entrada: *Nem sonhe curar! Não te vanglories de teus sucessos terapêuticos! Olhe para o que não muda!* Isso acentua o fato de que a análise faz emergir o incurável e que o sithoma singular é também uma verdade que se expressa: *Todo mundo é louco, todo mundo faz uma elucubração de saber sobre o sinthoma.* A significância é uma elucubração de saber sobre seu modo de gozar. E o Nome-do-Pai, que condiciona toda a realidade psíquica, é apenas um nome do modo de gozar: é o modo de gozar apreendido em seu caráter universal.

Então, o que é um analista na clínica do sinthoma? Bom, vou me perguntar isso por muito tempo. É, pelo menos, um sujeito que percebeu seu modo de gozo como absolutamente singular, a contingência desse modo de gozar, que apreendeu – de que maneira? – seu gozo como fora do sentido. A ambiguidade que Lacan nos faz ver e escutar entre gozo e sentido gozado, entre gozo e *joui sens* – em duas palavras –, sem dúvida, quando ele a introduziu, era como uma equivalência. Mas, uma vez colocada essa equivalência, ele a renega: o gozo é justamente o avesso do sentido gozado, o sentido gozado é o que serve para esquecer o ser do gozo.

Quando Lacan, no fim de seu escrito sobre Joyce, nos *Outros escritos*, p.570, afirma que a análise recorre ao sentido para resolver o gozo, não se deve entender como prescrição nem como descrição. Ao contrário, parece-me que seu esforço é o de abrir uma prática pós-joyciana da psicanálise, aquela que não recorre ao sentido para resolver o enigma do gozo, não conta *histeórias* [*hystoires*], mas que, além do discurso do inconsciente, visa restituir, em sua nudez e fulguração, os acasos que nos levaram para cima e para baixo.

Até a próxima semana.

10 de dezembro de 2008

6. Sexta lição

Singularidades

Procuro o bom uso do sinthoma na prática da psicanálise porque ele designa, ele é, de acordo com a definição de Lacan, o que há de singular em cada indivíduo. Procuro porque ainda não encontrei como formulá-lo, como bem-dizê-lo. Portanto, procuro o bom uso do sinthoma por ele ser o singular de cada um.

A singularidade é uma categoria lógica, mas está também nos limites da lógica. É possível falar do singular, além de designá-lo? É possível falar dele? O singular, *como tal*, não parece com nada: ele ex-siste à semelhança, ou seja, ele está fora do que é comum. A linguagem, por sua vez, diz apenas o que é comum, exceto o nome próprio – sem que o próprio do nome seja uma garantia absoluta da singularidade.

O nome próprio também é equívoco. Eu me dou conta disso atualmente cada vez que faço uma reserva no restaurante. Digo: "Para o sr. Miller", e pedem meu nome. É que hoje em dia há muitos Miller reservando lugares nos restaurantes. Então, alinho Jacques e Alain. Aparentemente, isso basta para me singularizar. Por ora! Não sei quanto tempo vai durar. Se os Miller continuarem a se multiplicar em Paris, em breve terei de dar a data do meu nascimento. Difícil ser singular. Difícil fazer-se reconhecer a partir disso.

Digo: o singular, *como tal*, não se parece com nada. Enfatizo *como tal*, porque como *não tal* ele se parece. Refiro-me ao silogismo clássico: *Todos os homens são mortais, Sócrates é um homem, Sócrates é mortal.*

Três proposições. Certamente não é ilegítimo dizer que Sócrates é mortal, já que Sócrates é um homem. Ele *pertence* a uma e a outra classe. Ele tanto *pertence* à classe dos homens quanto à classe dos mortais. Ele *faz parte* da classe dos mortais porque faz parte da classe dos homens, o que aqui se deve entender como os *seres humanos*. Eu especifico porque, pelos tempos que correm, como se diz, só se escuta a palavra "homem" por oposição à palavra "mulher". Perdeu-se o sentido de *humanidade* contido na palavra homem. Por isso, querem nos fazer dizer Declaração dos Direitos Humanos ao invés de Declaração dos Direitos do Homem – digam isso em 1789!

A língua, o sentido da língua, o sentido das palavras da língua evolui, é um fato. A título de mortal e de homem, Sócrates, o nome "Sócrates", não é singular, pois faz parte, ele pertence. Caso não consideremos o singular *como tal*, o consideraremos como pertencente.

A pertinência de um singular é uma questão que assedia, atormenta a clínica a título de diagnóstico e constitui facilmente – se deixarmos correr solto – o embaraço do clínico na supervisão. Frequentemente é a principal questão trazida: é uma psicose ou uma neurose? É um sujeito mais para obsessivo, ou é um histérico? Essa histeria, na realidade, não será uma psicose? A inteligência do praticante deixa-se solicitar pela preocupação de distribuir e atribuir ao paciente uma classe ou outra. Isso se constata. Aliás, é muito difícil deslocar essa inquietação do praticante. Difícil trazer-lhe a paz que o ponto de vista singular pode fazer reinar, uma vez que este comporta um deixar-ser: deixar-ser aquele que se entrega a você, deixá-lo ser na sua singularidade.

Do ponto de vista do diagnóstico, Sócrates pertence a uma e outra classe, mas, do ponto de vista do singular, Sócrates é Sócrates, não é igual a ninguém. A tautologia *Sócrates é Sócrates* não diz nada. É o grau zero do saber, a excelência da bobagem, a falência. Pode ser entendido assim. De outro ponto de vista, porém, é a expressão do respeito pelo que cada um tem de singular, de incomparável. É a permissão dada para que o outro seja ele mesmo, *tal e qual*, independentemente dos sistemas nos quais vocês sonham inscrevê-lo. Em contrapartida, no que diz respeito a você, dito terapeuta, trata-se, ao contrário, de inscrever-se em seu sulco, deixar desdobrar ali uma ex-sistência fora dos caminhos já batidos.

É comum ouvir, nas supervisões em que dou, alguém que começou a praticar a psicanálise me falar de seu exercício, dos problemas que esse exercício lhe suscita. Tento, então, introduzir, insinuar em sua maneira o ponto de vista do singular, procurando ao mesmo tempo respeitá-lo em sua singularidade, uma vez que o praticante também tem direito a ela.

Eventualmente, é claro, aceito o problema formulado em termos de classes diagnósticas, mas busco sempre desarmá-lo no que ele tem de demasiado premente, visando fazer prevalecer o que acredito ser mais propriamente psicanalítico: o ponto de vista antidiagnóstico. O diagnóstico virá por acréscimo.

Assim fazendo, penso estar seguindo a linha de Freud, tal como resumiu Lacan na p.553 de *Outros escritos*: "numa análise, tudo deve ser recolhido [é assim que Lacan resume a posição de Freud], recolhido como se nada se houvesse estabelecido fora dela." Vejo aqui presente o que entendo como orientação para o singular.

Bion também segue essa linha e a estira ao máximo em seus seminários, quando diz que o analista, em cada sessão, deve ter se esquecido de tudo: não apenas – como insiste Freud – esquecer, sustar os outros casos, mas esquecer, inclusive, a sessão precedente, de sorte que cada encontro, cada sessão, valha por ela mesma.[1] Trata-se de uma ruptura, uma descontinuidade impelida ao extremo visando, sem dúvida, acentuar o aspecto de acontecimento, no sentido de *happening*, de cada encontro com o analista. Isso me parece excessivo, embora siga na boa direção que é a de restituir ao momento sua singularidade.

Instante de ver

O analista não é uma memória, ele não faz *benchmarking*, não compara: ele acolhe a emergência do singular. De todo modo, é o que está contido na orientação para o singular.

Em contrapartida, não há apenas isso em psicanálise. Com efeito, por uma outra vertente, o psicanalista é uma memória. Ele guarda a memória dos significantes que apareceram, faz correlações, articula-os, pontua repetições. Esse trabalho de memorialista, de secretário do paciente, permite-lhe balizar a zona onde poderá incidir sua interpretação. Ocasionalmente, ele conserva por muito tempo esse saber, até manifestar-se para ele o momento oportuno de dizer e de surpreender o analisando com suas próprias produções – as do analisando –, reapresentando-as para ele de modo inesperado.

Mas todo esse trabalho de memória, de balizamento das repetições e de interpretação pertence a um registro diferente daquele que designo como a orientação para o singular.

Em lógica, a singularidade pertence à teoria do juízo e está referida precisamente ao momento da quantidade. A quantidade dos juízos distribui-se por três registros: o singular, o particular e o universal.

Se nos referirmos, por exemplo, ao curso de lógica de Kant – que nada teve de notável na história da lógica e expressa mais um sentido comum da idade clássica –, diremos: um juízo, cito, "é a representação da unidade da consciência de diversas representações", ou, ainda, "a representação das relações dessas diversas representações, uma vez que elas constituem um conceito".

Um conceito é o que permite apreender uma extensão. Nós a representamos aqui por meio de um círculo (Kant diz *uma esfera* em referência às três dimensões, mas, ao ensaiar uma representação gráfica, ele mesmo desenha círculos e quadrados sobre duas dimensões). Aqui, o conceito singular, o conceito que tem a quantidade do singular, distingue-se pelo fato de não ter esfera, ele se fecha sobre o indivíduo: o conceito singular não tem extensão. Sua extensão é um ponto em torno do qual podemos traçar um círculo. Exceto que esse círculo deve ser concebido como contíguo ao próprio ponto.

Só há verdadeiramente uma extensão quando há, no mínimo, dois pontos.

O que Lacan chama de *sinthoma* é, por excelência, o conceito singular, cuja extensão é tão somente o indivíduo. Ao apreendê-lo como tal, vocês não poderão compará-lo a nada. Sob outros pontos de vista ele pertence, é claro, a diferentes classes particulares e mesmo universais, como Sócrates. Lacan, porém, chama de sintoma a tautologia do singular.

Segundo Kant, do ponto de vista da forma lógica o juízo singular equivale a um juízo universal no sentido de ser sem exceção. *Sócrates é mortal*, do ponto de vista da forma lógica, equivale a *Todos os homens são mortais*. Todos os homens são mortais, sem exceção, assim como só há um Sócrates, apenas um.

Referimo-nos aqui ao nome próprio, o de Sócrates, escolhido entre todos para entrar no silogismo há muitos séculos balbuciado. É incrível, nota Lacan em algum lugar. Escolheu-se Sócrates para formar o silogismo no qual sua morte é articulada à sua natureza humana, quando Sócrates, precisamente, foi morto! Ele não morreu de velhice! Foi morto, supõe-se, segundo um voto seu, e ele tudo fez para isso. Foi o escândalo da execução de Sócrates que se tamponou, apagou, quando o alojaram no silogismo em que ele é suposto morrer apenas por ser mortal, ou seja, morrer logicamente, ao passo que Sócrates foi morto *segundo o desejo*.

Do mesmo modo, referimo-nos ao nome próprio de James Joyce evidenciado por Lacan, assinalando, porém, que essa evidência responde ao desejo de

Joyce de promover seu nome próprio. Lacan agirá nesse nível concedendo-lhe, digamos, um pseudônimo: *Joyce o Sintoma*. É um pseudônimo? Lacan lhe concede seu nome próprio completado por aquilo que, a partir daí, não aparece como predicado. Não é: *Joyce é um homem, portanto, Joyce é um sintoma*. É: *Joyce o Sintoma*.

Em lógica matemática, um nome próprio é chamado de "termo singular". Segundo Quine – escrevo o nome próprio dele no quadro por ele não ser muito famoso entre vocês –, um termo singular é o que visa nomear um e somente um objeto e que pode, ao matematizarmos a linguagem corrente, ser utilizado como uma variável: *x é mortal*. Quine o define na p.218 da edição norte-americana de sua obra *Methods of Logic*, que trago aqui comigo, mas há uma tradução em francês.[2]

Não é inteiramente coerente com sua definição o fato de ele fazer preceder esse enunciado pela quantificação existencial: existe um *x*, tal que *x* é mortal.

$$\exists x . x \text{ é } M$$

Exemplo Sócrates. *Exemplo*, porque *existe x*, quer dizer – assim traduzimos o seu uso –, há ao-menos-um, ou seja, pode haver muitos deles. O quantificador existencial é emparelhado ao *particular*, razão pela qual quando se exibe *um* sob o regime do quantificador existencial, exibe-se um exemplo.

Em termos precisos, o quantificador que responde ao singular, ali onde não há ao-menos-um, mas *um-e-um-só*, existe. Foi criado pelos lógicos, é pouco empregado no uso comum e é, de fato, o quantificador do singular. Ele se escreve assim:

$$\exists \, ! \, x$$

É o quantificador existencial seguido de um ponto de exclamação: *Ah! Aquele ali*.

O singular como tal é o incomparável, não é o exemplo, pode ser o paradigma, palavra usada uma vez por Lacan, da qual fizemos lugar-comum. Pode ser o paradigma quando o deslocamos numa classe particular, na classe dos casos ordenados pelo caso-guia, o caso referência. Para haver paradigma é preciso haver a singularidade de *um* caso apreendido como incomparável. Em seguida, engancham-se vagões a essa locomotiva que parte sozinha, tal como o gato de Kipling.[3]

Em se tratando do singular, o espírito de geometria falha, como diz Pascal, e falha o matema, no sentido de Lacan. Para apreendê-lo, impossível partir de definições e princípios ou então de estruturas, a fim de demonstrar o caso pela ordem, por meio dessa ordem de razões das quais falava Descartes e que inspiraram seu mais eminente comentador, Martial Guéroult. Em se tratando do singular, é preciso sentir e ajuizar de modo direto e preciso, não se procede pela sucessão de razões. É preciso – cito Pascal – ver a coisa de uma só vez. Se adotarmos o traço assinalado por Pascal na passagem que lhes dei no começo do trimestre, diremos: o singular requer o instante de ver. Ele faz prevalecer o instante de ver, modela o ouvir pelo instante de ver. Na prática da psicanálise, ele convida a permanecermos no instante de ver.

Era então para isso que Bion nos convidava quando enaltecia o esquecimento permanente. E se quisermos dar sentido ou aparelhar [*appareiller*] a última prática da sessão curta de Lacan, a da sessão ultracurta, do encontro, podemos dizer que se trata de manter a psicanálise no nível do instante de ver – o que poderia chegar ao ponto de contentar-se com o fonema. Embora nos esfalfemos em seguir Lacan em sua via, temos o sentido disso na prática com algumas psicoses que requerem encontrar regularmente seu endereço, seu terapeuta, mas onde uma troca pode, no limite, se bastar com um aperto de mão e um *Tudo bem? Tudo bem*. Nesse encontro, porém, uma função essencial foi realizada: a função de tocar, ouvir, perceber, sentir o outro, a garantia do mundo *que você é* para aquele sujeito, sem que ela necessite do blá-blá-blá. Ela precisa simplesmente de um coração batendo, da encarnação de uma presença.

Do ponto de vista do singular, a sessão analítica tende a reduzir-se ao instante. Ah!, isso não é conforme ao princípio do *time is money*, pode ser tachado de impostura pelos que recusam o que ali há de verdade. A verdade é que, para o falasser, o efeito de encontro é instantâneo. Tudo está ligado a um acontecimento que deve ser encarnado, um acontecimento de corpo, definição do sinthoma dada por Lacan.

O resto é uma roupagem necessária à maioria dos casos. Mas o núcleo, o *Kern*, no sentido de Freud, o *Kern* do ser é esse instante, o instante da encarnação.

A resolução paterna e o nó

O discurso analítico, a instituição da psicanálise, confronta o analista no singular. Como isso é insustentável, ele então se refugia no particular! Ele se conforta com diagnósticos e comunidades. Desde que a psicanálise existe, há comunidade analítica! É o que acompanha a singularidade psicanalítica como se fosse sua sombra, e também o que rejeita em sua sombra a singularidade psicanalítica. A comunidade ostenta suas querelas, suas divisões, suas polêmicas e patati, patatá, ocupando o proscênio, quando a verdade é o abismo do singular. A fim de proteger-se do singular, o psicanalista apela para uma assistência encontrada por ele na classe diagnóstica e no grupo analítico. Foi o que Lacan designou como SAMCDA – Sociedade de Assistência Mútua Contra o Discurso Analítico.[4]

Pois é, há também os CAMCDA – Conceitos de Assistência Mútua. Isso se vê, se toca, em tudo o que se exercita como relato de caso. Um caso, como lembrei há um bom tempo, é o que cai, em particular o que cai fora dos sistemas, fora do matema. Mas, quando o escrevemos, na maior parte das vezes pensamos apenas em fazer dele um exemplo. Isso talvez já esteja um tanto fora de moda, mas consistia em dar uma proposição de ordem geral, extraída dos bons autores, para dizer em seguida: "Este caso confirma justamente o que foi enunciado!" Nesse movimento de verificação a singularidade do caso ficava, de saída, apagada: *Que o caso não desminta sobretudo a teoria! Que jamais não se pareça com nada!*

A virtude do caso, tal como o concebo, é precisamente não se parecer com nada. Esse foi o viés escolhido por Freud: ressaltar o aspecto de um caso que desminta a teoria psicanalítica. Esse registro polêmico é fácil. Há um nível de defesa mais tortuoso, mais paradoxal, porém, em meu espírito de geometria, de consecução, não posso não entrar nele.

Do ponto de vista do singular, do ponto de vista do sinthoma, como o que há de singular em cada um, não vejo como evitar – bem que eu gostaria – ao menos passar por essa proposição a fim de aferi-la: *O próprio inconsciente é uma defesa*. Sim, o inconsciente é uma defesa contra o gozo em seu status mais profundo, isto é, seu status fora de sentido.

O que é a metáfora paterna (como retranscrição em termos linguísticos do complexo de Édipo e de seu declínio) senão uma máquina significante a dar conta de como o espírito chega ao gozo, de como o sentido chega ao gozo?

Lembrem-se de como Lacan instaurou essa metáfora. Um significante, o desejo da mãe, *DM* aparece como um X. Ela não está o tempo todo junto de seu filhote, ela o deixa, depois retorna, há vaivéns, aparecimentos e desaparecimentos. É o que justifica inscrevê-lo como significante (mais tarde, Lacan reservará o *D* para a demanda e notará com um *d* o desejo; contudo, em seu escrito sobre a psicose, trata-se do desejo da mãe como o significante de sua presença e de sua ausência, o significante de seus vaivéns).

De início, a partir dessa dinâmica significante, o que é significado para o sujeito aparece como um X. Não se sabe, a criança não sabe o que isso quer dizer:

$$\frac{DM}{X}$$

Ela o aprenderá quando o desejo da mãe for substituído por um outro significante, o do Nome-do-Pai. Inscreve-se essa substituição rasurando o termo primeiro

$$\frac{NP}{\cancel{DM}} \quad \frac{\cancel{DM}}{X} \quad \longrightarrow$$

A metáfora que se segue faz emergir um sentido, o sentido do gozo enigmático da mãe que motivava seus deslocamentos, notado por Lacan como *A* sobre *falo*. Com efeito, a essência da metáfora paterna é a resolução do X inicial na significação fálica, normativizante, comum. Essa trajetória traduz como o gozo adquire sentido, sentido fálico. O Nome-do-Pai é essencialmente o operador que permite ao gozo tomar sentido.

$$\frac{NP}{\cancel{DM}} \quad \frac{\cancel{DM}}{\textcircled{X}} \quad \longrightarrow \quad \left(\frac{A}{falo}\right)$$

É preciso lembrar-se disso para poder apreender o avanço do que Lacan enuncia em seu escrito *Joyce o Sintoma*, citado por mim na vez passada: *a análise recorre ao sentido para resolver o gozo*. Ele diz: resolvê-*lo*. Compreende-se, pelo contexto, que se trata de *resolver o gozo*, embora só compreendamos essa expressão se guardarmos a lembrança deste X. É ele, essa incógnita desconhecida do gozo, que deve ser resolvido adquirindo sentido – vertendo-se na significação fálica. Este é, então, o ponto de partida para que a ordem simbólica do inconsciente trame sua lógica e suas chicanas.

A metáfora paterna resolve o gozo por meio do sentido comum: cada vez que somos tocados, que nos emocionamos, que algo nos diz alguma coisa, o falo está no lance, é o emblema do sentido comum.

No que concerne a esse sentido gozado, Lacan o distingue do *gozo próprio do sinthoma*. Aqui se mantém ainda o mesmo adjetivo, *próprio*, que figura em *nome próprio*. O gozo próprio do sinthoma – indicado no horizonte da orientação para o singular – é, ao contrário, diz Lacan, *um gozo que exclui o sentido*. O gozo não se deixa resolver na significação fálica, conservando, assim, uma opacidade fundamental.

A orientação para o singular visa, em cada um, ao gozo próprio do sintoma como excludente com relação ao sentido. Lacan, sem dúvida, tentou abordá-lo, amansá-lo, valendo-se do objeto *a*. Sem dúvida também, há muito tempo ele percebera que tudo o que concerne ao gozo nunca se deixa resolver por meio da solução fálica, havendo nele o que Freud chamara de objetos pré-genitais. Assim, a fim de dar conta do gozo, Lacan teve de completar o falo com o símbolo *a*: (*a*).

$$\frac{(a)}{(-\varphi)}$$

Em seu ensino, Lacan tentou incessantemente fazer entrar este *a* na metáfora, indicar que ele se articulava ao falo – ainda que deste se distinguisse – e que se inscrevia, particularmente, por exemplo, como complemento, cúmulo, tampão da castração. Ele não parou de tentar fazê-lo entrar na mecânica do inconsciente.

Acontecimento do corpo substancial

No final de seu último ensino, Lacan distinguiu o inconsciente e o sinthoma como duas ordens não homogêneas. Certamente ele buscou sua articulação sob a forma de nó, foi o que explorou em seu *Seminário 23*. Justo antes, deu o programa: o inconsciente se enoda ao sinthoma.[5]

A questão é saber como essas duas ordens estão presentes na prática da análise.

Como preâmbulo, podemos assim distinguir dois momentos. Há o momento da exploração do inconsciente e de suas formações, cujo princípio é que o sintoma tem um sentido, que tudo o que faz sintoma – lapso, ato falho etc. – tem um sentido e pode ser decifrado. Como não se passaria por esse momento no que diz respeito aos que não são desabonados do inconsciente? Com certeza prescindimos dele quanto a Joyce, que, além do mais, não se deitou no divã. Para ele, a questão não se formulou, não podia ser formulada.

A orientação para o singular não quer dizer não decifrarmos o inconsciente. Ela quer dizer que essa exploração encontra necessariamente um obstáculo, que essa decifração se interrompe no fora de sentido do gozo e que, ao lado do inconsciente, onde isso fala – e fala a cada um porque o inconsciente é sempre sentido comum –, há o singular do sinthoma, onde isso não fala a ninguém. Razão pela qual Lacan o qualifica de acontecimento de corpo. Não se trata de um acontecimento de pensamento, ou de um acontecimento de linguagem, é um acontecimento de corpo: resta ainda saber de qual corpo. Não é um acontecimento do corpo especular, ele não acontece no estádio do espelho, no qual se desdobra a forma enganosa do corpo que aspira vocês. É um acontecimento do corpo substancial, aquele cuja consistência é de gozo. Aqui estamos num nível que difere do inconsciente, uma vez que a descoberta freudiana, tal como formulada por Lacan, propõe o inconsciente como redutível por completo a um saber. A redução do inconsciente a um saber, ou seja, a uma articulação de significantes – que somos levados a supor a partir da interpretação, a partir do caráter interpretável do que faz sintoma –, essa qualidade de ser um saber está excluída do acontecimento. Certamente, o que Lacan formulou a propósito do sinthoma pode lembrar, aqui e ali, o que disse do objeto *a*. Para ele, porém, o objeto *a* era sempre um elemento de gozo pensado a partir do inconsciente, a partir do saber, ao passo que o ponto de vista do sinthoma consiste em pensar o inconsciente a partir do gozo.

Pois bem, isso tem consequências sobre a prática, em particular sobre a prática da interpretação. Ela não é apenas a decifração de um saber, é fazer ver, elucidar *a natureza de defesa* do inconsciente.

Sem dúvida, ali onde isso fala, isso goza, mas a orientação para o sinthoma enfatiza o seguinte: isso goza ali onde isso não fala, isso goza ali onde isso não faz sentido.

Em seu Seminário sobre o sinthoma, Lacan convidou o analista a ocupar o lugar do objeto *a*, formulando-o da seguinte maneira: *o analista é um sin-*

thoma. Ele é suportado pelo não-sentido, perdoamos então suas motivações, ele não se explicará. Preferirá, antes, dar-se ares de acontecimento de corpo, de semblante de traumatismo. E terá muito a sacrificar para fazer jus a ser, ou a ser considerado, um naco [*bout*] de real.

Até o ano que vem.

17 de dezembro de 2008

7. Sétima lição

Continuo. É mérito meu porque tenho a impressão de avançar numa zona ainda não perfeitamente balizada por mim. Isso, porém, é o que me atrai. E o fato de ter de dar conta disso diante de vocês não me tira do rumo de trazer-lhes uma reflexão não levada a cabo. Talvez eu sempre tenha feito assim. Hoje, contudo, sinto isso mais vivamente.

Estrutura e acontecimento

Eu me dizia que uma análise iniciante e uma análise que dura não se parecem em nada. São três análises: uma análise iniciante, uma análise que dura e uma análise que termina – digamos simplesmente que *para*, sem entrar na questão de saber se ela para bem ou para mal, ou com quais critérios julgaríamos o que seria ou não correto nessa matéria. São três modalidades de análise que não se apresentam de modo algum da mesma maneira e exigem do analista tanto uma posição quanto um modo de fazer diferentes.

Admitamos, por hipótese, que a estrutura seja a mesma. O próprio emprego da palavra "estrutura" implica sua permanência, além de a evidência empírica ir nessa mesma direção: as mesmas duas pessoas, o mesmo lugar, o mesmo encontro. Não é como na educação. Nesta, ao contrário, manifesta-se o progresso mudando de lugar. Isso aqui não é o maternal! Se bem que... Não tento niná-los com cantigas de ninar! Se bem que... De todo modo, neca de fralda descartável!... Na educação nos balizamos graças a uma tópica: o maternal, o colégio, o liceu, a universidade mudam de lugar. Na análise, não. Não nos dizem: *Agora nós vamos sair do meu consultório vermelho e vamos para o quarto andar, onde vou recebê-lo no meu consultório azul*. Tudo permanece igual.

O exemplo da educação indica ser possível marcar o progresso do saber mudando de lugar e de professor. No que concerne à análise, pode ocorrer, sim, mudar-se de analista, por exemplo, para terminar a análise: *Eu vim aqui para terminar minha análise com você*. Pode, até mesmo, ser tradição numa dada organização hierárquica da comunidade analítica haver analistas especialmente habilitados para começar análises, mas não para terminá-las. E, ocasionalmente, os analistas se perguntam se estariam em condições de fazer seus pacientes terminarem suas análises.

Apago tudo isso. Admitamos, por hipótese, que a estrutura permaneça a mesma. Essa permanência não impede que *o que acontece* se apresente inteiramente diferente, conforme se esteja no começo ou já instalado há algum tempo.

Eu disse: *o que acontece*. Como nomear isso? "O" ou "os" fenômenos? Para haver fenômeno é preciso haver númeno, não estrutura. Ora, a estrutura-númeno, por hipótese, não é o númeno no sentido empregado por Kant, por exemplo. Não vou desenvolvê-lo. Assim como disse *estrutura*, prefiro dizer *acontecimento* no lugar de *fenômeno*.

Uma análise que começa é cheia de acontecimentos. Tira do lugar [*ça déménage*]. É o que chamamos de *transferência*, palavra gloriosa para qualificar essa mudança de casa. Transporta-se para um outro o que se tem na cabeça, *o que dizíamos a nós mesmos*... É um fato de transmissão, de comunicação. Partilhamos o que pensamos ter de mais íntimo. Certamente há nisso uma parte do que já se havia dito a fulano ou sicrano, mas, via de regra, há algo nunca dito a ninguém. Portanto, em todos os casos, trata-se de uma ultrapassagem, o que não é anódino.

Empreguei a expressão *o que dizíamos a nós mesmos* com reticência, pois ela implica algo muito complicado. *A posteriori* nos damos conta de que só o dizíamos a nós mesmos pela metade, de um jeito impreciso. Essa imprecisão é o que adornamos com o nome "consciência". É abusivo imaginar a consciência podendo definir um lugar transparente: isso é absolutamente excepcional no acontecimento de consciência. O que dizemos a nós mesmos de modo consciente quase sempre só aparece de forma esboçada, no conjunto permanecendo, em termos precisos, amorfo: não posto em forma, enformado [*mis en forme*].

Sentimos isso de modo muito intenso no final do século XIX e começo do XX, com os romancistas que se puseram a tentar escrever o fluxo da consciência, ou *the stream of consciousness*. Dizem ter sido um francês chamado Dujardin que o inventou. Joyce se destacou na escrita do fluxo de consciência, o que *Ulysses* é suposto nos mostrar. Virginia Woolf, por sua vez, dedicou-se a isso em seu romance, delicado – sua esquizofrenia ainda não havia avançado muito para que fosse mais interessante –, intitulado *Mrs. Dalloway*. Eu classificaria tudo isso dentro dos efeitos da invenção freudiana sobre a literatura. Por que não um enformar literário do amorfo mental?

Amorfo, endereçamento e supereu

Uma análise começa sob o modo da formalização. O amorfo se vê dotado de uma morfologia. Não se trata apenas de o implícito tornar-se explícito, mas da ocorrência de uma transformação radical, já que se passa da ausência de forma para uma certa forma. O amorfo delineia-se, a cada sessão ganha ângulos, apresenta-se sob uma luz diferente. O que mais se aproxima disso é a configuração dos nós. A estrutura é a mesma e, dependendo da maneira como puxamos as cordas que os representam, obteremos formas diferentes. Isso é muito realista, de fato acontece. Ao longo das primeiras sessões, a massa mental do amorfo reparte-se em elementos de discurso. Só o fato de você convidar a falar aquele que está diante de você faz com que o amorfo mental dele adote a estrutura da linguagem. Quando isso não se produz, é muito inquietante. Em contrapartida, ocasionalmente isso pode se produzir de forma premente, ofegante, como se essa massa esperasse apenas esse momento para dividir-se, repartir-se e comunicar-se. O desenho que surge, então, é condicionado, pelo menos em uma parte, pelo endereçamento, pelo destinatário.

Há pouco lancei mão do exemplo dos escritores que, na época de Freud, buscaram transcrever seu fluxo de consciência. Eles o formalizavam no tom, no estilo do que pensavam ser a literatura: uma preocupação de cadência, de harmonia, de beleza, de emoção. Ao seu agrado. E as obras citadas o confirmam. Outro exemplo: o verdadeiro católico, dizia Lacan, é inanalisável. Por quê? Porque seu amorfo mental se curva à prática da confissão. Formaliza-se espontaneamente, portanto, segundo as categorias de seu destinatário.

Podemos observar que essas categorias concernem essencialmente ao gozo como falível: o que se trata de confessar é o gozo como não sendo aquele que deveria ser. Evidentemente, isso foi abrandado sob a influência de Freud, mas era a orientação daquela prática. Ela visava cingir o pecado. Por sorte não há *o* pecado, pois ele é avaliado de acordo com uma escala, há *os* pecados, dos mais graves aos que não contam muito, os veniais. O que permite muitas artimanhas: confessar o venial para diferir o capital, ou montar todo um jogo destinado a obter a absolvição, a preços módicos! Lacan pensava – imagino – que os verdadeiramente mordidos por essa prática, os ases da confissão, são impermeáveis à análise por terem se tornado demasiado ariscos em seu dizer sobre o gozo. Não me incomoda o fato de Michel Foucault ter considerado que a psicanálise procedia da confissão. Historicamente é uma besteira, mas, em termos lógicos, por que não?

Digamos que na psicanálise o endereçamento se distingue do da confissão precisamente porque ela é não prescritiva. A regra não é aferir a culpa, mas, ao contrário, convidar o outro a dizer tudo o que lhe vem à cabeça, a liberar o *Einfall*, o que cai, como dizia Freud, o que cai na cabeça, o caso mental, o acontecimento de pensamento. Em psicanálise, o acontecimento de pensamento é tudo o que temos como material, é a única massa em que colocamos a mão [*mettre sous la dent*]. A questão é saber como o acontecimento de pensamento se relaciona com o acontecimento de corpo. O que se obtém do paciente surge em decorrência de *dizer* o *acontecimento de pensamento.*

E a regra analítica inclui uma garantia fornecida por nós: *você não será julgado*. Nada de julgamento. Nada de juízo final, nada de juízo inicial, nada de juízo. Isso é mais ou menos verdade, mas está incluído na lógica da questão.

Há o que as leis da cidade impõem. Podemos ignorar. Por exemplo, alguém recebe um paciente que lhe confessa, na terceira sessão, ter assassinado uma ou duas pessoas – digo uma ou duas porque ele não tem absoluta certeza quanto a uma delas –, e o analista se põe a tratar a questão com filosofia: nada de julgamento. Por que não? Não sei o que eu teria feito se tivesse a impressão de que o cara estava prestes a recomeçar. Sem dúvida, nesse caso, é difícil evitar, através dos meios habituais, a denúncia, como se diz.

É também mais ou menos verdade pelo fato de que acreditam mais ou menos em você, uma vez que a nuvem negra do julgamento continua planando sobre a análise, levando a que ocasionalmente o sujeito difira, retarde o que sente como uma confissão de suas faltas. Outro dia evoquei os três anos necessários a um fulano para ele conseguir abandonar seu discurso caótico e desabafar, me fazer compreender que era homossexual. A partir daí, essas nuvens negras foram desanuviadas e pudemos levar a coisa com seriedade. Há todo um campo a explorar. Por exemplo, o que essa fantasia de julgamento subtrai à análise, à fala do analisando? Como ela o embaraça, qual a boa técnica para fazer com que o *você não será julgado* seja levado a sério?

Vou deixar essa problemática de lado, pelo menos por ora. Só lembro que, em termos lógicos, há uma suspensão absoluta do juízo moral. Isso não é o mais difícil. O mais difícil é a suspensão absoluta do juízo pragmático. Que o analista se abstenha de dizer: *não é assim que se deve fazer para obter esse efeito, aja de outra maneira*. Por vezes ele o faz, reconheçamos! Mas, ao fazê-lo, ele comete uma infração à lógica que estou expondo.

Em outras palavras, a regra analítica é uma operação visando à ablação do que correntemente chamamos de supereu, tanto quanto a implantação de um outro supereu, próprio à experiência analítica, concebido como a obrigação, a imposição de dizer a verdade, toda a verdade, sem disfarce. Cabe ao analista dar o exemplo, e ao analisando, imitá-lo.

Tal injunção se mantém e tem todo o seu valor quando a análise começa, mas se revela paradoxal e impossível de satisfazer numa análise que já tem alguma duração.

Revelação e cessão

A entrada em análise tem efeitos naturais, imediatos, efeitos lógicos. Quase sempre são efeitos de alívio, efeitos terapêuticos. Uma análise tem efeitos terapêuticos rápidos, uma análise *que começa* tem efeitos terapêuticos rápidos. Uma que já possui uma duração tem efeitos não terapêuticos lentos. E pode até mesmo ter efeitos de deterioração.

Corrijo de imediato o otimismo excessivo de falar dos efeitos terapêuticos rápidos da análise iniciante, pois é bastante conhecido o fato de que a formalização, em particular do sintoma, pode traduzir-se por um agravamento. Ou seja, o sujeito se dá conta de que está mais doente, mais acometido do que pensava. É o efeito *Knock* da psicanálise.[1]

Ficamos muito mais doentes quando vamos ao médico. Essa é a lição já realçada por Molière em seu *Doente imaginário*. Fundamentalmente, porém, trata-se de um efeito de alívio por objetivação: por meio da transformação do amorfo, você se torna um objeto, uma referência, aquilo de que se fala. O milagre da operação é que, desse modo, você obtém o efeito brechtiano de distanciamento. O íntimo passa sempre para o exterior acompanhado de um sentimento, do tipo *eu já sabia, mas não desse jeito* – a ênfase pode ser mais forte de um lado ou de outro.

A transmutação do amorfo traz em si a ideia de inconsciente. Se quisermos questionar o termo "inconsciente", pois bem, diremos que essa noção está referida ao efeito de extimidade engendrado pela formalização do amorfo: *estava em mim e, no entanto, era desconhecido, era não sabido por mim.* É nesse sentido que o que chamamos de inconsciente é um êxtimo.

Uma análise que começa se faz, desenvolve-se sob o signo da revelação. Ela não começa necessariamente no momento em que se engaja um processo de encontros regulares. Todavia, a partir do momento em que ela começa seriamente, isto é, quando o sujeito se esforça para fazer passar o acontecimento de pensamento à fala, a análise desenvolve-se, de modo geral, como fogos de artifício de revelações. O amorfo cede lugar à articulação de elementos individualizados, que, por isso mesmo, revelam-se *rastreáveis*, para usar um termo atual. Podemos demarcar que eles vêm de um antes – da infância, em geral – e que retornam.

Numa análise que já dura, logo percebemos como a revelação se faz mais rara, esfuma-se e chega mesmo a desaparecer. É um regime completamente diferente. A revelação, que até então ocupava o lugar principal, é substituída pela repetição. Não se trata da repetição dos elementos rastreáveis que produzem revelação, mas de uma repetição que conflui para a estagnação. É claro que uma análise que já dura demanda atravessar a estagnação, suportá-la, ou seja, explorar limites. A gaiola do sinthoma foi o que designei outrora como a experiência do real sob a forma da inércia. E espera-se que isso ceda. Na análise que dura, por certo há revelações, porém, o que mais verdadeiramente se espera, tanto o analisando quanto o analista, é alguma coisa próxima da cessão da libido, a retirada da libido de um certo número de elementos rastreáveis liberados à época da revelação.

A questão que ocupa não é tanto a de um tempo para compreender, mas a de um tempo para desinvestir, a fim de que o interesse libidinal – tomo isso emprestado de Lacan – venha condensar-se no que ele chamava de objeto *a*. Ainda que o modelo desse objeto seja pré-genital, o objeto winnicottiano, trata-se, aqui, da hipótese segundo a qual o gozo se retira para vir se condensar num certo ponto. Para que esse ponto possa absorvê-lo, fazemos dele um objeto, um condensador.

Na análise que dura temos o olho voltado para a retirada da libido, pois ela, sim, está sendo julgada. As revelações que não levem a isso não mais satisfazem. Esse é um efeito esperado. Isso faz diferença na vida de um analista.

Um analista iniciante – coloquemos sua própria análise supostamente à parte – tem a experiência da análise em seu começo. Ela é o petisco do psicanalista, o prazer do analista e do analisando. Os norte-americanos chamaram a isso de "lua de mel". Ah! Seria um sonho, seria sensacional, um triunfo, só efetuar começos de análises! Poderíamos dizer, por exemplo: *começamos hoje, fazemos dezesseis sessões e, depois,* ciao, *boa viagem.* Desse modo teríamos apenas o bom! Valeria fazer isso. Não sei por que eu ainda não tinha pensado nisso... Ficar pelejando com a análise enquanto ela dura é outra história. Em minhas reflexões, eu dizia a mim mesmo: "Seguro as pontas, mas a questão é saber como." Foi sobre isso que pensei tendo Lacan como companheiro. Eu o interrogo a esse respeito. Tal como Dante segura a mão de Virgílio, tal como o próprio Lacan segura a mão de Joyce para que este o guie no sintoma, seguro a mão de Lacan a fim de que ele me guie nesta selva obscura: a análise que dura. E com o peso das reclamações que isso pode carrear: *você não faz nada para me tirar disso.*

A ficção do inconsciente

A mão de Lacan me dá a proposição tantas vezes enfatizada e comentada por mim e que, no caso, me aparece como uma indicação: "A verdade tem estrutura de ficção." Que se extraiam depressa todas as suas consequências.

A verdade é a substância da experiência analítica, dizia eu: seu pão é o que ela engendra de verdade. Ela só se mantém por haver muitas revelações, iluminações, instantes de ver, o que os ingleses chamam de *insight.* É o que se produz. Só que as verdades psicanalíticas não são eternas, à diferença daquelas com as quais Descartes sonhava, pelas melhores razões do mundo, a partir das matemáticas. Aqui, com efeito, no nível do matema, podemos ter a certeza de que há verdades eternas. Mas as que são engendradas pela experiência analítica sabem que são mortais. Elas são do nível do patema – cuja raiz é a mesma de "patológico", "patético" etc. –, do que é sentido. São verdades patéticas. Nesse nível são variáveis, o que levou Lacan a criar o neologismo *varidade* [*varité*], isto é, verdade variável. É por essa razão que se quer, ocasionalmente, trocar de analista: quando estamos cansados da verdade que obtivemos, encaminhamo-nos para um outro dizendo a nós mesmos que vamos buscar uma outra verdade.

E ficção, o que quer dizer? Que é uma fabricação, que não é da ordem da natureza, da *physis* dos gregos, que é da ordem da *poiesis*, da produção, do fazer. Uma ficção é uma produção que traz a marca do semblante. Não por isso desvalorizada. É como eu dizia há pouco sobre os nós; eles são esticados, sua configuração é modificada e pode-se multiplicar a maneira como aparecem, seu semblante. Na análise, a ficção é um fazer que repousa sobre um dizer. Mas o fictício se opõe ao real. E como já me ocorreu outrora usar o slogan *orientação para o real*, isso implica tirar todas as consequências da estrutura de ficção da verdade.

Lacan se lançou no bafafá opondo-se a uma orientação da prática da psicanálise para o imaginário, visando substituí-la por uma orientação para o simbólico, que consiste em reconhecer a estrutura de linguagem do inconsciente, em formular que o inconsciente tem uma estrutura de linguagem. Estrutura de linguagem quer dizer que o significante é distinto do significado, que o significante tem supremacia sobre o significado, que as combinações e substituições de significantes determinam o significado, que o simbólico, o significante, têm supremacia sobre o significado, sobre o imaginário.

Tudo basculou com o que Lacan pôde formular na última lição do *Seminário*, livro 20, *Mais, ainda*. Eu o assinalei, trata-se de fato de um corte que ouvi pronunciado por ele de viva voz: a estrutura da linguagem, no fim das contas, não passa de uma elucubração de saber sobre a lalíngua. Quer dizer que a estrutura da linguagem é tão somente ficção, a estrutura da linguagem tem estrutura de ficção. Se radicalizarmos, *elucubração* quer dizer isso. Portanto, a ordem simbólica é da ordem da ficção. Para toda uma parte nada desprezível de seus leitores que se tornaram também seus alunos, o que Lacan ali anunciou não foi aceito, eles não conseguiam decidir-se sobre o fato de a ordem simbólica ser da ordem da ficção. Pensavam ser da ordem do real. Que ela fosse da ordem da ficção não foi invenção do Um: foi uma ficção coletivizada, sedimentada, construída através dos tempos. A ideia de que permaneça sendo da ordem da ficção é necessária para que se possa dizer, por exemplo: não há relação sexual, sendo a ordem simbólica uma espécie de penso,[2] uma elucubração de saber tentando estancar essa ferida.

Neste ponto, será que não estamos em vias de proferir algo mais agudo, mais, arriscado: em análise, o inconsciente tem estrutura de ficção? *O inconsciente freudiano tem estrutura de ficção*, a parte final do último ensino de Lacan me parece ilegível se retirarmos essa orientação. Ficção de qual real? Digamos, para ir direto ao ponto: do gozo, que, como tal, não tem estrutura de ficção.

A palavra "inconsciente", da qual somos encarregados, faz crer que a oposição central sobre a qual nos regramos está entre o consciente e o inconsciente. Mas o consciente é uma noção equívoca, pois não sabemos o que é. De todo modo, essa questão é muito comprometida. Gostaríamos de definir a consciência valendo-nos de um saber imediato e certo, de uma transparência. Mas o que sabemos? O que acreditamos saber. O sujeito consciente não passa de um sujeito suposto saber, saber o que ele pensa, saber o que ele quer, saber o que ele ama, do que ele goza, do que ele sofre. A experiência da análise nos mostra que é um falso sujeito, um sujeito que verdadeiramente não sabe, que se contradiz, muda de opinião, muda de saber, e que o que chamamos de inconsciente é um fato de lógica, é o que se deduz do que se diz. De todo modo, não é com essa oposição que operamos na análise, pelo menos na análise que dura.

Na análise que começa há revelações, e *revelação* significa haver algo que antes não se sabia, ou que não se sabia desse modo. Portanto, com efeito, na análise que começa, devido à revelação, podemos admitir que a oposição entre o consciente – entre aspas – e o inconsciente esteja em primeiro plano. Esse, porém, não é de modo algum o caso na análise que já dura. Nesta, a oposição central é bem mais entre o inconsciente, como saber, e o gozo.

Saber e gozo

O ensino de Lacan é marcado por seus começos, os quais são marcados pelos começos da obra de Freud, por sua vez marcados pela análise que começa. Essa é a raiz do entusiasmo que marca "Função e campo da fala e da linguagem em psicanálise".[3] Lacan, ao reler o texto de 1953 em 1966, já se distancia desse entusiasmo próprio da análise que começa, por isso mesmo justificado, embora esse entusiasmo tenha permanecido pregnante. Algum tempo depois, diria ele: "A destituição subjetiva gravada no bilhete de ingresso ..." não afasta ninguém.[4] Sem dúvida! Porque está escrito em letras miudinhas. O que está escrito com letras grandonas é: "Venham, venham! A verdade os espera! Não apenas uma, muitas! Aqui nós produzimos a verdade!" Tíquete de entrada, galhardetes, isso mesmo! Tal como fazem os circos quando chamam o público, não é? Grana alta!

Por fim, acabou-se sabendo que, quando a análise dura, seu eixo se desloca para a oposição entre saber e gozo, o que Lacan – digamos, para tentar salvar o circo – explicitou em seus esquemas dos quatro discursos. Ele tentou juntar isso quando a própria dinâmica daquilo de que se trata começou a tratar mal a noção de objeto *a*, ou seja, a aprisionar o gozo justo em seu lugar, num objeto, além do mais situado como a produção de uma articulação significante. Foi assim que ele o situou no inconsciente sob o nome de discurso do mestre: uma articulação significante (S_1-S_2), um efeito de verdade, \$, e uma produção de gozo, "*a*". Ele tentou desse modo capturar a questão. Está em seu *Seminário*, livro 17, *O avesso da psicanálise*,[5] preparado pelo *Seminário*, livro 16, *De um Outro ao outro*.[6] Depois, no *Seminário*, livro 20, *Mais, ainda*, ele precisou fazer aparecer, além disso, um espaço amorfo, no qual inseriu um "*J*" [de *jouissance*], a fim de desmentir justamente que o gozo pudesse ser aprisionado assim.

No *Seminário 16*, ele o inventou como o objeto mais-gozar. No *Seminário 17* ele inseriu esse objeto na estrutura da linguagem. Depois, com o "*J*", a coisa explodiu. Em seguida, começou a pensar a estrutura do nó, que não tinha mais nada a ver com a estrutura da linguagem.

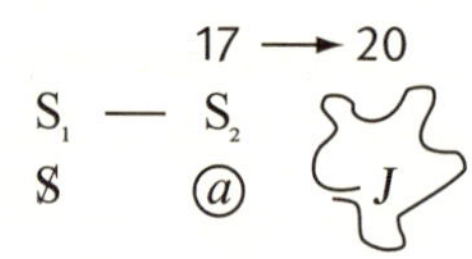

Se não operamos para dominar o gozo sob as modalidades do objeto *a* – aqui se vê a orientação –, se o liberamos, se tentamos articulá-lo sob as modalidades inéditas do sinthoma, ou seja, se situamos o gozo no posto de comando, se lhe damos a primazia, inclusive sobre o significante – não só a primazia do significante sobre o significado, mas do gozo sobre o significante –, então, com efeito, obtemos uma cisão do sentido de inconsciente, entre inconsciente real e inconsciente transferencial, o que não é explícito em Lacan e que fui levado a formalizar.

Essa é uma orientação que deduzi do último escrito de Lacan, compilado nos *Outros escritos*, seu "Prefácio à edição inglesa do *Seminário 11*", sobre *o esp d' un laps*, onde ela figura mais ou menos assim : "... do inconsciente (que só é o que se crê , digo: ... real ...)".[7] O inconsciente real. Mas não menosprezemos o que se lê um pouco mais acima nesse mesmo texto. Escreve Lacan: "... ('psic.' =

'ficção de'-) ...".[8] Podemos considerar, ou então assinalar que há uma sequência ou uma equivalência repetida pela palavra *seja* [*soit*]. Do modo como Lacan escreve, podemos nos perguntar o que está indicado no final da palavra: *psic* =, dois traços, uma equivalência, *ou seja ficção d'-* .

(*psic.* = , *ou seja, ficção d'-*)

Como ler isso? Primeira leitura: para Lacan, o psíquico é uma ficção e o real é o lógico. Mas tudo sugere – em particular a indicação de que ele se refere a um inconsciente real – que a segunda leitura a se fazer seja: *uma psicanálise tem estrutura de ficção.*

Se o real é o gozo, o inconsciente é uma defesa contra o gozo, tal como me permiti proferir para vocês em minha última conferência.

Como desconhecer a estrutura de ficção de uma psicanálise, quando, de saída, Lacan disse que o analista, em seu ato, era mestre da verdade? Ou quando ele enfatiza, em seu texto "Função e campo da fala e da linguagem...", que, devido à pontuação trazida por ele, e sobretudo pelo corte final da sessão pautado apenas sobre sua decisão, ele fazia variar a verdade? Tudo indica que, na linha de "a verdade tem estrutura de ficção", o ato analítico implica não recuar diante da estrutura de ficção de uma psicanálise.

Nesse sentido, o gozo é a *ultima ratio.* E constatamos que a questão preponderante no começo de uma análise, *o que isso quer dizer?*, tende a desvanecer, a apagar-se, quando a análise dura. Então, qual é a questão que a substitui? Se há uma questão que a substitui, se o analista não aguarda que isso simplesmente passe, se ele quer mesmo se fazer uma pergunta, a questão que a substitui é: *o que isso satisfaz?* Em que isso satisfaz?

Numa análise que dura, o status conceitual do gozo se modifica. Há um status do gozo que é o do excesso, o gozo-excesso. É nesse nível que, classicamente, aprende-se a fazer a distinção entre prazer e gozo. O prazer traduz um estado de *homeostase*, que indico por meio de uma flecha que se fecha em círculo. Esse estado é rompido por um elemento que ultrapassa os limites do bem-estar, fazendo confluir o gozo e o sofrimento, o sublime e o horrível. Lacan o realçou em seu *Seminário*, livro 11, *Os quatro conceitos fundamentais da psicanálise* e o deslindou em seu *Seminário*, livro 16, *De um Outro ao outro*, nomeando-o mais-gozar.

Há, porém, um segundo status do gozo que começa no *Seminário 20* e está presente em tudo o que se inclui de seu último ensino até sua parte final, o do *gozo-satisfação*, que difere totalmente do primeiro status. O gozo-satisfação é o restabelecimento de uma homeostase superior. Há um funcionamento que inclui o excesso, que o rotiniza. Lacan o chamou de sinthoma. Isso é o que do conceito de sinthoma invalida, quando não o objeto *a*, pelo menos a orientação que deu origem ao objeto *a*.

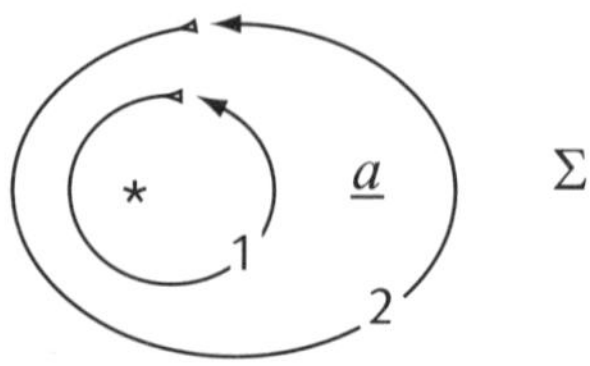

1. gozo-excesso
2. gozo-satisfação

Uma psicanálise tem estrutura de ficção: o que o termo "inconsciente transferencial", trazido por mim há pouco, teria a dizer de diferente? É um inconsciente construído em análise. Não recuamos de falar da construção da fantasia, há que ir fundo nisso, a construção do inconsciente com a qual o analista, de fato, tem algo a ver. Ele dirige a construção, e é pelo fato de ele ali estar que o inconsciente toma sentido, que o interpretamos. É o que o termo "associação livre" oculta. Ela é um convite a prestar atenção ao que se diz, ao que vem à cabeça, e nunca há tanta associação livre como quando há uma parada contrafeita, justamente enfatizada pela interpretação que, de fato, pode bastar: *você se interrompeu nessa palavra*. Uma vez que vocês prestaram atenção a isso, então poderão começar a compreender o que a expressão *to connect dots* (conectar os pontos) significa. É como o jogo de ligar pontinhos que aparece em algumas revistas. Nesse momento, sim, fazemos nascer formas, dependendo do ponto em que paramos. Com efeito, a partir do simbólico, fazemos florir o imaginário.

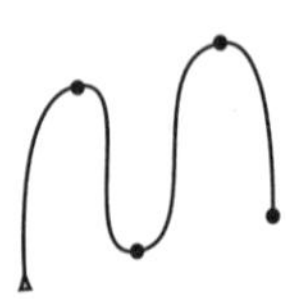

Em compensação, o inconsciente real é que não se deixa interpretar, razão pela qual, nesse último texto – ou penúltimo, pois ainda há o "Todo mundo é louco" –, o inconsciente é definido como o lugar onde a interpretação não tem mais nenhum alcance. O inconsciente real é o lugar do gozo opaco ao sentido que, por meio da *ficção*, procuramos tornar tagarela. Por isso, nesse mesmo texto, Lacan evoca a *histoerização*[9] da análise para qualificar o passe. Mas, é claro, em primeiro lugar, a própria análise é uma *histoeria*.[10]

Assim, "uma psicanálise tem estrutura de ficção" pode querer dizer: é uma *histoeria*, ou seja, um relato, e mesmo um romance com sua continuidade, ordenado ao desejo do Outro.

Nisso se embasam as questões do passe: como se pode balizar um analista? De qual articulação entre ficção e gozo? O que esse gozo deve ou não ao desejo do Outro?

Notemos que Lacan diz do passante, Analista da Escola a advir, que ele é suposto saber muito a esse respeito, já que "liquidou a transferência", como se diz. Ora, por que retomar essa velha expressão dos supostos ortodoxos se não para designar, nas entrelinhas, o inconsciente transferencial?

Ao final, como uma indicação do que pode ser uma análise que termina, vemos como podem juntar-se o testemunho de *histoeria* com o testemunho de satisfação do final de análise. No fundo, o inconsciente transferencial tem um nome, um nome lacaniano, *verdade mentirosa*.

Assim nos é indicada a via que abre a porta do final da análise e que pode fraturar aquilo a que a falta de relação sexual apela, ou seja, fraturar o que chamei de reserva mental.

Até a semana que vem.

14 de janeiro de 2009

8. Oitava lição

Na última vez abordei o último escrito de Lacan, pelo menos o último compilado por mim no volume que intitulei *Outros escritos*. Esse texto foi composto para servir de Prefácio à edição inglesa do *Seminário*, livro 11, *Os quatro conceitos fundamentais da psicanálise*. Já o comentei mais de uma vez e a ele retorno para interrogá-lo sobre o que é um analista na perspectiva do sinthoma.

Na verdade, apesar de apresentar-se como Prefácio, trata-se de um texto muito distante do *Seminário 11*, já que não fala dele explicitamente. Interroguei-o, então, para saber se falava de modo implícito, mas não me pareceu assim. Considerando-o em seu conjunto, trata-se mais de um retorno sobre o final da análise e, em termos precisos, sobre o que Lacan chamava de *passe*. Seu último escrito propriamente dito constitui um retorno ao passe e, por mais breve que seja, apenas três páginas, é digno de crédito. Digo último escrito pondo à parte os poucos parágrafos compostos para um volume dedicado à defesa do Centro Universitário de Vincennes em que figura a proposição "Todo mundo é louco".

A invenção do passe por Lacan, anunciado em seu escrito "Proposição de 9 de outubro de 1967 sobre o psicanalista da Escola",[1] vetorializa grande parte de seu ensino.

Quando seguimos seus Seminários na ordem cronológica, nos damos conta da insistência crescente, da urgência experimentada por ele no sentido de ter de fornecer uma doutrina do final da análise. Exigem-na e ele a promete. Ele enuncia, explicitamente, no *Seminário*, livro 10, *A angústia*, que o objeto *a* – tal como o nomeou – deve permitir ir além das conclusões de Freud em seu texto "Análise terminável e interminável".[2] No *Seminário 11*, ele analisa, ou pelo menos esboça, a análise do desejo de Freud como sendo o que entravou a potência da operação analítica. O desejo de Freud de salvar o pai foi o que impediu a análise de ocupar seu justo lugar. Três anos mais tarde, ele toma a iniciativa de formular o final da análise nos termos que permitem sua verificação, se não científica, pelo menos suficientemente lógica para poder reunir os votos de uma comunidade. A doutrina que propõe é indissociável do procedimento proposto por ele para fazê-la passar à efetividade.

O primeiro resultado obtido foi uma cisão entre seus discípulos, alguns dos quais recusaram o procedimento assim definido. O primeiro resultado foi, então, dar um brilho especial a essa novidade, fazê-la aparecer como uma escansão essencial, precedida de um Seminário sobre a lógica da fantasia e seguida do Seminário sobre *o ato analítico*. Toda esta aparelhagem: dois Seminários, o próprio texto da "Proposição", os escritos produzidos em seguida, por ocasião de uma viagem de conferências na Itália, tudo isso forma um conjunto considerável em relação ao qual as três pequenas páginas do último escrito parecem bem franzinas.

Pretendo, porém, levá-las a sério e ponderá-las comparativamente com o enorme maciço da doutrina clássica do passe. Não vou agora rearticular a doutrina que chamei de clássica. Apenas destacarei alguns de seus traços que permitirão ver o deslocamento operado pelo último escrito.

A doutrina do passe

Na doutrina clássica do passe, o pivô de uma análise e de seu final é o desejo do psicanalista. Com efeito, em muitos Seminários a função do desejo do analista foi sendo introduzida por Lacan como uma encruzilhada essencial à qual se deveria retornar. O desejo do analista – como já tive ocasião de mostrar – era sua resposta ao que estava em voga nos meios da Associação Internacional de Psicanálise: a contratransferência. Essa era a maneira de eles dizerem que o próprio analista se via solicitado, no nível de seu inconsciente, pela experiência que governava. Era a maneira de dizerem que o analista não podia desfalcar-se da operação.

Foi nesse lugar que Lacan inscreveu o desejo do analista, mas atribuindo-lhe um valor inteiramente outro que não o da contratransferência. Ele entendia como desejo do analista uma função simbólica, devendo encarnar-se no analista, sem, contudo, mobilizar nele seu inconsciente. Para ser breve, digamos que o desejo do analista se expresse na pergunta: *O que tudo isso quer dizer?* O que tudo isso que eu, analisando, digo, *quer* dizer realmente?

Essa questão, transposta em termos de vontade, é a questão da significação, na qual o *querer* se destaca sobre o *dizer*, tornando-se um: *O que quer o analista?*

A maneira como apresento aqui esse deslocamento indica de modo claro a que ponto o sentido é dependente do destinatário do discurso. Debaixo dele há "isso quer dizer o que ele quer". A interpretação está nesse lugar de onde o analista indica o que ele quer que isso queira dizer. Mas nem assim a coisa fica mais clara, vindo então a repercutir como uma questão: *O que ele quer?*

Em retorno, isso se inverte e chega para o sujeito – o analisando – como: *O que você quer?*

Todos esses efeitos são obtidos sob a condição de o desejo do analista permanecer velado, críptico. Nesse sentido, o desejo do analista é: "o que isso quer dizer?" levado à incandescência. Trata-se do enigma intrínseco a toda articulação significante, ou seja, o de que um significante remete a outro significante. Apreendido como tal, o desejo do analista é um x situado no lugar da significação última. O final de análise seria a solução desse "x".

Em seu texto intitulado "Proposição de 9 de outubro...", Lacan propõe duas versões equivalentes dessa solução: um certo *há* e um certo *não há*. Uma solução negativa e uma positiva. A solução negativa é um nada: não há nada naquele lugar. No lugar da significação última há apenas o vazio, o vazio do desejo. Nos termos freudianos, tais como Lacan fez deles matema, ele grafa essa solução como *menos phi*, alusão à castração da qual Freud, em seu texto sobre o final da análise, fazia o *nec plus ultra* da análise: o que deve revelar-se ao final da análise é a significação da castração. Temos aqui, sob o nome "castração", somente um episódio dessa litania de termos negativos elaborados por Lacan como a resposta última que consagra o final da análise. Num momento anterior de sua elaboração, ele inscrevera a morte nesse lugar negativo e desenvolveu o final da análise como a subjetivação da morte. Em sua "Proposição...", digamos que se trata de subjetivação da castração. Mais tarde, será a subjetivação da relação sexual, uma vez que ela não existe.

$$\frac{(-\varphi)}{\textit{morte} \quad \textit{castração} \quad (\textit{-relação sexual})}$$

A solução positiva será o isolamento da função *a*. Em sua "Proposição...", ele se organiza de modo a indicar que essa função é abordada pelo que se chamou, em psicanálise, de objeto pré-genital, aquele que não foi falicizado, não entrou na significação fálica, ou seja, a da castração. Ele vem a obturar o lugar negativo de *menos phi*, o que se pode escrever sob esta forma metafórica:

$$\left(\frac{a}{(-\varphi)}\right)$$

Mais tarde, Lacan dará a esse objeto *a* o nome de mais-gozar.

$$\frac{(-\varphi)}{\textit{morte} \quad \textit{castração} \qquad \textit{(-relação sexual)}}$$

(a)

objeto pré-genital *mais-de-gozar*

De todo modo, no que concerne ao último ensino, podemos destacar o lugar subordinado que Lacan dá ao gozo nessa doutrina do passe, pois em sua construção ele depende da solução trazida à questão do desejo do analista. Em sua "Proposição...", à p.258 dos *Outros escritos*, ele menciona a dimensão de miragem em que se assenta a posição do psicanalista e evoca um futuro no qual essa dimensão terá de ser reduzida por uma crítica científica.

Em seu último escrito figura igualmente o termo "miragem", e num lugar mais importante. Ter acesso a esse momento de solução passa, para o Lacan de 1967, por uma transformação da função do sujeito suposto saber. Essa é uma expressão que fez sucesso, já que pode ser compreendida por si mesma, designando, aqui, uma função subordinada à cadeia significante. O que Lacan chama de sujeito suposto saber é um certo efeito de significação que obtura a solução do desejo do analista. É, para simplificar, a suposição do inconsciente, a noção, a nuvem espessa segundo a qual o que se diz na análise quer dizer outra coisa.

$$\frac{S\ s\ S}{\left(\frac{a}{(-\varphi)}\right)}$$

Essa suposição se revela necessária para recolher o que aparece – as palavras, as expressões e os significantes que determinam o sujeito. Assim, o saber que no começo é apenas suposto, apenas uma significação, progressivamente, ao longo da análise, efetua-se. Os significantes articulados acumulam-se constituindo um saber, de tal forma que o sujeito inicialmente apenas suposto saber *torna-se*, por meio da experiência, um saber efetivo.

Assim, ao término da análise, o analisando é situado como sabedor [*sachant*]. É um erudito [*savant*] no sentido próprio. A análise produz um erudito que, essencialmente, é o sabido [*savant*] de seu desejo. Ele sabe o que causa seu desejo. Ele sabe a falta na qual se enraíza seu desejo e sabe o mais-gozar que vem obturar essa falta. No final da análise, temos um sujeito que sabe. Nesse contexto, o passe ganha todo o valor, pois nele o sujeito tem a dizer o que sabe, isto é, de que maneira o lugar vazio do sujeito suposto saber foi preenchido, de que maneira se efetuou para ele esse saber, como passou da suposição à compilação do que apareceu como um significante-chave, depois mais outro (sem serem, forçosamente, compatíveis).

Ocorrem, então, transformações. Não se trata de elementos independentes uns dos outros. A chegada de um novo elemento modifica o valor dos elementos acumulados. Mais precisamente, trata-se de uma articulação que se faz de modo contínuo e *só-depois*. O final da análise marcaria o fechamento da experiência, ou seja, o acesso a um *só-depois* definitivo. Depois de muitos vaivéns, hesitações, oscilações, obteríamos um sujeito novo. À medida que desaparece o sujeito ignorante da causa de seu desejo, emerge o sujeito sabido. É esse saber que o passe tenta extrair dele, tenta obrigar o sujeito, que consente, a partilhar com uma comunidade reunida numa Escola, a partilhar com o público, uma vez que Lacan almejava sua publicação.

Elucubração e satisfação

Pois bem, no último escrito de Lacan esbarramos numa perspectiva completamente diferente. De saída porque o próprio conceito de saber é posto em questão, a tal ponto que a própria palavra ali não mais aparece. Quando Lacan construía seu conceito de sujeito suposto saber, ele explicava tratar-se de uma formação que se inscrevia no lugar da verdade, e entendíamos que, em seguida, o saber adquiria consistência. Em contrapartida, no final de seu ensino, percebemos – como dizê-lo? – que ele não acreditava mais nisso. Ele não mais designava o saber como uma formação consistente e falava apenas de verdade. É perceptível que, no final, ele tratava o saber como uma elucubração. Esta é a palavra que já aparece em seu *Seminário*, livro 20, *Mais, ainda*, a propósito da linguagem: "uma elucubração de saber sobre lalíngua."[3] A ser entendido como: para Lacan, o saber é uma elucubração.

A expressão surgida em seu último ensino, *verdade mentirosa*, que não é particularmente elegante, e que só realçamos depois de eu me pôr às voltas com ela, designa, em termos tão exatos quanto possível, o status do saber como elucubração. Não se trata do sujeito suposto saber inscrevendo-se no lugar da verdade para efetuar-se. Trata-se da verdade com as cores da mentira. O saber decai a esse ponto.

O passante da doutrina clássica era suposto dar testemunho de um saber. Ao passo que o passante do final de seu ensino, quando Lacan preparava, elucubrava o conceito de sinthoma, ou seja, quando ele se defrontava sem mediação com o status do gozo, esse passante só pode dar testemunho de uma verdade mentirosa.

Espero que ao simplificar os termos do problema eu lhes tenha tornado perceptível a existência de uma distância prodigiosa entre esses momentos de elaboração. Podemos ver também o que os liga um ao outro.

Eu dizia que esse último escrito é um retorno ao passe, um retorno discreto que não se anuncia como tal e também não anuncia a retificação que opera. Ele se apresenta sob a forma de uma sequência de proposições que podem parecer descosturadas ou frouxamente organizadas. Situá-lo como um retorno ao passe já é uma pontuação, uma proposição de leitura que faço, pois – e isso é notável – só temos nele a metade da questão relativa ao passe.

O passe é duas coisas: um acontecimento e um procedimento. É um acontecimento suposto intervir no decorrer da análise e, em seguida, é um procedimento oferecido àquele que pensa ter sido o sujeito desse acontecimento, a fim de que ele possa comunicar alguma coisa a uma comunidade analítica. Ora, nesse último texto de Lacan, nada temos sobre o acontecimento, nem uma palavra. O passe aparece essencialmente como um procedimento inventado para verificar o final da análise? A palavra "verificar" nem mesmo consta no texto... – "... submeter ... à prova da verdade ..."[4] o final da análise. Então, se no momento em que Lacan inventa o passe o essencial era dedicado ao acontecimento-passe, nesse último texto, no lugar do acontecimento-passe, só há essa indicação – bastante franzina – segundo a qual no final da análise há satisfação. Cito: "A miragem da verdade ... não tem outro limite senão a satisfação que marca o fim da análise."[5] Isso é tudo de que dispomos para alinhar com a construção complexa do passe feita por Lacan nos anos 1966-68 e que passava sensivelmente pela teoria dos grupos. Com relação a toda essa prodigiosa elucubração de saber, temos o passe, o final de análise concebido como experimentar a satisfação e, digamos, dizê-la. Parece uma extraordinária deflação.

Aqui, a palavra satisfação é visivelmente a chave para Lacan, pois, para ele, a análise como tal parece ser uma questão de satisfação. Ele escreve: "... dar essa satisfação é a urgência que a análise preside..."[6] É preciso entender que o que Lacan chama de satisfação vetorializa, orienta todo o curso de uma análise, ou seja, uma análise desenrola-se essencialmente no mal-estar – termo freudiano –, no desassossego [*mal-être*], no desconforto, mas é possível isolar e dar crédito ao que surge como testemunho de satisfação.

Urgência e associação

Ele fala de *urgência*: "urgência que a análise preside." De acordo com os dicionários, *urgência* vem do baixo latim, *urgens*, e quer dizer "não sofrer atrasos", proveniente, por sua vez, do latim clássico, *urgere*, isto é, impelir, pressionar/apressar. E é engraçado que, em francês, a expressão *de urgência* começou a ser usada e foi oficializada a partir de 1789, data em que, com efeito, tinha-se pressa para revolucionar as coisas. Há também a expressão *caso de urgência*. Em seguida, o dicionário assinala ser de 1792 – admiro a precisão – o uso da palavra *urgência* com uma significação especializada na medicina.

No final de seu texto, Lacan retoma o termo para falar dos casos de urgência: "... como sempre, os casos de urgência me atrapalhavam."[7] Fica evidente que na palavra *urgência* há a noção de que se deve fazer depressa. Sem dúvida, apresentam-se à análise casos de urgência que não devem se arrastar. Lacan, porém, lança o termo "urgência" desde o começo da análise para estendê-lo a todo o seu percurso, dizendo que a urgência preside a análise. Tomo como uma chamada útil, séria, isto é, na análise há sempre urgência, o que em francês se expressa quando se diz *ça urge* (isto urge), atestado desde 1903.

Há alguma coisa que impele. Vocês devem perceber que, a fim de me orientar, confio na menor palavra de Lacan. Poderíamos dizer que há urgência, sim, mas no começo, na origem. Depois entramos numa outra coisa que não é a urgência, damos tempo, o sujeito difere.

Prefiro explorar a palavra *urgência* em sua referência a alguma coisa que impele, porque assim nos afastamos da ideia de que voltamos à transferência como causa. Parece-me que, aqui, a ênfase especial de Lacan sobre a urgência tem o valor de dissipar a miragem da transferência e indicar uma causalidade a operar num nível mais profundo que ela, no nível que Lacan chama de satisfação, uma vez que ela é a urgência. Nesse sentido, a análise é o meio dessa satisfação urgente.

Há ainda uma outra ênfase a ser dada a essa urgência que faz andar depressa. Em seu texto, Lacan diz que "corremos atrás da verdade", o que me parece relacionar-se com a urgência. Corremos atrás da verdade porque a atenção instaura uma defasagem, tal como evoquei na vez passada.

Uma vez que prestamos atenção à verdade – como deve ser entendido –, saímos dela, deslizamos para a mentira. Lacan formulou isso nos seguintes termos: "Não há verdade que, ao passar pela atenção, não minta."[8] Como indiquei da última vez, trata-se de pôr em questão o sentido da própria operação psicanalítica, já que ela consiste precisamente em prestar atenção às emergências de verdade, as que emergem nas chamadas formações do inconsciente. A operação analítica consiste em engastar essas emergências em uma articulação e fazer delas um discurso através da associação livre. Evidentemente, pensamos que ela implique falar sem prestar atenção: *não preste atenção no que você diz, apenas fale!* Em termos práticos, porém, a associação livre depende de um significante inicial no qual se presta atenção (e se não o fizermos, há a interpretação a vir nesse lugar).

A associação livre desenrola-se a partir de um sonho, de um ato falho, de um lapso, de uma fala ou de um pensamento que chama a atenção. Damos-lhe valor de verdade, de emergência de verdade, razão pela qual ela se engrena e, como por milagre, mostra-se – se formos astuciosos, e também com uma ajudinha do analista – inteiramente capaz de ordenar-se em discurso. Em outras palavras, pelo viés da associação livre transformamos as emergências de verdade em discurso articulado. Essa é a maravilha com que Freud soube nos deslumbrar: a partir de uma palavra salva do naufrágio de um sonho, tem-se uma fábula que se desdobra e deslumbra.

Lacan manteve-se na linha da descoberta de Freud quando dizia, no começo de seu ensino: *Este discurso é o próprio inconsciente.* É o que ele chamava de discurso do Outro,[9] ou seja, ele concebia o inconsciente como um discurso, e quando ele os deitou por terra, continuou a definir o inconsciente como um saber, uma articulação. Essa última irrupção no ensino de Lacan foi feita para negar isso. Pelo menos para abalá-lo, para nos ajudar a situar de modo diferente o que acontece na experiência analítica.

Formações

Como reconhecemos as formações do inconsciente? Precisamente porque elas desviam a atenção. Elas surgem pela surpresa, por isso falamos de irrupção. E quando elas emergem, não fazem sentido: parecem absurdas, insensatas ou inverossímeis. Nesse sentido, se somos fiéis a esses instantes fugazes, a operação analítica nos aparece como *jogando contra o inconsciente*, como esmerando-se para restituir sentido ao que, num primeiro momento, não tem. Por essa razão, inscreve-se aqui o que Lacan introduz apenas entre aspas, embora mereça todo o crédito, ou seja, se limparmos o inconsciente do que a atenção escamoteia em torno dele, o inconsciente é real. Trata-se do inconsciente considerado no nível das formações do inconsciente.

Quando Lacan diz que o inconsciente é real, ele acrescenta: "caso se acredite em mim."[10] Se acreditássemos no Lacan de 1953, diríamos que o inconsciente é simbólico. No final de seu ensino, a definição de inconsciente passa por uma virada: *o inconsciente é real*, quer dizer, *o inconsciente não é simbólico*, ou ainda, quando ele se torna simbólico, torna-se outro. Por isso, podemos dizer que a operação analítica faz o inconsciente passar do real para o simbólico, da verdade para a mentira.

Lacan dizia que a psicanálise fazia vacilar todos os semblantes. Demos o exemplo de Sócrates passeando pela cidade para inquietar os poderosos, os profissionais e os que creem saber fazer com isso. Pois bem, aqui, é a psicanálise fazendo vacilar os semblantes da psicanálise. Foi esboçado por Lacan exatamente como estou dizendo. Trata-se do socratismo aplicado aos próprios psicanalistas. É o despertar do psicanalista: alertá-lo sobre o fato de que a operação analítica é tecida de semblantes. É o que admitimos sob o nome de construção. Dizer *construção da fantasia* não faz vibrar. Mas dizer que a operação analítica é tecida de semblantes, que ela de fato depende da pontuação que pode ser esta ou aquela, então, nesse caso, é a própria operação analítica, tal como ela se desenvolve sob a égide do ato analítico, que, a cada momento, é posta em questão.

Qual é a primeira mentira, o *proton pseudos* da psicanálise? Lacan nos diz que é a atenção: uma vez que prestamos atenção saímos do inconsciente real. O *proton pseudos* é o próprio analista. É a inserção de um outro sujeito na relação que se mantém com o inconsciente real. Assim explico a mim mesmo a ênfase de Lacan nesse escrito, ao dizer que a psicanálise foi inventada por um solitário. Pelo Um-sozinho. Ele constrói a perspectiva segundo a qual Freud percebeu nele mesmo, *sozinho*, a ex-sistência do inconsciente real, ou seja, emergências de verdade descartando-se da atenção. O que Lacan nos indica, aqui, é enorme, pois ele próprio enfatizara que Freud descobrira a psicanálise prestando atenção nas histéricas, tema abundantemente abordado por ele e também retomado. O que ele aqui nos indica é que a autoanálise de Freud foi a primeira – e dizer autoanálise é dizer muito –, ou seja, primeiro foi o fato do inconsciente real e, nesse sentido, a associação livre é segunda. Ela é o romance da verdade. Por isso, também Lacan disse que Freud não sabia o que fazia ao inventar o instrumento da associação livre, ou seja, ele recorria ao sentido para resolver a opacidade do que emerge nas formações do inconsciente.

Retomei a expressão de Lacan: *formações do inconsciente*. Na dimensão em que estamos, ela não é adequada: fala-se de formações do inconsciente uma vez que as irrupções de verdade foram formalizadas. O estado da formação é um estado segundo. Utilizei a palavra irrupção [*émergence*] para qualificar o que há de primeiro.

Freud, então, fez disso um livro. Ninguém melhor que ele! Organizou tudo e endereçou-o ao público. A partir daí, poderia ter dito às pessoas: *Façam a mesma coisa! Estejam atentos às irrupções de verdade em vocês, associem, tanto quanto possível, sem prestar atenção, depois, com base nisso, vocês contarão histórias, contarão como é pertinente a história de vocês como um todo*. Teríamos, então, uma forma de literatura que se divulgaria.

Mas, historicamente, essa não foi a via seguida. Como diz Lacan: *a psicanálise se pratica aos pares*. Quer dizer que, em vez de fazer sozinho, dirigimo-nos ao público encarnado por alguém e esperamos que essa pessoa edite nosso texto. Essas brincadeiras de gosto duvidoso ali estão para marcar que no ponto em que estamos, com Lacan – aproximamo-nos da dimensão do sinthoma e do final de análise em relação ao sinthoma –, a psicanálise não é definida pelo analista. O analista só aparece como meio de fazer passar o inconsciente do real para o simbólico.

Por essa mesma via, conto a mim mesmo uma história a propósito do fato de que a própria palavra "transferência", da qual se fez a mola do tratamento, não figura em "Prefácio à edição inglesa do *Seminário 11*". A transferência cessa de aparecer em primeiro plano e passa, ao contrário, a ser incluída no conceito de histeria – palavra que retorna nessa última abordagem de Lacan –, ou seja, o sujeito histérico é entendido como o sujeito que responde ao desejo do outro, que se conecta ao desejo do outro. No caso, na análise, trata-se do desejo de que o sujeito preste atenção, diga a verdade, e, desse modo, que ele minta, conte uma história. Esse é o valor do neologismo escriturário produzido por Lacan ao escrever *histoeria*. É uma história que responde ao desejo do outro. *A transferência é incluída no que aqui chamamos de histeria.*

Histoerização

Apresentei como uma ruptura, mas, no fundo, é a consequência do que Lacan, anos antes, havia formulado – e que repetimos! A experiência analítica começa pela histerização do sujeito. Pois bem, ele não diz outra coisa a não ser que ela também continua pela histerização do sujeito. Sob transferência, o sujeito lhe conta, tece uma elucubração para você. Por isso mesmo é uma elucubração. O sujeito constrói um saber, uma elucubração, que é do registro da verdade, já que a verdade tem a estrutura de ficção. Aqui, com efeito, juntar essas posições é próprio para fazer vacilar os semblantes da psicanálise, ao que Lacan se dedicará em seu finalíssimo ensino. Eu dizia que essas três pequenas últimas páginas equilibram o enorme maciço da doutrina clássica do passe. Mas diria também que elas respondem ao texto fundador do ensino de Lacan, isto é, "Função e campo da fala e da linguagem em psicanálise", de 1953.[11]

Se olharem na p.259 de *Escritos*, Lacan define os meios da psicanálise como sendo os da fala, uma vez que ela dá sentido, e define a operação analítica como a da história, uma vez que ela constitui a emergência da verdade no real. Pois bem, esse último texto é a resposta da pastora ao pastor,[12] ou seja, a pastora diz o contrário cantando a mesma canção. Mas claro! A operação analítica dá um sentido – e nisso ela é mentirosa em relação à emergência primeira – e procede pela constituição de uma história. A verdade, porém, só pode entrar no real, só pode medir-se pelo real ao se fazer mentirosa. Nas considerações de Lacan sobre a história, em 1953, ele enfatiza o fato de que o discurso permite dar sentido às contingências e ordená-las em função do futuro. Isso possibilita também restabelecer uma continuidade do discurso rompida pelo inconsciente.

Pois bem, tudo o que Lacan celebra no começo de seu ensino como a potência própria da psicanálise presta-se também a ser descrito como os procedimentos de mentira da psicanálise, a falsidade com que ela se nutre e da qual é a aplicação metódica. Tudo isso que no começo de seu ensino Lacan louvava, celebrava, bascula para o registro da verdade mentirosa, ou do saber como elucubração, ficção cuja estrutura é a da verdade.

Assim, aqui são trazidas aspas ou parênteses às construções psicanalíticas. Elas são encerradas nas aspas da verdade mentirosa, cuja questão é saber então se essa verdade se equilibra. E essas construções só são aferidas pela satisfação trazida por esse equilíbrio entre verdade e mentira. Por isso, a palavra "satisfação" ali está: não se trata apenas de ser bem-contado. No que concerne ao real, o critério desse bem-dizer é definitivamente saber o que se satisfaz com ele. É isso e é também mais complicado. Uma psicanálise é, sem dúvida, uma experiência que consiste em construir uma ficção. Aqui, a introdução do sujeito suposto saber pode encontrar seu sentido. Mas, ao mesmo tempo, ou em seguida, é uma experiência que consiste em desfazer essa ficção. Quer dizer que a psicanálise não é o triunfo da ficção. Nela, a ficção é posta à prova de sua impotência em resolver a opacidade do real.

Então, quem seria analista? Pergunto em curto-circuito pretendendo concluir com esse ponto. Digo que seria alguém para quem sua análise permitiu demonstrar a impossibilidade da *histoerização*, ou seja, alguém que teria podido validamente chegar à conclusão de uma impossibilidade de *histoerização*, podendo, então, testemunhar sobre a verdade mentirosa como forma de estreitar a defasagem entre a verdade e o real.

Se fosse necessário procurar um critério do passe assim entendido, daria o seguinte (que não permite a ninguém simular): o de desfazer toda verossimilhança. Há no passe alguma coisa de inverossímil [*invraisemblable*], isto é, que passa os semblantes [*la semblance*] do verdadeiro. Há igualmente algo que também desfaz [*déjouer*] toda semelhança. Lacan lembra que só se deve nomear – entre aspas – analista, designar analista, sujeitos que não tenham predicado comum, ou seja, os que nenhuma "semblância" [*semblance*] podem reunir.

Um analista seria alguém que saberia medir a distância entre verdade e real e, por isso mesmo, saberia instituir a experiência analítica, isto é, a histerização do discurso.

Apenas para anunciar o tema com que pretendo prosseguir: não será mais o passe do sujeito do saber, mas o passe do falasser, que não é o testemunho de um sucesso, mas de um certo modo de ratear.

Até a semana que vem.

21 de janeiro de 2009

9. Nona lição

Verdade mentirosa

Da última vez, relancei a palavra "ficção", evocada, convocada pela expressão de Lacan que figura no último texto dos *Outros escritos*: a verdade mentirosa, expressão que especifica, comenta o termo "ficção".

Qual é a ênfase a ser posta no adjetivo *mentirosa*? Em minha opinião, não se trata de opor uma verdade mentirosa a uma verdade verídica, mas de considerar como essencial, constitutiva, a aliança da verdade com a mentira.

O poeta Louis Aragon formulou, nos anos 1960, alguma coisa à qual chamava de mentir-verdadeiro, que não deixa de relacionar-se com a verdade mentirosa. Ele foi muitas outras coisas também: romancista, político – pertencia à geração de Lacan e por este foi homenageado no *Seminário*, livro 11, *Os quatro conceitos fundamentais da psicanálise*, o que indica o eco e a simpatia que a obra do poeta lhe inspirava.

O mentir-verdadeiro é uma mentira que vai ao encontro da verdade, que a revela. A verdade mentirosa, tal como a entendo, diz outra coisa mais radical: a própria verdade é uma mentira.

O que não é pouca coisa dizer isso se dito por alguém, Lacan, que fez da verdade o pivô, a mola da experiência analítica.

Contudo, para falar com propriedade, a noção segundo a qual a verdade é intrinsecamente mentirosa está incluída na noção de efeito de verdade. Ela implica repelir a verdade para a posição de efeito, efeito cuja causa – se há efeito, é preciso identificar a causa – é o significante e, em termos precisos, a articulação dos significantes entre si.

Tecnicamente, isso se escreve entre dois significantes – situando uma articulação significante reduzida ao máximo –, indicando que o retorno do segundo sobre o primeiro produz um efeito de verdade:

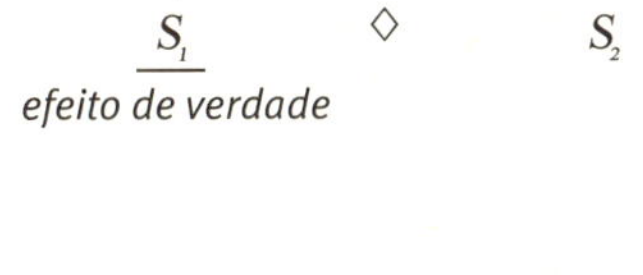

É também eloquente deixar de lado essa representação esquemática para contentar-se em dizer que o efeito de verdade se desprende da fala. Sem fala, nada de efeito de verdade. E até mesmo: sem fala, nada de verdade. É preciso haver um dizer para que haja alguma coisa como a verdade. A escrita não basta. A escrita pode apenas ser índice, se for decifrada.

A ideia de verdade supõe haver uma superposição do simbólico com o real, supõe que o dito possa recobrir o fato.

O simbólico e o real, citados por mim e dos quais me sirvo para pensar (eles me obrigam a pensar), são duas dimensões homogêneas, mas de natureza heterogênea.

O simbólico é uma ordem. Por força da repetição, Lacan fez passar para o discurso comum – inicialmente o de seus alunos, para depois irradiar-se – a expressão *ordem simbólica*. Mas nunca se tratou de ordem real porque, bem poderíamos dizer, o real não é uma ordem. Ele é mais um caos do que uma ordem. O real é feito de elementos esparsos, dispersos. Contrastando com ele, brilha o esplendor do simbólico. Esse é o milagre ocasionalmente realizado no começo de uma análise: o sujeito chega falando da maneira como se sente jogado de um lado para outro pelas circunstâncias e que já não aguenta mais. E eis que, pelas virtudes da narração, a coisa se ordena, toma forma, torna-se sua história com sentido e surgem repetições.

Podemos dizer isso usando a referência às modalidades tematizadas por Lacan em meados de seu ensino, necessidade e contingência – às quais recorreu, porém, de saída, desde seu "Relatório de Roma",[1] em 1953, quando já as opunha.

A necessidade só é concebível no âmbito da ordem simbólica. É algo como um "não cessa" do qual estamos assegurados por ser condicionado – pelo quê? – por um *software*, por um axioma, uma fórmula, uma escrita, sem efeito de verdade variável. Foi assim que Lacan traduziu a necessidade, como um não cessa de escrever-se.

Disso resulta a definição de real – visto a partir da ordem simbólica – como o avesso da necessidade, ou seja, um impossível de escrever, um não cessa de não escrever-se cujo extremo foi dado mediante a noção da relação sexual como impossível de escrever. O real como impossível é aquele visto segundo a perspectiva da ordem simbólica. É um branco, não tem nenhuma fórmula escrita respondente e inscreve-se apenas no negativo. Enquanto Lacan foi tragado, captado, transportado pela noção de ordem simbólica, pela noção de onipotência da ordem simbólica, pois bem, ele simplesmente rejeitou o real para fora da experiência analítica. Chegou a dizer que, nela, trata-se de imaginário, que o simbólico está ali para dele apossar-se, permanecendo o real do lado de fora da porta. Se minha lembrança não falha, ele disse isso também, com todas as letras, ou pelo menos com todas as palavras, em seu *Seminário*, livro 4, *A relação de objeto*.

O real é mais contingente que impossível

Contudo, se abstrairmos, por hipótese, a ordem simbólica, descobrimos a dimensão da contingência. O real, então, não é mais impossível, ele é o contingente, ou seja, em termos precisos, o que cessa de ser impossível, o que cessa de não escrever-se. E não se sabe quando, pois isso não se calcula. Em termos definitivos, se fizermos surgir a fórmula segundo a qual o real é bem mais contingente que impossível, então, com efeito, nos damos conta da relação entre o real e o inconsciente – a fórmula, me apresso em dizer, não é de Lacan, é de minha lavra, estou experimentando-a. Fala do modo de surpresa através do qual o inconsciente se manifesta. Não se sabe quando o lapso interferirá. Não se sabe quando o sonho nos trará um efeito de emoção que traduziremos em termos de verdade. Não sabemos quando faremos o ato em que tropeçaremos e cujo motivo explicaremos em nosso relato dizendo: *é por isso*, implicando, assim, uma intenção.

É perceptível o fato de sermos levados a retornar dos faustos da necessidade narrativa à humilde contingência. Somos coagidos à escuta, essa é nossa posição na análise quando somos analistas. Essas reflexões me fazem reler diferentemente uma fórmula de Lacan decifrada por mim há algum tempo – quantas vezes? –, que se encontra em seu texto inaugural "Função e campo da fala e da linguagem em psicanálise", nos *Escritos*. Ao falar da anamnese analítica, do retorno das lembranças e especialmente daquelas da infância, ele diz: "... não se trata ... de realidade, mas de verdade." Aqui, ele implicava a fala plena, em conformidade com sua expressão na época, definida por seu efeito de "... reordenar as contingências passadas dando-lhes o sentido das necessidades por vir".[2]

É preciso dar ao verbo reordenar [*réordonner*] todo o seu sentido. O prefixo *re* é excessivo. Em termos precisos: se são contingências, não são ordenadas. Elas só adquirem uma ordenação por meio da ordem simbólica, que não se deve conceber como uma estrutura imóvel, uma vez que ela se apossa do que não está ordenado e impõe-lhe uma ordenação. Essa ordenação é, singularmente, uma continuidade, um sentido, uma intenção que faz sentido, um: isto quer dizer.

Aqui se insinua a verdade mentirosa. Na transmutação da contingência em necessidade. No fundo, é o que em psicanálise sempre chamamos – não Lacan – de racionalização, racionalizar, ou seja, sobrepor ao disparate uma mentira racional, uma mentira que faz sentido.

Em Lacan, desde essa fórmula inicial, vê-se bem que a necessidade não passava de uma construção, e que a operação-verdade realizada em uma análise, que faz surgir a verdade da contingência factual, que dá sentido e razão ao que acontece, ao que lhes cai em cima em suas vidas, àquilo em que vocês tropeçam, é uma operação-mentira.

Ainda nesse mesmo texto, diz ainda Lacan: "... suas operações são as da história, no que ela constitui a emergência da verdade no real."[3] Do ponto em que consideramos essa proposição, podemos apenas pôr à distância o singular de *a verdade*, já que a sabemos eminentemente variável. E que compacidade, que fundamento tem a história? Como nos convida Lacan no final dos *Outros escritos*, transformar história em *histoeria* [*hystoire*] é marcar na operação analítica a dominância do desejo do Outro, no fundo, sua falta de objetividade.

história ⟶ *histoeria*

Então, nesse caso, qual é o desejo do Outro? Qual é a resposta ao *Que queres?*, ao *Che vuoi?*, se o endereçamos ao analista? Pois bem! É um: *quero sentido*, quero que isso faça sentido, que se coordene, que seja coerente, que se sustente, que se relate, se verifique, se cante! Esse é o *Quero* do analista, tal como Lacan o pôs no mundo, como o batizou em 1953.

Precisamente, esse analista será crucificado por ele na parte final de seu ensino, trazendo como pano de fundo – isso não está explicitado, desenvolvido, não foi cantado, mas apenas indicado – um analista que gostaria de outra coisa que não o sentido.

Que queres?

Será que um analista pode, de fato, não querer o sentido? Será que ele pode querer que um sujeito não preste atenção, quando, eventualmente, ele reclama do analisando dizendo-lhe, por exemplo: *faça um esforço para se lembrar de seus sonhos*? Além disso, é claro, ele dá a entender ao analisando que este deve relatar os acontecimentos mais insignificantes, pois há algo a fazer com eles. A própria articulação do discurso analítico leva o analisando a construir, a tecer uma trama de verdade mentirosa, uma trama de verdade variável, cambiante, basculando sem cessar para a mentira, apenas transitória – trama tecida, com efeito, a partir das contingências passadas e cotidianas.

Endereçar o *Que queres?* ao paciente, implicitamente, tal como o discurso analítico o comporta, é de grande consequência. *Que queres?*, uma vez endereçado ao paciente, convida-o a construir uma vontade, um desejo decidido a construir, a partir de seu desejo, o invariável. O desejo, porém, é uma circulação. É extravagante, errante, inatingível, inverte-se, desfia-se, mostra-se novamente, não é uma vontade. Portanto, a análise impele o sujeito a fazer de seu desejo uma vontade, e, nisso, nesse empuxo-à-vontade, já se insinua a mentira. A análise demanda ao sujeito nomear seu desejo, mas o que se descobre – cheguemos até aqui – é que não conseguimos nomeá-lo. Ele é insubmisso à nomeação e não se transforma em vontade. Tudo o que conseguimos cingir e nomear do desejo é um gozo. No lugar do *Que queres?* obtém-se como resposta, essencialmente: aqui há gozo. Ou seja, obtém-se uma localização do gozo articulada num dispositivo significante.

Foi o que Lacan chamou de discurso do mestre, no qual apresenta a articulação significante, S_1 e S_2, o efeito de verdade, $\$$ sob S_1, identificado com o próprio sujeito como barrado, como lugar vazio no qual esse efeito se inscreve, e *a* como o índice desse gozo localizado, que é tudo o que se obtém em resposta ao *Que queres?*. Aquilo que Lacan chamou de discurso do mestre, posso, sob uma outra face, chamar de sinthoma.

$$dM \quad \boxed{\frac{S_1}{\$} \quad \frac{S_2}{a}} \quad \Sigma$$

Chamo "sinthoma" a esse dispositivo que eu disse estar ali, em primeiro lugar, para produzir gozo, não para produzir sentido, ou que ali está para produzir sentido apenas como cobertura do gozo, sendo este sua finalidade própria. Há uma eminente condecoração da antiga Prússia, inventada por Frederico II, acho eu – talvez ela ainda seja usada, não sei –, intitulada Pelo Mérito. Pois bem, a esse dispositivo se poderia enganchar a condecoração Pelo Gozo. Tudo pelo gozo. Em termos freudianos, isso quer dizer a dominação completa do ponto de vista econômico. No fundo, estes três elementos, S_1, S_2, $\$$, não são tanto significantes ou efeitos de verdade, e sim *functores* [*foncteurs*][4] para gozar, são os elementos de um aparelho de gozo.

O passe e a urgência

O passe foi concebido por Lacan como um exercício de fala, um relato da análise, uma resenha do resultado que convida a computar efeitos de verdade, ao que se juntaria a distância tomada em relação ao gozo localizado de *a*, a ruptura da fantasia. Como os efeitos de verdade se acumularam em saber e como, correlativamente, a fantasia se viu fraturada? Portanto, quem era chamado a testemunhar era um sujeito fraturado. O sujeito que tomou suas distâncias para com o gozo sendo, assim, capaz de uma verdade fora-do-gozo. Por essa razão, Lacan dizia: "nesse nível, isso pode ser científico." É que esse sujeito é capaz de uma fala que se fez limpa do gozo, pelo menos da fantasia, podendo então testemunhar sobre o saber extraído de sua fantasia.

Se, ao contrário, percebemos essa articulação como aquela do sinthoma, então a partida jogada com o gozo ao longo da análise aparece sob outra luz. Trata-se menos de saber o que foi extraído do gozo, da fantasia, em termos de efeitos de verdade, em termos de saber, do que dizer a satisfação que consegui extrair de meu modo de gozar. Pois meu modo de gozar é o que ele é.

Se faço análise é porque de meu modo de gozar extraio uma insatisfação que me obriga a fazê-la, razão pela qual o último dos *Outros escritos* de Lacan se desenvolve sob a égide dos casos de urgência, ou seja, aqueles em que a insatisfação está em seu máximo. Nesse sentido, o passe é o que responde à urgência: é o antônimo da urgência. O passe é quando não há mais urgência, quando, de meu modo de gozar, como tal, invariável e sem que eu possa atravessá-lo – diferentemente da fantasia –, chego a extrair uma satisfação que apazigua minha urgência, minha preocupação, aquilo que me força a analisar-me.

O ponto no qual Lacan se engaja na parte final de seu último ensino está em seu *Seminário*, livro 20, *Mais, ainda*, quando lhe parece que a realidade é abordada pelos aparelhos de gozo, não havendo outro aparelho de gozo a não ser a linguagem. Nesse sentido, a própria linguagem é um aparelho de gozo: ela não é feita para o sentido ou para a verdade – ela não é feita para fazer emergir a verdade no real –, ela é para o gozo. Torna-se uma questão saber por que Lacan, em geral tão claro, foi, em seu finalíssimo ensino, mais alusivo e até mesmo mudo quanto às consequências deste para o gozo. Sem dúvida era uma recolocação radical tanto de seu ponto de partida quanto do que, durante decênios, ser lacaniano queria dizer.

Do ponto em que estamos, não podemos não ver esse ponto de partida em que a psicanálise é pensada pautada na ficção: uma ficção de psicanálise, já que ela põe em cena um inconsciente sem real, um inconsciente todo simbólico, puro correlato da interpretação, à medida que ela é bem-sucedida. Eu mesmo desenvolvi essa questão, há anos: era lógico ir do conhecido ao desconhecido, o inconsciente era o desconhecido, conhecia-se a interpretação e o fato de ela ser bem-sucedida demonstrava que a substância do inconsciente era a mesma que a da interpretação. Ou seja: o inconsciente tinha estrutura de linguagem. Estendi isso ao máximo quando enunciei, há algum tempo, o inconsciente intérprete. Com efeito, o real ficava na porta, e todo interesse incidia sobre os mecanismos da cadeia significante, sobre o recalque, a denegação, a foraclusão, a recusa. Se deixamos o real de fora, se sua função só aparece sob a inércia dos fatores imaginários, então é legítimo conceber o paciente como sujeito do significante. Mas, quando percebemos que a finalidade do aparelho significante é o gozo, a coisa é diferente.

Foi o que uma vez levou Lacan a escrever, na Apresentação feita por ele, a pedido meu, das *Memórias do presidente Schreber*: o sujeito do gozo. Se ele não o repetiu, foi porque isso não se sustentou. Ele precisou de mais dez anos para lançar o falasser, sem dúvida o ser que só o é por falar – quando não se fala não se é um ser –, essencialmente, o ser que fala de seu gozo, digamos isso inclusive como complemento de objeto direto: o ser que fala seu gozo, cujo gozo é a razão última de seus ditos.

Quando Lacan o inventou, o sujeito do passe era suposto estar separado de seu gozo, supunha-se que ele tivesse podido – entre aspas – objetivá-lo, distanciar-se dele. O passe do falasser não é testemunhar sobre uma travessia da fantasia, é a elucidação da relação com o gozo, de como o sujeito mudou em relação ao que não muda, seu modo de gozar, e de como se elaboraram para ele as variações de sua verdade, seu caminho de mentira. Portanto, é o testemunho de um fiasco [*ratage*] bem mais do que de um sucesso, a não ser na obtenção de uma satisfação da qual se deve dizer que ela é, já que ela não se demonstra.

Citei e comentei este ano a expressão utilizada por Lacan ao reler seu texto inaugural, o "Relatório de Roma", aquele sobre o qual digo agora que nos apresentava um inconsciente sem real. Lacan dizia encontrar ali o rastro de um quase nada de entusiasmo.

Sejamos claros, tal como agora podemos ser. Esse texto inaugural de Lacan na psicanálise, que celebrava a onipotência do simbólico e terminava com o *Da da da* do deus Prajapâti, citado por T.S. Eliot, é marcado com o selo da mania, isto é, aliviado do peso do real. Temos uma psicanálise de ficção que pagou seu preço, na última parte de seu ensino, com o aumento do peso da inércia e da marca da depressão que me parece fulgurante. Pois bem, ele nos aliviou disso.

Nesse caminho maníaco-depressivo do ensino de Lacan – permito-me dizê-lo – nos resta traçar uma via que considere a um só tempo os poderes do significante e da contingência do real.

Vejo vocês no começo de março.

11 de fevereiro de 2009

10. Décima lição

Da mania à depressão

Na vez passada, ousei dizer diante de vocês – e terminei neste ponto – que o ensino de Lacan havia começado pela mania e havia terminado pela depressão.

Por certo, me reconheço nisso. De fato, é alguma coisa que eu poderia ter dito a ele. Em seus Seminários, quando ele alude a algo que eu lhe tenha dito, quer ele me nomeie, quer não, vem dessa fonte. Insolente, provocador, espicaçante, bancando, talvez, o não tolo, esse era o meu estilo com ele. E assim prossigo mais além de sua existência terrestre, ou seja, em termos terrestres ele existe inteiramente: existe em nossas leituras, em nossos pensamentos, na redação que levo adiante a fim de concluir seus Seminários.

Começa pela mania e termina pela depressão. Foi o que eu disse. Não havia escrito nos meus papeizinhos, aqueles onde anoto as fórmulas, algumas das quais trabalharei com vocês. A frase me veio aos lábios no final do Curso e então a lancei. Desde esse momento, tive tempo de refletir sobre ela.

O ensino de Lacan e seu primeiro movimento até o passe

Depois de tudo bem-pensado, eu subscrevo, persevero em dizê-lo. Entendo que os termos clínicos usados por mim podem constranger. Eles, porém, não deixam de ter fundamento nas declarações do próprio Lacan. Já disse que, em 1966, ao reler seu escrito de 1953, "Função e campo da fala e da linguagem em psicanálise", ele próprio observou, em suas palavras, *um nada [rien] de entusiasmo* que marca esse texto. E ele se distanciou desse entusiasmo. Ao dizer mania, traduzo, de um modo que não me parece inexato, essa ênfase de entusiasmo. E falar de depressão, referida ao final de seu ensino, é tão somente realçar as insistentes referências feitas por ele próprio, a partir de uma certa data, sobre o pouco de sua vontade de prosseguir, sua ausência de desejo, um certo *fed up*, além do caráter obrigatório de cada Seminário, que, semana após semana ou a cada quinze dias, ele era levado a ministrar.

Mas, se os termos clínicos usados por mim obscurecem a questão centralizando todo interesse – como se fosse o caso de um diagnóstico –, posso substituí-los inteiramente por termos epistemológicos. Posso dizer, no modo mais simples possível, que o ensino de Lacan começa afirmando a dominação do simbólico sobre o real, uma dominação absoluta, tão absoluta que o real chega a ser excluído do campo da psicanálise – tal declaração figura com todas as letras, se minha memória é boa, no *Seminário 4*. E na parte final de seu último ensino encontramos, ao contrário, para dizê-lo também do modo mais simples, a afirmação da supremacia do real sobre o simbólico e sobre o imaginário, apesar da aparente igualdade contida no esquema do nó borromeano. Eis aqui, em termos epistemológicos, o que eu formulara em termos clínicos:

$$\frac{S}{R} \longrightarrow \frac{R}{S}$$

Para periodizar o ensino de Lacan, a exclusão do real é, em minha opinião, o que lhe dá elã, do *Seminário 1* ao *Seminário 6*. Ele parte como uma verdadeira flecha e então se instaura um esquematismo verificado e enriquecido ano após ano.

Interrompo no *Seminário 6* porque, com efeito, no *Seminário*, livro 7, *A ética da psicanálise*, Lacan reintroduz o real. Nesse ponto temos, sem dúvida, uma inflexão que não é de importância maior, pois Lacan, afinal, encontra em seu escrito de 1962 – "Subversão do sujeito e dialética do desejo" – a maneira de acomodar, no interior do esquematismo inicial, esse real retornado. É nesse texto de 1962 que ele insere a construção e o comentário do famoso esquema do grafo do desejo, cuja forma vocês conhecem, que integra os resultados dos seis primeiros Seminários e acomoda a reintrodução do real efetuada no *Seminário 7*.[1] Para dizer de modo mais simples, ele a acomoda sob a forma do vetor superior, transversal, do qual faz o vetor da pulsão, concebida como uma cadeia significante. O que nesse esquematismo representa o real é a pulsão, imaginada como uma cadeia significante articulada em termos, segundo ele, *orgânicos*, *oral*, *anal* etc. Vocês o encontram à p.831 dos *Escritos*, juntamente com uma formulação paradoxal concernente à fala. Porque, evidentemente, o que objeta fazer da pulsão uma cadeia significante é a formulação de Freud sobre o silêncio das pulsões. Lacan acomoda essa dificuldade dizendo que, na cadeia significante pulsional, o sujeito está "tão mais longe do falar quanto mais ele fala".[2]

Eis aqui uma formulação paradoxal: ele está tão mais longe do falar quanto mais, de fato, ele fala. Essa fórmula paradoxal, do estilo de Lacan, é, em minha opinião, uma tentativa de resolver a dificuldade que ele tem de fazer da pulsão uma cadeia significante, quando Freud enfatizou que, aqui, estaríamos aparentemente numa outra ordem: a do silêncio.

Em seu *Seminário 11*, Lacan se detém, expõe e enfatiza essa solução, que consiste em modelar a pulsão – ou seja, o apetite de gozo –, a operação de gozar, com base numa cadeia significante. Ali ele enfatiza como a cadeia do enunciado, que é a da fala e que está na parte de baixo, encontra seu respondente na pulsão. Essa foi, de fato, uma solução encontrada por ele, a fim de acomodar a instância do real no campo analítico.

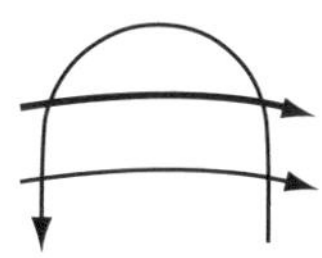

Digamos que esse movimento culmine na doutrina do passe, exposta nos *Seminários 14* e *15*, havendo entre os dois o escrito "Proposição sobre o psicanalista da Escola", de 1967. Vejo aqui o cume, o ápice do primeiro e do segundo movimentos do seu ensino, que, também aqui, pretende encontrar uma incidência efetiva na produção dos psicanalistas. Anunciada desde os primeiros momentos de seu ensino, ele traz uma solução esperada.

Segundo movimento: reviramento, fantasia e sinthoma

A partir desse ponto, começará um movimento que eu qualificaria de *reviramento* de seu ensino, em que todos os pressupostos da doutrina do passe serão sucessivamente avaliados, abalados, postos em questão e, sob certos aspectos, destruídos. Portanto, na doutrina do passe de Lacan vejo a um só tempo o ápice de seu ensino e o ponto de reviramento.

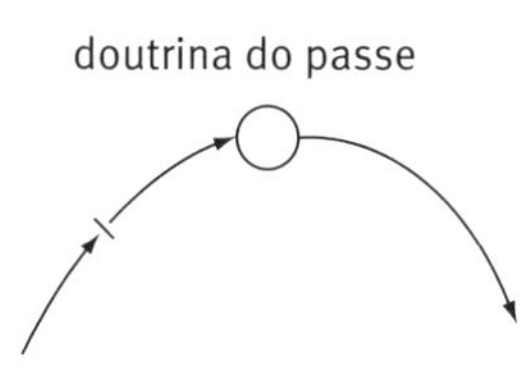

Ele próprio não se constrangeu em periodizar as descobertas de Freud dessa maneira. Para ele, a partir de 1920, de "Além do princípio do prazer" e de "O eu e o isso", temos o ponto de reviramento da descoberta freudiana. Ou seja: Freud, que num primeiro movimento descobrira o inconsciente e seu caráter significativo, revira sua descoberta ao acrescentar-lhe o *isso*, ou seja, ao descobrir, a partir da repetição, a função do gozo, uma vez que ela põe em questão a decifração do inconsciente e sua potência.

Já faz muito tempo que isolei, no final da primeira parte de "Função e campo da fala e da linguagem em psicanálise", uma apreciação de Lacan segundo a qual suas observações sobre a função da história tiveram como efeito, na obra de Freud, "a desintrincação ..." – esta é palavra usada na p.262, dos *Escritos* – "... entre a técnica de decifração do inconsciente e a teoria dos instintos, ou das pulsões ...". Na época, ainda se traduzia *Trieb*, de bom grado, por *instinto* e, progressivamente, Lacan, de maneira unívoca, escolheu a palavra "pulsão". Essa *desintrincação* assinalada por Lacan é a própria condição de seu elã inicial: repensar a psicanálise a partir da decifração do inconsciente e, dessa técnica, deduzir uma teoria das pulsões que consiste em alinhá-las sobre a estrutura de linguagem do inconsciente.

O aspecto maníaco – *entusiasta*, se quiserem – de seu ponto de partida de 1953 deve-se à afirmação da onipotência do sentido e, em particular, sua potência sobre as pulsões, sobre o gozo, ainda que o termo, no início de seu ensino, não estivesse destacado. Na outra extremidade, em 1979 – na conferência sobre Joyce –, ele afirma, ao contrário, que o gozo próprio ao sintoma é "opaco por excluir o sentido".[3] Não mais se trata de onipotência do sentido, já que essa potência se detém diante da opacidade do gozo do sintoma. Pode-se dizer que essa exclusão terminal do sentido é o inverso da exclusão do real que domina o período ironicamente chamado por mim de maníaco.

Então, como Lacan efetua essa reintrodução do real em seu *Seminário 7*, reintrodução que, afinal, será uma espécie de falsa entrada? Ele a efetua sob a espécie do que nomeia a Coisa, graças a uma palavra de Freud, *das Ding* – que mais tarde será, para Lacan, o gozo –, da qual Freud fez a instância do *isso*. Digo ser uma falsa entrada do real porque, no fundo, Lacan, implicitamente, aqui, faz do *isso* um outro nome do inconsciente: do *isso* freudiano ele faz o *inconsciente da pulsão*.

Com efeito, esse gozo, a Coisa, ele a tornará operatória, manejável, na condição de objeto *a*, considerado por ele sua invenção própria, que é a de fazer da pulsão uma cadeia significante, isto é, conectar o gozo à cadeia significante, considerar que uma cadeia significante tem sempre dupla consequência, ou seja, de um lado, um efeito de sentido e, de outro, um produto de gozo. No ápice de seu ensino, ele centra a operação analítica sobre a fantasia, cujo suporte, conforme Freud mostrara em "Uma criança é espancada", era sobretudo uma frase, uma cadeia significante, sendo a fantasia concebida como a adição de um efeito de sentido e de um produto de gozo. Digamos que a fantasia é a solução encontrada por Lacan para a questão resultante da reintrodução do real na estrutura de linguagem, sem fazer explodir todas as suas coordenadas. Portanto, como ele próprio se deu conta, o objeto *a* é um gozo domesticado pelo significante, uma vez que o gozo é seu produto. Disso decorre a ideia de que a psicanálise consiste em obter uma fratura da fantasia, ou seja, uma separação entre o efeito de sentido e o produto do gozo.

Nos Seminários de Lacan, podemos acompanhar a construção conceitual da fantasia como uma unidade simbólico-real com elementos imaginários, isto é, como um nó, uma unidade seccionável. Há unidade porque há solidariedade entre o efeito de sentido e o produto do gozo. Essa solidariedade constitui a própria estrutura da fantasia, e o passe consiste em afirmar que ela pode ser fraturada.

Aqui, a fantasia se torna a morada eletiva da Coisa, do gozo encerrado, suportado por uma frase com seu cortejo de imagens. A partir de então, o sujeito aparece não apenas como sujeito do significante, mas como sujeito da fantasia; o sujeito aparece empoleirado em sua fantasia. Mais tarde, no final de seu ensino, Lacan falará de um escabelo. O sujeito está empoleirado em sua fantasia e a perspectiva é a de fazê-lo decair dela, destituindo-o, assim, como sujeito. Pode-se dizer que isso engrena a dinâmica da parte desse ensino a que chamei *depressiva*, toda ela dedicada à realização da destituição subjetiva.

Lacan destituirá o sujeito chamando-o de *falasser*, retirando-lhe até mesmo seu nome de sujeito. E, além de chamá-lo de falasser, no final da última parte de seu ensino trará, como nome do sujeito, o *sinthoma*. Esse é o verdadeiro nome do sujeito ao longo de toda a parte final do último ensino de Lacan. Aliás, quando ele escreve sobre Joyce, diz: "Joyce o Sintoma", ou seja, ele o junta a seu nome próprio para fazer dele um sobrenome. Lacan chamará de sinthoma o nome daquilo a que outrora chamava a Coisa, *das Ding*, ou então, em termos freudianos, ele chama de sinthoma uma figura do *isso*, não mais como uma instância, mas como uma montagem.

Estaria assim anulada a função do sujeito? Não diria isso. Mas, em relação ao sinthoma, o sujeito esmera-se em sua periferia.

Centrar a operação analítica sobre a fantasia abre para uma problemática da queda, da separação, da travessia daquilo que reuni ao dizer fratura da fantasia. Em contrapartida, no que concerne ao sinthoma não há nada semelhante, uma vez que a busca se orienta mais no sentido da identificação, ou seja, no sentido do: *eu sou isto, o sinthoma*.

Não se reconhece o ser de sinthoma do sujeito num objeto *a*, mas num processo, numa repetição e numa montagem. Assim, o reviramento no ensino de Lacan, a partir do passe, não anula o que concerne à fratura da fantasia, mas isola o que resta, isto é, o sinthoma, como aparelho de gozo. Em outras palavras, isso ordena o passe num mais-além do passe que é esse opaco aparelho. Razão pela qual darei valor de sentido ao que Lacan formula sobre a *satisfação que marca o final da análise*.

Isso não implica a anulação do sinthoma: o que Lacan chama de sinthoma não é suscetível de travessia, de fratura, nem de anulação, não pode ser reconduzido a zero. A ideia vai mais na direção de a relação do sujeito com o sinthoma tornar-se satisfatória. Joyce, sem análise, foi capaz de identificar-se com seu sinthoma, condição para fazer deste uma obra, ou seja, para performar.

O passe, ordenado mais-além do passe, toma o sentido de: como fazer com o sinthoma. O que Lacan chama de a verdade mentirosa é um saber fazer ali com o sinthoma.

Mais-além da fratura da fantasia, da fantasia que dava sentido, resta o fora do sentido e, desde então, o convite a fazer o passe convoca, sem dúvida, a fabricar sentido, mas sentido que denote o sinthoma.

Uma vez atravessada a janela da fantasia, o que se manifesta não é a liberdade de um sujeito barrado, vazio. Mais-além da janela da fantasia há o que eu chamarei, para concluir, de a prisão do falasser.

Até a semana que vem.

4 de março de 2009

11. DÉCIMA PRIMEIRA LIÇÃO

Perguntei-me: de que é feita a psicanálise? Ela é feita de uma experiência e de uma teoria. De todo modo, essa é a resposta que me veio e eu a aceitei.

Para começar, a experiência que realizo todos os dias como analista. Ela tem uma certa objetividade. Acontecem coisas nesse campo, campo aberto pelo fato de eu receber, como analista, pessoas que querem fazer uma análise ou que acreditam querer fazê-la. Quando chegam, elas creem de um modo diferente de quando nela permanecem. Enfim, para elas esse campo existe e para mim também. Apresentam-se o que chamamos – sem pensar muito no termo – de fenômenos. É uma outra maneira de dizer *acontece alguma coisa*. Alguma coisa aparece naquele momento, ou mais tarde, ou é dita depois de seu aparecimento na vida dessas pessoas. Aliás, de modo geral, costuma ser dita posteriormente.

Uma fenomenologia elementar da experiência analítica

Transferência

Em termos de fenômenos, o essencial é aquele que chamamos de *transferência*. Se falo da experiência, sem querer fazer teoria, o que vou dizer a propósito do fenômeno da transferência? Como vocês podem ver, estou tentando fazer uma fenomenologia elementar. Digo então que é um fenômeno de apego [*attachement*], tomando emprestado, desviando o termo de Bowlby. O paciente, como se diz, se apega ao analista. Sim. Mas isso não quer dizer que ele o ame. Amá-lo é possível, mas não é disso que se trata. Digamos que o paciente se apega à análise, ao que ele faz ali, até mesmo se o que ele faz ali comporta uma parte do que ele ali não faz, conforme as expectativas – caso haja alguma – do analista. E por estar em análise, somos obrigados a supor que ele dela retire uma certa satisfação, *a satisfação do analisando*, que pode muito bem expressar-se em termos negativos do gênero: *não sei o que estou fazendo aqui, estou perdendo meu tempo, estou perdendo o seu tempo*, no caso dos compassivos. Mas não podemos não supor que uma satisfação esteja ali operando.

Satisfação

Podemos dizer que ele se apega ao inconsciente. Em alguns casos, o gosto de decifrar-se é inteiramente palpável. Alguns se mantêm em análise por conta desse gosto, mas não todos. Talvez se possa dizer que eles se apegam ao fato de falar em análise, falar em pura perda, fora do utilitarismo que preside a vida social, ou falar a rédeas soltas. Alguns obtêm satisfação espezinhando seus amigos com conversas infinitas. Quando falamos com nossos amigos buscamos manter a pose [*faire figure*] e, de modo geral, é preciso escutar os amigos fazendo a mesma coisa. Nisso, porém, há uma relação de satisfação. Eventualmente falamos com os amigos sobre a análise, mas não é aconselhável. Freud insistia no fato de que era preciso guardar para si o que se dizia na análise. De minha parte, não hesito em repetir o conselho de não banalizar o que acontece na análise fazendo dela assunto de conversa – mas, enfim, é para dizer que isso não deixa de se relacionar com a satisfação.

Associação livre

Há também quem se apegue a falar sem ter resposta, a falar sozinho, como eu, aqui, falar sozinho diante de alguém. Aliás, é um pouco o que estou fazendo hoje: uma associação livre, apenas preparada. É muito especial e equívoco, pois sempre há o "sozinho" e o "alguém". Então, irremediavelmente, somos levados a nos perguntar o que esse alguém representa. Ele representa a humanidade, o discurso universal, o lugar do Outro. E já que falei em fenomenologia, poderíamos dizer que ele representa a consciência refletida. Ao passo que a fala em análise deve obrigar-se a ser irrefletida. É o que chamamos de associação livre. Em definitivo, essa *fala irrefletida* é o que chamamos de inconsciente. Há uma estreita relação entre a associação livre e o inconsciente, uma vez que fazemos da associação livre o modo eletivo de acesso ao inconsciente. Isso é muito simples porque, na análise, e através do que a análise modula, escande, enfatiza, há um apelo a refletir a fala irrefletida. A atenção está implicada. A associação livre associa-se à atenção provocada. Vocês se lembram que a atenção é evocada por Lacan em seu último texto da compilação *Outros escritos*. Diz-se associação livre, convida-se a ela, mas convida-se também a *prestar atenção* naquilo que nos chega mediante a associação livre. Portanto, há uma espécie de embrulhada entre refletido e irrefletido.

Obsessivos e histéricos

Isso é bem perceptível na análise daqueles que chamamos de obsessivos, que têm muita dificuldade de se soltar no irrefletido. Sentem sua fala, aquela que liberam na análise, como um modo de reflexão. Tive um paciente que em sua análise só me falava de sua análise, ou seja, sua análise era feita de considerações sobre sua análise. E era assim que sua associação livre lhe chegava, isto é, sob a forma de uma reflexão sobre sua análise.

Há também os que, durante um bom tempo, pensam não ter acesso à associação livre devido à sua maneira de falar: "o senhor acha que eu estou em associação livre?", dizem, traduzindo assim o que experimentam como uma coação a refletir, a pensar em diferido. Há alguns para quem a fala vem muito naturalmente em parágrafos. Isso em nada diminui a experiência. Alguns se queixam disso, mas é preciso esperar o tempo necessário para que os parágrafos comecem a desfazer-se e os sujeitos acabem por não mais saber o que dizem. Esse não é um problema que se apresente no tratamento dos que chamamos de histéricos. Neles, o irrefletido está à flor da pele, à flor da língua, se assim posso dizer. Ocasionalmente, o irrefletido incide sobre o ato ou pelo menos sobre o agir. A análise de um sujeito histérico é de bom grado escandida por suas atuações [*agissements*], que, aliás, devem ser consideradas como, digamos, vagidos. Só depois é possível abrir-se uma pausa para refletir sobre o que o sujeito fez ou o que lhe acontece.

Opacidade

Há uma ideia que preside o exercício: aquilo que se diz não é claro. Ela vem da atualidade do discurso universal, poderíamos fazer sua genealogia sociológica.

Um passo a mais: o que se diz em análise quer dizer outra coisa. Isso é o que faz a atmosfera da análise, temos de nos haver com uma opacidade – a palavra apenas traduz o *não está claro* – que se apresenta sob diferentes modos. Pode ser um nevoeiro em que se avança às cegas enquanto as formas se esfumam, pode ser a obscuridade negra, um labirinto de contradições, pode ter o tom da perplexidade. Essa opacidade está sempre ali, na fala do analisando, ela a constitui a tal ponto que, enquanto essa opacidade não aparecer como fenômeno, sob uma forma ou outra, pode-se dizer que não se está em análise. Tudo isso se deixa reunir na fórmula *eu não sei*. O que chamamos de sujeito do inconsciente emerge na consciência, ou pelo menos emerge no dito, sob formas que se deixam reunir na rubrica do *não sei*.

Transformações

Sem dúvida, tudo isso é muito simples, mas é ao que viso: o que é rente ao fenômeno. Constato que neste ano, até o momento, não me apoiei em referências, não as trago, só tomo aquelas que tenho na ponta dos dedos, associo livremente, ou quase: não viso construir, e sim, de preferência, descrever, aproximar-me do que é, do que há. Seja qual for o caráter apenas esboçado do que me veio como resposta, essa fenomenologia da experiência dá sentido ao seguinte: com esse ponto de partida, transformações se produzem no sujeito em análise. Seu discurso, a articulação de seus ditos – que chamo de discurso –, transforma-se. Aquilo que lhe aparece como revelações vai se sucedendo. E, em sua vida – com isso designamos tudo o que há, fora da sessão de análise –, há o eco de que as coisas mudam. Nós constatamos isso por seus ditos, por seu testemunho.

Impossível

O que se repete, eventualmente interrompe-se. O que se repete para um sujeito é da ordem da necessidade. Para falar nos termos de Lacan, a necessidade é o que não cessa de escrever-se, referência à escrita como suporte de um programa. E constatamos que há mexidas, que da necessidade emerge a possibilidade, ou seja, algo cessa de escrever-se e, assim, abre-se um vazio na vida do sujeito no qual isso já não está escrito. Tem-se também o eco de que impossíveis obstáculos podem ceder. O impossível, nos termos de Lacan, é o que não cessa de não escrever-se e, aqui, observam-se atravessamentos, isto é, uma passagem para a contingência, para o regime do que cessa de não se escrever. Vemo-nos, então, constatando nossa capacidade de fazer o que antes nos parecia fora de questão.

"Não sei"

Eis então os fenômenos: fenômenos de mexida e fenômenos de ultrapassagem. Uma vacuidade que aparece, uma transgressão que se efetua. Essas transformações discretas ou espetaculares são ocasionalmente celebradas ou desconhecidas pelo sujeito – porque ele sequer se lembra de onde estava antes e, aqui, o analista é essa memória. A mola delas, que conseguimos isolar, é simplesmente termos conseguido colocar o assim chamado paciente na posição de *eu não sei*. Ele tem a impressão de chegar a essas mexidas, a essas ultrapassagens assim. Definitivamente, poderíamos dizer que ser analista é conseguir colocar as pessoas que o solicitam na posição *eu não sei*. Sim, pode-se dizer que quem vem consultar um psi chega assim, já chega não sabendo o que lhe acontece. Eventualmente, os médicos tampouco.

"Eu sei"

A psicoterapia, distinta, independente da psicanálise, que se acredita parente próxima da psicanálise, consiste em recolocar o sujeito na posição *eu sei*. Isso é perceptível até pelo fato de nela se fazer um contrato terapêutico. Combina-se com o terapeuta o tempo que irá durar – mas isso ainda não é o essencial –, confia-se no impetrante para descrever o sintoma do sujeito, faz-se um acordo segundo o qual se fará desaparecer aquilo de que o sujeito se queixa mediante isso ou aquilo impondo-lhe, por vezes, completar o tratamento – isso faz parte integrante da psicoterapia. Que o sujeito pense no tratamento fora dos encontros e que preencha os quadradinhos como se deve. Então, em psicoterapia, o paciente é afetado de saída pelo índice *ele sabe*. Por isso mesmo, o terapeuta – o que ensina o que se deve fazer – também está na posição *eu sei*. Por conseguinte, o sintoma só tem de se manter imprensado entre esses dois *eu sei* contratualmente ligados. Ao passo que, na psicanálise, o que prevalece é de fato o *não sei*: acolhe-se o *eu não sei* e depois o provocamos ali onde ele não está constituído. A fórmula do sujeito suposto saber não deve fazer acreditar que o analista seja minimamente afetado pelo índice *eu sei*. Lacan diz com clareza que tanto o analista quanto o analisando estão do mesmo lado quanto ao inconsciente: reclamando para que a porta se abra. O que chamamos de inconsciente é o lugar do saber, o lugar onde *isso sabe*. Esse lugar não é de modo algum o que constitui a posição do analista, que não se deixa identificar ou ser identificado com ele: o que o sustenta, muito ao contrário do psicoterapeuta, é o trabalho do *eu não sei*.

Atitude

Isso quer dizer que, se considerarmos a experiência, sua mola essencial, a mola dos fenômenos que nela se produzem é a *atitude analítica*. Não digo nem mesmo *posição*, pois esta supõe que os termos em relação aos quais nos situamos sejam definidos, referenciados. Digo isso fora dessas coordenadas. Digo *atitude* no sentido com que Bertrand Russell falava de atitude proposicional. As atitudes proposicionais russellianas são as diferentes modalidades com as quais uma proposição pode ser afetada: "creio que", "penso que", "sonho que", eis aqui as atitudes. Há uma certa atitude do analista que concerne ao que articula o analisando e o situa num lugar onde se pode dizer-lhe: "você é *eu não sei*, você é um *eu não sei*, o que você diz não contém a verdade em si mesma."

Analista objeto

Sejam quais forem o orgulho, a arrogância, a suficiência, a enfatuação do analista, a mola da experiência não equivale a um *eu sei*, não equivale de modo algum ao *eu sei* que encontramos no exercício da psicoterapia. No máximo, o que se pode dizer é que o analista está um pouquinho mais na frente do caminho – um passo – e que ele faz contas. Ele é a memória e o cálculo. Quando o teorizamos, fazemos do analista um certo tipo de objeto: um objeto que faltaria ao sujeito falante. Quer dizer que, para tentar apreender a raiz do apego de que eu falava, somos levados a supor o analista representando um objeto que completa uma falta presente no sujeito falante. E, a partir daí, fazemos dele o lugar-tenente do que seria o objeto perdido *para todo ser que fala*. Poderíamos dizer assim porque está em jogo o fato de que falar – mais do que mostrar – faz desvanecer a referência. Além disso, como diz Lacan de maneira romântica, a palavra é o assassinato da coisa. Portanto, em todo ser que fala, falta, de modo profundo, a referência. Mais precisamente, trata-se do objeto perdido *do neurótico*, já que o psicótico, pelo contrário, não tem falta dele, pois – como dizia Lacan –, ele tem o objeto *a* no bolso.

Pensamento e perda

Tento reconstituir o mais rente da experiência, sem entrar na teoria, como essa teoria nasceu, para poder dar conta do que chamei de apego. Nós nos damos conta desse apego falando de complementação, supondo que o sujeito tem uma falta a ser preenchida pelo analista ou pela relação de sua fala com o analista. Então, para permanecer nessa fenomenologia elementar, sem ir adiante na teoria, a experiência parece indicar – de todo modo, *é válido para esta experiência* – que o pensamento não tem autonomia, ele está sempre na dependência da perda do objeto. Essa proposição se prestaria a muitos desenvolvimentos, já que põe em questão, por exemplo, a *atitude filosófica*. Há algum tempo publiquei as "Respostas a estudantes de filosofia", texto que vocês encontram nos *Outros escritos*. Lacan ali assinala haver "um erro no começo da filosofia", mas não diz qual. Procurei esse erro durante muito tempo, principalmente porque na época, não direi que era filósofo, mas estava na escola dos filósofos. Acho que é este: um erro que incide sobre a autonomia do pensamento. A psicanálise, por sua vez, conduz, ao contrário, a pôr o pensamento na dependência de uma perda, por ser, de algum modo, o que é representado na própria experiência. Num outro momento darei, talvez, os desenvolvimentos dessa proposição.

Interpretação

Eu dizia que a experiência depende da atitude analítica: é nisso que a experiência é o produto de uma prática. Eu dizia que ser analista é, em primeiro lugar, poder saber assumir a atitude analítica, uma atitude que é a condição do ato analítico, condição para que a experiência possa ser dita psicanalítica. Não há apenas a atitude, não se tomam apenas atitudes! Fala-se, faz-se o que se denomina *interpretação*. Primeiramente, a interpretação visa, no sujeito, ao seu *não sei*, de todo modo, é o mais imediato. Quando ele sabe, não há por que interpretá-lo. Não se interpreta um teorema de matemática. Se o interpretamos, no sentido matemático, é quando o deportamos para uma outra dimensão ou fazemos variar seus termos. Quando há o *eu sei*, não há lugar para a interpretação. Então, será que a interpretação faz supor o saber daquele que a dá? Uma interpretação ali está para *fazer ver* [*faire voir*],[1] para permitir ao sujeito *isso-ver* [*ça-voir*], poderia inclusive dizer – mas já seria a teoria bem avançada –, para permitir *ver o isso* [*voir le ça*]. O saber de que se trata é o de ver o isso, no sentido em que Lacan diz que a interpretação visa ao objeto *a*, mas não no nível do imediato, do que aparece. Neste, visamos ao *não sei*. Sob ele, com efeito, visa-se ao isso.

Então, a teoria.

Estendi-me sobre a experiência tentando apreendê-la como um ingênuo. É duro bancar o ingênuo depois de tantos anos de análise e de tantos anos de prática da análise. Acontece, às vezes, de eu querer bancar o ingênuo. Evidentemente, não consigo, enfim, não o suficiente.

Um comentário da teoria no ensino de Lacan

Como doença de infância

Quanto à teoria, escutem aqui: quando praticamos a análise diariamente, será que nos mantemos em dia com a teoria? Não temos tempo. Ademais, onde a teoria se faz? De minha parte, me mantenho em dia com a teoria que faço – já é muito! Nem sempre consigo estar a par. Portanto, cabe dizer que, a partir de certo momento, para os analistas que praticam a teoria é passado. Eles têm uma ternura por ela, é da juventude deles! Época em que não sabiam como fazer. Mas depois há um recuo da teoria, porque chegam à maneira própria de obter a atitude analítica. No fundo, uma vez que lá chegamos, há uma satisfação. Lacan fala da satisfação que marca o final da análise, mas isso é só o começo!

Há a profunda satisfação que marca a sustentação dessa prática, uma satisfação que ganha de tudo, satisfação que faz da teoria uma doença de infância da psicanálise. Li muitas coisas que Lacan falou sobre isso e agora, com o recuo, passado o tempo, vejo, constato a sua justeza. Deixo isso de lado, é o capítulo "Sátira dos psicanalistas".

Comentário da experiência

Em psicanálise, a teoria é essencialmente um comentário da experiência. Freud tem, sem dúvida, um lugar à parte, pois podemos dizer que, para ele, a teoria deu à luz a experiência. Com efeito, foi preciso essa formalização, a sua, para que o campo dessa experiência fosse delimitado.

Quando olhamos de perto, vemos que houve, primeiro, a experiência, depois sua teoria. Freud mexeu muito em seu laboratório, sua cultura de germes, muitas coisas se produziram e ele tentou arrazoá-las. A descoberta da psicanálise por Freud é um pouco como a descoberta da penicilina por Fleming. Vocês sabem que Fleming mantinha sua cultura perto da janela e que um vento lhe trouxe germes suplementares. Ele então passou a observar o que foi acontecendo até que: ali estava ela! A psicanálise foi marcada no começo por uma certa contingência, um certo número de encontros que Freud pôde fazer. Com efeito, era preciso que ele próprio já fosse uma boa cultura, mas se poderia defender também o primado da experiência em sua invenção. Ele tem um lugar à parte, pois, a partir das experiências contingentes feitas por ele, seus bons encontros com as histéricas vienenses, ele formalizou a teoria. Porém, de teoria, só há uma: a sua. Alguém disse – foi Whitehead, companheiro de Bertrand Russell – que toda a filosofia não passava de comentários à margem de Platão. Pode-se dizer que toda teoria psicanalítica é composta de comentários à margem de Freud. Lacan nunca pretendeu outra coisa. Por mais longe que ele tenha avançado na topologia, nos nós, continuam sendo comentários de Freud.

Eventualmente, trata-se também de um como fazer calar Freud, como não se deixar sugestionar por Freud, como não deixar a teoria de Freud interferir demais com o que se passa na experiência. Mas, a essência da questão, me parece, são os comentários.

Pescar Lacan

Isso me dá a ocasião de dizer uma palavra sobre como vejo o ponto em que me encontro em relação a Lacan. É claro, como todo mundo, me ocupei durante anos em simplesmente pescar algo. Pescar Lacan aos pedaços. De saída, eu era bastante exigente. Pescar pelos Seminários, pescá-lo pelo texto, pelo parágrafo, pela frase. Há muitas frases em Lacan, por isso fiquei tão ocupado. Pescá-lo aos pedacinhos e pescá-lo no conjunto. Isso me permitiu operar algumas simplificações, reduções, fazer trabalhar algumas partes posteriores de sua obra sobre partes anteriores. Desse modo, muitos fenômenos foram engendrados. Mas noto, em mim, uma certa distância obtida por força de repetir isso, que agora me dá talvez mais liberdade para captar a lógica desse ensino e do que foi sua dinâmica. Não é uma distância para com esse ensino, é medir a distância desse ensino em relação à experiência e seu esforço para reduzir essa distância. É o que tento reconstituir este ano.

A linguística

Então, como dizê-lo de forma mais simples? Lacan chegou à teoria de Freud como um convidado que nela introduziu, à força, a linguística. Ele explicou, é claro, que ela já estava pré-formada em Freud. Mas a linguística, seu aparelho conceitual, não estava presente em Freud, não mais do que a lógica matemática – da qual, no entanto, um contemporâneo, Wittgenstein, pôde fazer o suporte de suas elucubrações.

Lacan chegou com a linguística na esteira de um Lévi-Strauss, que tinha se servido de Jakobson – frequentado em Nova York durante a guerra – para organizar e renovar a antropologia e, por trás de Jakobson, havia a referência a Saussure. Lacan se propôs a fazer o mesmo. Podemos dizer também – eu o disse – que ele esperava uma teoria do sentido, ele a convocava desde sua tese de psiquiatria, estava pré-formado nele. Mas quando seu ensino começou, ele trouxe a linguística. Portanto, ele trouxe a estrutura de linguagem – ele próprio simplificando-a para seus fins, formalizando-a, o *S sobre s* que figura em "A instância da letra..."[2] – produzida pela linguística estrutural e disse: *o inconsciente tem essa estrutura.*

A temporalidade e o grafo

Mas não fica reduzido a isso porque, nessa ocasião, ele recicla um saber adquirido por ele próprio antes da guerra junto a Kojève, e conjuga a estrutura da linguagem, herdada da linguística estrutural, com uma noção de fala elaborada com base em Hegel. Quando intitula seu grande texto inicial, "Função e campo da fala e da linguagem em psicanálise", ele, no fundo, promove o casamento de Saussure e de Hegel. Completa, assim, a estrutura da linguagem com uma estrutura da fala, construída a partir do conceito hegeliano-kojèviano de reconhecimento. Sutura essas peças juntadas em uma estrutura única, à qual dá a forma de um grafo cuja base é esta:

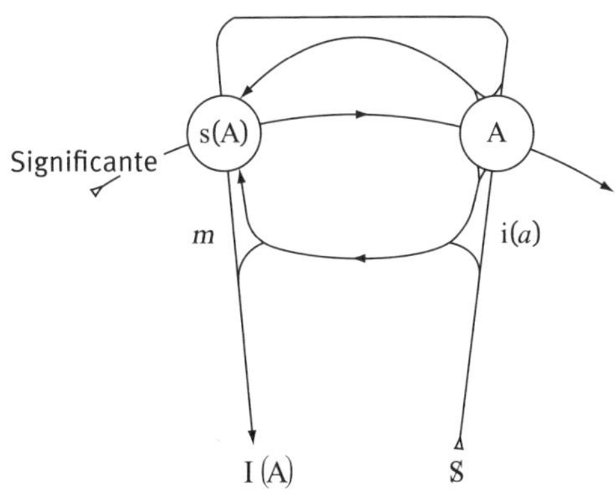

Num ponto, ele casa, acopla, duas estruturas sob o signo – aliás, não mencionado – de Heidegger, uma vez que esse esquema reflete a noção da prevalência do futuro na temporalidade, noção presente em *O ser e o tempo*.

Se temos, por outro lado, o vetor cronológico, é a partir de um ponto situado no futuro, em relação ao instante presente, que o vetor significativo tem sua partida. Portanto, penso ter sido esse esquema heideggeriano da temporalidade que Lacan usou, embora, singularmente, quando simplificado, esse esquema recubra de modo exato aquele que, na época, foi elaborado como o da homeostase. Além disso, uma vez assim liberado, nos damos conta de que a noção freudiana de *só-depois* [*après-coup*], presente em "O Homem dos Lobos", se deixa também representar desse modo. Por conseguinte, sobre o mesmo esquema vêm convergir estes três vetores: Heidegger, os robôs inteligentes aprimorados nos anos 1950 e o *só-depois* freudiano.

O grafo e a satisfação

É sobre esse esquema que Lacan realizará a proeza de localizar, a um só tempo, a estrutura da linguagem, situada como A, e o esquema da troca de falas com o sujeito (S barrado no ponto designando o presente), seu interlocutor etc. Ele consegue assim representar, de maneira unitária, múltiplas funções. Essa é a proeza realizada em seu *Seminário*, livro 5, *As formações do inconsciente*,[3] e no *Seminário*, livro 6, *O desejo e sua interpretação*.

Não vou entrar no detalhe genealógico. Contento-me em dizer que, desse ponto de partida – fala e linguagem –, fazer operar esse par de conceitos sobre a teoria de Freud resultará num corte, possivelmente presente no próprio Freud, corte que, no entanto, aqui é ressaltado. O que é da ordem da pulsão – o registro do isso, a *Befriedigung*, a satisfação, a libido – será outra coisa.

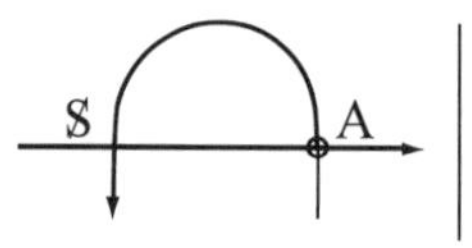

Antes de Lacan já se havia notado a diferença entre a primeira e a segunda tópica, já se havia notado que Freud fora levado a remanejar suas concepções iniciais apresentando uma outra configuração essencial de sua teoria – uma evolução, portanto. E o corpo de psicanalistas escolheu, então, a segunda tópica, por considerá-la representante de um progresso, justificando assim negligenciar-se a primeira. Portanto, já antes de Lacan tinha-se a ideia de uma clivagem na teoria de Freud. De certo modo, Lacan avançou ao fazer a escolha inversa de todas as outras, pelo menos da maioria da comunidade psicanalítica internacional. É que, ao ter privilegiado a fala e a linguagem, ele privilegiou a primeira tópica em detrimento da segunda. Ressalte-se, porém, que a dinâmica de todo o seu ensino, pelo tempo que durou, foi dada pelo fato de ele tentar – digamos nos termos que utilizei – retraduzir a segunda tópica nos termos da primeira. Ou seja, não sacrificar a primeira em benefício da segunda, não sacrificar a segunda em benefício da primeira, mas repensar a segunda a partir da primeira, isto é, repensar a teoria das pulsões a partir da decifração do inconsciente.

Retraduzir o gozo

Em seus Seminários, vemos Lacan às voltas com uma questão que, a cada semana, tomava uma forma diferente, mas que, no fundo, era sempre a mesma: ela consistia em dar conta, em termos de fala e de linguagem, do que decorre – digamos a palavra escolhida por ele mesmo – do *gozo*. Como já disse, se os seis primeiros Seminários são a base de seu ensino, é por ele ter chegado a uma solução segundo a qual a pulsão é uma cadeia significante. Só que os significantes são tomados emprestados do corpo – para dizê-lo de modo simples –, são significantes orgânicos. Tanto é assim que ele dá a seu grafo um segundo patamar, o da pulsão, e escreve a pulsão como uma certa modalidade da relação do sujeito com a demanda, uma demanda enunciada, na qual o sujeito, em vez de desaparecer, está figurado nela. E ali ele introduz um termo que outrora me fez quebrar a cabeça. Diz ele: isso inscreve a pulsão como *tesouro dos significantes*, o que, na sequência do texto, de fato só se pode compreender se apreendermos que, sob essa sigla bizarra, ele tenta escrever *o Outro da pulsão*. Com efeito, Lacan chamava o Outro de tesouro dos significantes, não é? E ele situa também o equivalente desse Outro no nível da pulsão, ao escrevê-lo sob essa forma, como se houvesse o equivalente do Outro no nível da pulsão. De algum modo, é sua escrita do *isso* que ali está figurada: o *isso* freudiano está figurado em seu esquema. A verdade é que há um primeiro nível, o da cadeia significante da fala fundada sobre o Outro da linguagem, e há outra ordem, a do gozo, concebida por Lacan como pulsão-cadeia significante. Trata-se de uma construção por homologia.

O nó da fantasia

É essa clivagem que dinamiza – eu o disse – todo o seu ensino. Na época em que redigiu seu texto de 1962, "Subversão do sujeito e dialética do desejo", vocês constatarão que ele dá um lugar diferenciado ao que chama de fantasia: ele lhe dá um lugar intermediário entre esses dois níveis e faz dela, de algum modo, o enganche entre eles.

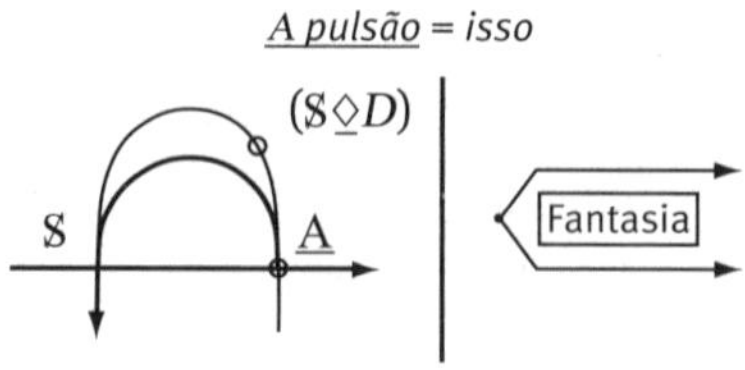

A fantasia terá um lugar determinante no ensino de Lacan, até ser – nos seus *Seminários*, livro 14, *A lógica da fantasia*, e 15, *O ato analítico* – a chave do que ele chama de *passe*. Ele elabora o final da análise como o passe a partir do que chama de *lógica da fantasia*, já tendo selecionado esse conceito em Freud como sendo o lugar escolhido em que se entrecruzam linguagem e gozo.

Poderia tomar emprestado de seu texto "Kant com Sade"[4] o belo adjetivo que ali figura por um outro propósito e dizer: "a fantasia é um amboceptor." Escrevo essa palavra no quadro porque ela não é de modo algum de uso corrente. *Amboceptor* tem a mesma raiz de "ambivalente", engancha-se, capta dos dois lados. Desde Freud, a fantasia expõe uma conexão muitíssimo especial entre a linguagem e a satisfação. Portanto, bem depressa Lacan selecionou a fantasia como o lugar eleito pelo paradoxo constituído pela união do significante e do gozo.

É que a fantasia freudiana é, em primeiro lugar, uma frase: "Uma criança é espancada", decorrendo, portanto, do simbólico. Em segundo lugar, é uma cena; só se fala de fantasia quando há uma representação, decorrendo, então, do imaginário. Ao mesmo tempo, isso comporta, se faz acompanhar, é uma condição de gozo. Nesse sentido, digamos, para ser rápido: o registro do real está implicado. Em outras palavras: a fantasia já é o nome de um enodamento do simbólico, do imaginário e do real, do significante e do gozo. Disso resulta, correlativamente, a ideia de uma travessia possível, a ideia de que isso possa cessar de escrever-se, uma travessia que é um desenodamento, uma desconexão do significante e do gozo. Sob esse aspecto, a teoria do passe, em Lacan, é preparada desde o primeiro desabrochar de seu ensino.

Do sintoma à fantasia

Sabem de uma coisa, é como o Google Maps, vemos de muito perto e, em seguida, clicamos no botão e vemos cada vez mais longe. Assim, penso dar-lhes não os detalhes requintados do ensino de Lacan, mas a linha de contorno que permite completar. Poderia introduzir em minha fenomenologia elementar da experiência o que nos é apresentado sob essa forma compacta da fantasia. De modo geral, os sujeitos neuróticos apresentam – será uma frase? – uma pequena história, uma representação imaginária que é o suporte do gozo, solitário, como se diz, ou mesmo no ato sexual com um parceiro. Isso de fato está presente, mas longe de ocupar toda a análise. É um fragmento, um episódio, aliás, faz sentido não vir assim tão facilmente. Há um bom tempo, bem no início de minha tentativa, eu a esmiucei longamente: o silêncio que a envolve, a dificuldade da confissão, o ponto inusitado representado por essa fantasia. Em minha tentativa de me situar nisso, depois da morte de Lacan, comecei por: "Do sintoma à fantasia."

Foi próprio de Lacan tê-la selecionado para fazer dela o ponto inusitado do tratamento psicanalítico. Evidentemente, isso não acontece sem certa extensão do termo, um tanto distante do episódio preciso da historinha que é preciso contar para gozar. Mas, no fundo, temos aqui o ponto logicamente privilegiado no qual se conjugam o que é linguística e o que decorre do não-todo-linguística.

Da fantasia ao sintoma

Resta-me dizer o relevo em que se escreve o finalíssimo ensino de Lacan. Pois bem! Muito simplesmente, ele estende o privilégio da fantasia ao sintoma. Ressalta que a conexão do significante com o gozo não é só verdadeira para a fantasia, que o menor sintoma no sentido freudiano, o menor sintoma do qual o sujeito que o elabora dá testemunho é também um lugar no qual o significante e o gozo estão unidos, conectados. Esse caráter de satisfação incluído no sintoma é o que Freud valoriza, no que concerne ao sintoma obsessivo, em "Inibições, sintomas e angústia".[5] Portanto, a dinâmica própria do ensino de Lacan o leva a singularizar a fantasia, a selecionar seu conceito entre todos os outros conceitos freudianos, o quinto conceito fundamental da psicanálise – se nos pautarmos em Freud –, selecionar a fantasia como o lugar escolhido dessa junção. O final de seu ensino o conduz a aniquilar esse privilégio ou estendê-lo ao sintoma.

O caráter amboceptor da fantasia é realçado na fórmula elaborada por Lacan que reúne – signo do losango – o sujeito da fala – sujeito barrado – com o objeto *a*. O caráter amboceptor da fantasia está refletido na conexão estabelecida entre esse objeto, que eu diria – utilizando uma expressão já tardia de Lacan – condensador de gozo, e o sujeito cuja barra lhe advém daquilo que Lacan chamava de sua subordinação ao significante. Aliás, é por essa razão que Lacan tentará representar, mediante figuras topológicas, essa união dos contrários, essa conjunção de duas dimensões profundamente distintas.

Objeto a

Certamente, no começo de seu ensino, Lacan não deu ao sintoma esse valor. Ele foi sobremaneira sensível ao fato de o sintoma ser decifrável – como um sonho –, ficando a interpretação do sintoma em primeiro plano. Por isso mesmo ele classificava o sintoma entre as formações do inconsciente. E o que diz a palavra "formação"? Que se trata, antes de tudo, de formas significativas. O que as formações deixam de lado é o fundo de gozo do sintoma, do sonho, do lapso etc. Lacan designou esse fundo de gozo de objeto *a*. Nesse sentido, pode-se dizer que a fórmula da fantasia seria a boa fórmula de todas as formações do inconsciente: todas as formações do inconsciente devem ser retomadas com referência à conexão entre o significante e o gozo.

Então, essa tomada de distância, esse relevo que delineio, que destaco, deixam na sombra o trabalho de joalheiro, minucioso, maravilhoso, feito por Lacan a fim de produzir e inserir o objeto *a*.

amboceptor

$(\$ \diamond @)$

↑

Ele fez nascer o objeto *a* pensando a relação do *a* com o falo. No fundo, a diferença entre os dois é que, evidentemente, o falo está ligado a uma forma imaginária, ao passo que o símbolo *a* não. Por exemplo, ele o elaborou de modo a que o *a* venha preencher a falta deixada pela castração marcada por menos *phi*. Ocasionalmente, ele também formulou uma genealogia imaginária do objeto *a*, mostrando suas determinações orgânicas, o que se pode encontrar no *Seminário*, livro 10, *A angústia*. Mas, no essencial, ele passou da referência ao falo para a referência ao objeto *a* como sendo mais geral.

a *e J*

Concomitantemente, havia a relação do objeto *a* com o sujeito. Aqui, a escrita da fantasia é parente da escrita *a* sobre menos *phi*, ou seja, inscrevendo o objeto *a* como um complemento do sujeito. Ele também pensou na referência do objeto *a* com o significante, com a fala, notando que, de certo modo, a fala é infiltrada de gozo. Ele não deu um símbolo para isso, eu poderia escrever S e *a* entre parênteses a fim de que a cada vez tivéssemos um pequeno símbolo. Nesse registro, disse ele: a interpretação do significante visa, de fato, ao objeto *a*. E disse também, realçando a relação do objeto *a* com o significante: o objeto *a* só tem uma consistência lógica, anulando assim toda a genealogia orgânica do objeto *a* dada por ele. Mas esses diferentes momentos da construção transferem-no ao quarto momento, quando ele pensou a relação do objeto *a*, condensador de gozo, com o gozo, o que escrevi mediante um símbolo já utilizado por mim e que não está, para falar com propriedade, em Lacan, ou talvez esteja apenas uma vez: o *J* [gozo].

$1/a \diamond \varphi$ ① $\frac{a}{(-\varphi)}$ $|a|$ ② amboceptor $(\mathbb{S} \diamond @)$

$2/a \diamond \mathbb{S}$

$3/a \diamond S$ ③ $S\,(a)$

$4/a \diamond J$

Foi nesse ponto que o objeto *a* foi transferido. Ou seja, foi quando apareceu a ideia de uma cápsula de gozo alojada na fantasia, na fala, mas distante da experiência. Nesta, trata-se muito mais de *gozo por toda parte* [*partout*]: a relação com o gozo não é condensada, não é comprimida ou isolada numa bolha. No fundo, não lhe damos limite.

Cabe dizer que, se isso não foi inteiramente decifrado, foi por Lacan ter insistido, ao contrário, no caráter *mais-de* do gozo, seu caráter de excesso, seu caráter transgressivo. Ele assim o aborda, particularmente em seu *Seminário*, livro 7, *A ética da psicanálise*. O *gozo por toda parte* é, com efeito, uma mutação do conceito de gozo em Lacan. E nós a vemos ser efetuada no *Seminário*, livro 20, *Mais, ainda*, vindo esclarecer, de um outro modo, o *que quer dizer isso* da fala do analisando, o *que quer dizer isso* das formações do inconsciente, ou seja, lhes dá uma resposta: *isso quer dizer* o gozo, *isso* trabalha para o gozo e exprime o gozo. O gozo não é apenas transcendental, não é simplesmente uma finalidade que transcende as formações do inconsciente ou a fala – no sentido de que é em prol do gozo que eu quebro a cabeça –, o gozar está no dizer. Ou seja: não é transcendência, mas imanência do gozo.

Sinthoma

Sinthoma foi o nome dado por Lacan a essa extensão conceitual da fantasia. Ele teve de inventar um neologismo, que na verdade é um arcaísmo, para marcar que não se trata do sintoma como formação do inconsciente, mas do sintoma como o novo nome das formações do inconsciente. Com o sinthoma ele designa o conjunto das formações do inconsciente e, além disso, fundo de gozo, o fundo libidinal das formações do inconsciente.

Por isso, não se trata mais de abolir o sintoma, pois este aparece como uma positividade e faz a decifração freudiana perder seu privilégio. E aqui está a dificuldade, confiamos nessa decifração. E é perceptível o fato de nossos esquemas implicarem sempre um *menos*, uma falta, ao passo que a tese do *gozo por toda parte*, ao contrário, nos apresenta uma positividade à qual o gozo é imanente. Trata-se de elaborar conceitos que permitam apreender o fato de que transformações ocorrem, mesmo que não sejam ultrapassagens ou revelações. Não vamos chamá-las de "transformações" – pois há a palavra "forma" –, vamos chamá-las de "mutações": *ocorrem mutações de gozo na positividade do sinthoma.*

Definitivamente, isso não é difícil de compreender. Até agora, raciocinávamos nos seguintes termos: há um equilíbrio, ou do aparelho psíquico ou do organismo, um equilíbrio homeostático chamado *prazer* – ou um equilíbrio do qual se conclui que seja consagrado pelo prazer. Para além dele, se forçamos esses limites, haveria o desprazer ou essa forma de prazer especial chamada *gozo*, que confina com o desprazer e que é um *mais de*. Isso permitia articular, com relação à homeostase do prazer, este suplemento, o objeto *a*.

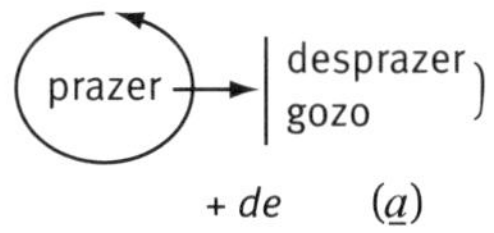

Trata-se, aqui, de fazer outro raciocínio e dizer que o objetivo da análise – no que concerne à positividade do gozo – é *diminuir o desprazer causado por ele e aumentar o prazer do qual ele é suscetível.* Quer dizer que não se deve raciocinar em termos de ultrapassagens/superações, mas em termos quantitativos, em termos de *mais* ou *menos.* Aqui, o menos não é uma falta, continua positivo.

Ato

Não se deve raciocinar segundo uma ruptura qualitativa que sempre nos encanta: "Ah! há um ato, então há um antes e um depois. Oh!" É quando há corte que se obtém o *mais-gozar* nas assistências psicanalisantes e psicanalíticas.

Aqui, trata-se de outra coisa. Trata-se do que podemos chamar de arranjos. É preciso que a coisa se arranje de outro modo para que a quantidade de desprazer causada pelo sintoma diminua, deixando o sujeito mais confortável com ele. Isso não se presta às mesmas declarações de "Aleluia! Nasceu o novo homem!", "Sou a divina criança de minha análise", "Recomeço do zero". Esse é o vagido do apelo ao passe: renascer, despertar.

Aqui, a coisa é muito mais modesta. É da ordem do que Lacan diz: a satisfação que marca o final da análise. Ficamos mais confortáveis em nossa miséria. É o mais próximo do que observamos. Ou seja, fazer de tal forma que o sinthoma, no melhor dos casos, comece a lhe dar prazer, talvez a cuidar de você, permitir-lhe fazer uma obra – como Joyce –, ou que, de todo modo, lhe traga uma pequena satisfação.

Em outras palavras, aqui não se trata de travessia, que é do mesmo registro que a ultrapassagem, o despertar, a renovação: "Deixe atrás de ti o homem velho, torne-se o novo." Esta é a travessia, o imaginário da travessia que Lacan, cabe dizer, explorou diante dos auditórios, na época, revolucionários. Ele lhes trouxe uma revolução para se fazer ouvir. Não há travessia, mas uma acomodação, uma medida. De modo que isso faz desaparecer um pouco, atenua, a diferença entre uma parada da análise e o final propriamente dito.

Ir melhor

Podemos constatar a interrupção da análise. Trata-se de saber se ela se interrompeu na satisfação ou na dessatisfação. Aliás, é muito difícil saber da dessatisfação. Não basta ir embora da análise dizendo ao analista "você é um pilantra" por não se estar, de fato, satisfeito nem mesmo com o que ali se fez. O analista pode ser um pilantra, mas o analisando também o é, sem saber.

A partir do momento em que a satisfação é que julga, há por certo uma diferença entre simplesmente parar sua análise ou terminá-la. Trata-se, porém, de chegar a dizê-lo o mais justo possível.

Será que basta dizê-lo em termos de lucidez? Lacan concebeu a travessia da fantasia como uma revelação: a revelação do objeto causa. Ah! Vejo alguns analisandos dizerem: "Continuo porque não encontrei na análise meu objeto causa!" Podem continuar procurando! É que, nesse caso, a relação com o gozo é concebida como um *insight*, é concebida segundo o modelo da relação com a verdade.

Por hoje, posso concluir com essa questão. Verei o que encontro para a próxima vez: *não há verdade do gozo*. Portanto, em vão se busca o objeto causa, o objeto *a* como a verdade do gozo de cada um. Dizemos – isso entrou nas cacholas – o fora de sentido do gozo, mas isso implica precisamente não haver verdade do gozo, o gozo é também fora da verdade.

Portanto, termino hoje com uma lição de modéstia, de medida. É o que há de mais difícil de alcançar. Não se trata do homem novo, não é um novo nascimento, não é a terra prometida, o sinthoma não tem terra prometida. Há simplesmente um *ir melhor* [*aller plutôt mieux*]. Quando ele se instala, quando dura, quando lhe custa menos – e, em particular, a análise mais –, pois bem, já é o bastante.

Até a próxima.

11 de março de 2009

12. Décima segunda lição

Empaquei num problema, o da relação entre verdade e gozo. Isso foi destacado por mim na última vez, e chamei de problema por me ver empacado.

Fui levado a dizer que não há verdade do gozo. Não disse isso sem medir as consequências desse enunciado na prática da análise, caso o levemos a sério. Uma delas, em particular, é que a fala que autoriza e incita o discurso analítico resulta do que Lacan chamou de verdade mentirosa, a verdade mentirosa sobre o gozo.

Especifico que é de minha lavra. Não se pode dizer o verdadeiro sobre o gozo. Se não podemos dizer toda a verdade é pelo fato de haver uma zona, um domínio, um registro – de quê? – da existência, no qual a verdade não tem circulação. Esse registro seria o do gozo, daquilo que satisfaz.

Nesse sentido, se seguirmos Lacan, o gozo é o que satisfaz um corpo. Se o seguirmos ainda: numa psicanálise, o que fazemos falar não é um sujeito, não é o puro sujeito da fala, mas um corpo, que Lacan chamava de *corpo falante*. Isso já está em seu *Seminário*, livro 20, *Mais, ainda*, e suas consequências serão em seguida desenvolvidas em seu ensino. Não é o sujeito da fala, mas o corpo falante. Ele o qualifica de mistério porque aqui se tem dificuldades para construir um matema – que é o antônimo de mistério. Há dificuldade em logicizar o corpo falante.

O que está em jogo concerne ao próprio status do paciente que se dirige a você ou que você é. Não é a mesma coisa escutá-lo como sujeito da fala ou como corpo falante.

Verdade e gozo são dois significantes-mestres que ordenam de modo distinto o discurso analítico. A verdade era o significante-mestre do ensino de Lacan em seu começo. Ele a formulou de modo distinto da exatidão. "Verdade" não é dizer o que é, não é a adequação da palavra à coisa – segundo a definição ancestral –, a verdade depende do discurso.

Na análise, trata-se de fazer verdade [*faire verité*] daquilo que foi. Há o que faltou para fazer verdade, os traumatismos, o que faz furo, mais tarde batizado por Lacan de *troumatisme* [*trou* = furo]. Trata-se de fazer chegar o discurso ao que nele não pôde ter lugar, de dizer o que não pôde ser dito, ou que se disse de esguelha, pelos lados.

A análise seria a chance de retificar o que foi dito de maneira errônea. A solução seria dizer. Popularizou-se o que ocorria na psicanálise com o slogan *palavras para dizê-lo*. Isso não impede que a prática constantemente nos confronte com o que não se pode dizer e que Lacan, no começo de seu ensino, também se pautasse num indizível.

Quando ele desenvolvia sua teoria do desejo, no tempo do *Seminário*, livro 6, *O desejo e sua interpretação*, e de seu escrito "A direção do tratamento e os princípios de seu poder",[1] Lacan enfatizava que o desejo é inarticulável, para a isso acrescentar que ele é articulado nos significantes, sem, contudo, dizer sua última palavra. E, com efeito, na prática da psicanálise, a última palavra é o que permanece envolto em problemas, ou seja, como uma aporia. A última palavra é o fundamento dos encontros: "Até a próxima!"

E quando chega a última palavra, quando interrompemos, seja lá de que modo for, a última palavra permanece em suspenso, problemática. Disso decorre a ideia de conceder uma extensão para aqueles que pensam ter a última palavra. A essa extensão da análise Lacan chamou de passe, que quer dizer "continue a falar" para outros, para dois outros – não mais para um só –, a fim de que eles relatem a um júri que aquiescerá quanto ao fato de você ter a última palavra sobre sua questão.

O inarticulável do desejo, visado de saída por Lacan, passa por uma outra virada quando se trata do famoso sem sentido do gozo. É, sem dúvida, uma nova edição, mostrando a constância da preocupação de Lacan, a permanência de uma estrutura de pensamento em sua maneira de apreender a experiência analítica. Mas acho o fora de sentido do gozo mais difícil do que o inarticulável do desejo.

Essas duas fórmulas que justaponho e que tomo emprestadas dos dois extremos do ensino de Lacan indicam haver alguma coisa do fim que exige ser pensada de um modo diferente do processo que a ele conduziu e que permaneceu numa borda.

"Quando a coisa para", como conceitualizar isso? Será que a coisa para devido ao sucesso, ao objetivo alcançado? Será que para por fadiga, por desgaste, lassidão? Por mutação, por um acesso ao novo?

Revelação

A verdade é o nome filosófico de algo que algumas mentes (que nada tinham de filosóficas) identificaram na experiência e que chamaram de *insight*. É alguma coisa da qual nos damos conta. Como não se fez coisa melhor, toma-se emprestado da língua deles, o inglês, para dizê-lo. Se eu quiser traduzir a palavra para o francês, concernente à psicanálise, direi *révelation* [revelação]. Não se está em análise enquanto não se tiver pelo menos uma revelação. É a palavra mais natural em nossa língua para designar a relação do sujeito com uma verdade à qual ele tem acesso num instante de ver, diríamos, uma vez que a palavra *sight*, em inglês, designa a vista no sentido de um panorama.

Ah! Mas não se trata da Revelação, com maiúscula, tal como empregada no discurso religioso, em que há apenas uma: A Revelação da Verdade. Essa é uma história da qual ainda vai se ouvir falar, suas consequências continuam acontecendo, a ponto de nos proibirem o uso de preservativo.

Tenho que dizer que esse papa é formidável, ele me deixa boquiaberto! E que talento ele tem para dizer o que não deve ser dito, é quase sublime! É claro que acarreta escândalo. Uma das funções da verdade revelada é acarretar escândalo, mas, enfim, ele acarreta escândalo no estilo de Gaston Lagaffe.[2] De todo modo, estou um tanto decepcionado porque celebrei sua elevação a essas altas funções com meu amigo Philippe Sollers. Naquele dia, nos congratulamos: "Ah! o Panzerkardinal será formidável!", assim o chamavam. Acreditávamos que tudo seria pautado sob medida, impecável! Depois do polonês um tanto fantasioso, teríamos o alemão. Tudo ficaria em seu lugar. Estes são preconceitos meus, permito-me dizê-lo. É que num outro lugar se consideraria o que eu disse etnorracista. Aliás, isso está totalmente deslocado. A desordem com a qual a Alemanha conduziu a Segunda Guerra Mundial é incrível. Ao olharmos mais de perto, os alemães eram como a trupe dos Branquignols![3] Hitler não tinha nenhuma disciplina de vida. Deitava-se às seis horas da manhã depois de passar a noite toda insone, taramelando com suas secretárias. Acordava por volta de uma ou duas da tarde e exigia que nenhum regimento se deslocasse sem sua autorização. Dá para entender como é que tudo isso acabou tão mal para eles.

Aí está um papa da Baviera que, de fato, parece boêmio. Não aparenta ter pensado em nada, sem dúvida por estar obnubilado pela verdade revelada, que traz à tona a todo momento. O talento da Igreja católica era saber sempre adaptar-se às circunstâncias, mas ele não tem esse talento. Digo isso porque nesta manhã recebi um e-mail do jornal *Le Point* me perguntando se eu estaria interessado em falar sobre o papa. Não respondi de imediato, mas, evidentemente, isso mexe um pouco comigo. Vou dizer-lhes que sim, vou dizer-lhes: o problema é que Bento XVI é um Gaston Lagaffe.

Onde eu estava? Ah, sim, na palavra "revelação", que é, me parece, a tradução mais adequada para o termo *insight* e para a experiência da qual se trata. Ela tem uma tonalidade religiosa. Vamos adiante. Designa bastante bem uma verdade oculta que se desvela. Essa é a noção embutida no termo da filosofia grega pontuado por Heidegger, especialmente em Aristóteles, *aletheia*, isto é, a verdade como alguma coisa que se torna des-oculta, des-esquecida, digamos, cujo status natal é o velamento [*voilage*]. A verdade como tal está escondida e só a alcançamos através do levantar do véu. Isso vai de par com o que ocorre numa psicanálise. A análise de alguém é escandida – podemos apresentá-la assim – por uma sucessão de revelações. Mesmo adotando uma posição cética, metódica, de não tolo – aquele que não cai no que fazemos –, mesmo reduzindo as construções teóricas a nada, constata-se haver na análise uma certa evidência de fenômenos de revelação. Eles são assim experimentados e esperados, isto é, quando não se produzem o sujeito tem falta de revelação. Aqui, portanto, há um dado.

Narratologia

Poderia reconstruir a psicanálise dizendo que o conceito de recalque é chamado, exigido, convocado pela experiência da revelação. Se há revelação, então é preciso haver antes alguma coisa como um recalque: é que não se quis dizê-lo, não se quis confessá-lo, não se quis reconhecê-lo.

Podemos discutir: trata-se do subconsciente ou do inconsciente? A mim, isso nunca tocou. É como em Knock: "faz cócegas ou comicha?" Podemos chicanar. Parece-me que Lacan nunca deu um lugar importante à distinção entre sub- e in-consciente. É que há um modo, o do saber-sem-saber, saber sem conhecer. Lacan preferia chamá-lo de insabido [*l'insu*], o insabido do qual sabe... [*l'insu que sait...*]. Trata-se do insabido, mas, mesmo assim, podemos supor que seja saber em algum lugar, sujeito suposto saber.

Em psicanálise, a todo instante – evidentemente em uns mais do que em outros – podemos perceber todo o furta-cor do saber, perceber que o saber não é – como se diz em inglês – *clear-cut*, que não é todo transparente.

Um lógico, um filósofo lógico, de notoriedade nos anos 1960 e 1970, escreveu um livro intitulado *Knowledge and Belief* [Conhecimento e crença].[4] E fiquei muito chocado quando Lacan disse em seu Seminário: "Hintikka acredita haver uma nítida diferença entre crer e saber. Para mim, não é assim." Fiquei ainda mais chocado porque, aparentemente, a fim de evitar ler o livro, ele me pedira para fazê-lo, e eu lhe dei um pequeno curso sobre a teoria de Hintikka, seus símbolos, suas fórmulas. Por um lado, eu estava um tanto decepcionado de ele só extrair isso, o que me pareceu bem parco, comparativamente ao edifício matemático que Hintikka tentara erguer sobre o assunto. Por outro, sua pequena observação impactou o jovem filósofo que eu era na época. Filósofo! Bem, formado em filosofia, onde de fato nos ensinam que há uma grande diferença entre crer e saber. Aprendemos em Platão, aprendemos que há uma grande diferença entre a doxa, a opinião, e a episteme, a ciência. Aprendemos que é preciso passar da doxa para a episteme, apesar de haver áreas onde o descolar-se da doxa é muito difícil. Aprendemos em Kant, que se vangloriava de ter limitado o saber para dar lugar à crença. Enfim, há uma multiplicidade de artifícios assentados sobre a nítida diferença desses dois registros. Pois bem, essa pequena observação foi um começo, sim. E penso não estar exagerando quando digo ter sido um dos marcos que me ajudaram a me descolar da visão filosófica do mundo ou do pensamento.

O saber retém à sua volta uma reverberação na qual se conjugam, conforme dosagens diversas, o saber e o não-querer-saber. Isso oscila, balança, até por vezes liberar um clarão de revelação. Sabemos, mas esquecemos; sabemos, mas não prestamos atenção; sabemos, mas deixamos de lado; sabemos, mas deixamos para depois; sabemos, mas tanta coisa pode acontecer; sabemos, mas podemos nos enganar – *eu sei, mas, mesmo assim*, segundo fórmula expressa por um aluno de Lacan e retomada por ele. Em relação à ausência de saber distingue-se toda essa zona de reverberação, indistinta, atravessada, por vezes, durante a análise, pelo fenômeno de uma revelação que permanece inesquecível, ou cuja memória o analista ali está para representar. Ela pode ser sustentada, pode ter a ver com muito pouca coisa e, no entanto, permanecer como um monumento para um sujeito.

A interpretação do analista, tal como a compreendo, é pensada com relação à revelação. É uma ajuda para a revelação. Pode ser uma revelação auxiliar, mas, enfim, só se conclui se der lugar, direta ou diferidamente, a uma revelação no analisando. E não se deve arriscá-la apenas para ver no que vai dar. Há que arriscá-la jogando a partida, tendo como referência a revelação contingente que ela tem a chance de trazer para o analisando, isto é, a queda do véu ou o seu rasgo.

Quando se diz "verdade", em análise, a palavra convoca o termo "véu", como obstáculo. Talvez eu não descole muito da experiência imediata ao dizer que quem fala em análise vive numa realidade, mas, de vez em quando, parece haver uma outra da qual ele se sente, via de regra, como se separado por um véu. E, do mesmo modo que o plural chega à verdade, pelo fato de muitas delas se sucederem durante a análise sem serem forçosamente coerentes umas com as outras, pelo fato de se desmentirem, assim também o desdobramento chega à realidade.

Justifico dessa forma o fato de termos de acrescentar ao termo *realidade* o termo *real*, a fim de designarmos a outra realidade que vem perturbar o relato da realidade, a outra realidade que emerge por meio de pedaços, de peças avulsas.

Esse é o limite da teoria que vem sendo desenvolvida na psicanálise há dez anos, explorando algumas inflexões de Lacan em seu primeiro ensino e pavoneando-se sob a égide da narratologia.

A verdade é aparelhada naquilo que conto, no que conto para mim e digo ao outro, o analista. Há uma narração. E Lacan, sem empregar o termo, disse-o melhor que ninguém em "Função e campo da fala e da linguagem em psicanálise". O que conta, porém, não é apenas o fato de essa narração ser capaz de encarregar-se do que restou como furo na realidade do sujeito, ser capaz, portanto, de dar sentido a seus traumatismos, às suas imagens indeléveis, às suas cenas monumentais ou a seus furos, preenchendo-os, fiando-os, restabelecendo uma continuidade, contando uma *histoeria* [*hystoire*], assim escrita a fim de assinalar que ela é para um outro, é tecida na relação intersubjetiva, entre aspas. O importante é que nessa própria narração manifestam-se furos, tropeços, ou seja, outros tantos signos de uma outra verdade, de um outro sentido, em que verdade e sentido estão em dificuldades para conjugar-se de acordo com a ficção de uma narração.

Essa é a razão de darmos a essas emergências que irrompem na narração um valor de real, mais do que de verdade e de sentido.

Verdade faz par com sentido, e os dois formam um trio com a ficção. O último ensino de Lacan consiste em dar-se conta de que a ordem simbólica, da qual em seu primeiro ensino ele fazia a mola e a estrutura da experiência analítica daquilo que Freud chamava de psiquismo, essa ordem simbólica é do registro da ficção. Em outros termos: o significante é semblante.

Semblante e modo de gozar

Dizendo isso, acentuo o passo que se dá para além da noção que opõe o simbólico e o imaginário, que conduz a dar um valor maior à passagem do imaginário para o simbólico, como o fez Lacan em seus seis primeiros Seminários, nos quais se empenhou em desprender os termos freudianos do registro imaginário para conduzi-los ao registro simbólico. É o primeiro tempo, portanto. Acentuo o passo que damos quando saímos disso para, ao contrário, incluir o imaginário no simbólico, o que equivale ao termo "semblante".

$$\begin{array}{c|l} S \,//\, 1 & (S \diamond 1) \equiv \textit{semblante} \\ 1 \longrightarrow S & \end{array}$$

Evidentemente, trata-se de um rebatimento. À esquerda, há uma sobreposição e uma hierarquia: passa-se do imaginário, que seria do registro do eu, ao simbólico, que seria o registro do sujeito, e, na passagem, explica-se que os grandes conceitos freudianos só encontram sua verdade no simbólico. Mas, a partir do momento em que Lacan introduz, em seu *Seminário*, livro 7, *A ética da psicanálise*, a categoria do real, desde que ele tenta completar sua teoria do desejo considerando o gozo, ele é levado a situar o simbólico e o imaginário do mesmo lado. Isso lhe possibilitará, por exemplo, designar o falo como um significante imaginário. Vemos bem que, no que concerne à categoria do real, quando a reincluímos no campo analítico, a diferença entre o simbólico e o imaginário aparece como inessencial.

Estou falando da verdade. É uma categoria abstrata. Com efeito, é a única que conta, que causa problema, o problema indicado por mim no começo: a verdade sobre o real. Ora o imaginário se deixa reabsorver no simbólico, ora o real o repugna. Há algo diferente da verdade. A revelação não resolve tudo o que faz nó e problema na existência. Nem tudo é verdade. Nem tudo é sentido.

No entanto, quando nos metemos nisso, parece que podemos fazer sentido com tudo. Opomos, mediatizamos, superamos, sublimamos, ligamos, e a coisa faz sentido. Quando nos esmeramos, há uma onipotência do sentido que parece poder curvar todos os fatos. Há temperamentos. Há pessoas que fazem sentido melancólico de tudo, especialmente de seus sucessos. Outras fazem sentido otimista de tudo, inclusive de seus piores fracassos, e consideram: *Melhor assim! Isso vai me ensinar mais ainda o que não devo fazer.* São de boa natureza! Há outros que choramingam por terem efetivado todos os grados que almejaram: *E depois, o que me resta fazer?* Quando vemos sucederem-se essas doações de sentido, compreendo que se veja como filosofia o fato de cada um dar o sentido que quiser ao que lhe acontecer.

Isso dá a impressão de uma extraordinária plasticidade do sentido, que depende da maneira como cada um o toma.

Podemos, portanto, isolar em cada um sua maneira de dar sentido, o que chamaremos de sua fantasia. Aqueles que, com certeza, foram muito amados por sua mamãe dão um sentido formidável a tudo o que lhes acontece, mas quando ela não foi suficientemente boa, pois bem, eles dão um sentido ruim. Apresentar as coisas assim, de fato, mantém a roda nos trilhos, hein? E, em psicanálise, confia-se muito nessa potência do sentido. Muitas vezes, quando me pedem conselho sobre um caso a partir de alguns elementos que me fornecem, o que é que eu digo? Digo alguma coisa contornando-a o melhor que posso, a fim de distrair, algo assim: "Confiemos na deusa Psicanálise, confiemos na máquina do sentido, confiemos que os desastres possíveis de acontecer na vida de tal sujeito serão aliviados pelo relato que ele conseguir construir, pelo sentido que ele chegará a dar."

Mas, a despeito de sua potência, nem tudo é apenas sentido. A noção do real impõe-se como um resíduo, um resíduo das operações do semblante. Vale dizer que esse resíduo é a matriz a partir do que se dá sentido, o que podemos chamar de fantasia. Mas, se reduzirmos à sua raiz aquilo de que se trata, se subtrairmos o que é do registro do semblante na fantasia, ou seja, o cenário e a cena – eu evoquei isso na vez passada –, o que resta é um modo de gozar. O modo de gozar é o nome da fantasia despida do cenário e da cena.

O modo de gozar não se reduz ao sentido. Lacan tentou reduzi-lo, dizendo uma vez *jouis-sens*, o sentido gozado. Rodei quilômetros em cima disso, eu gostava. Ah! Por que fui pescar o sentido gozado? Por que isso agradou tanto a mim e a outros? Por ser uma nova edição da função da fantasia: um amboceptor entre verdade e gozo, entre linguagem e gozo, conecta-se dos dois lados. Ademais, descritivamente, isso diz alguma coisa. Há um gozo em dizer algumas palavras, algumas frases ou discursos. Isso se condensa. As palavras têm uma carga que dizemos afetiva, que é libidinal, uma carga de gozo.

Ao dizer *modo de gozar*, tentamos desfazer esse enodamento entre o gozo e o sentido, que é secundário e não satura inteiramente o de que se trata no gozo.

Causa

Disse Lacan: "a interpretação ... incide sobre a causa do desejo." Ele escreveu isso uma vez, em sua "Radiofonia".[5] Um tempo atrás, tomei esse dito como referência, porque fazia bem ver o caminho percorrido desde o começo de seu ensino, quando, evidentemente, a interpretação visava ao significante.

O que é visar à causa do desejo? Como se faz isso na interpretação? Como se visa ao objeto *a*, causa do desejo?

Lacan concluiu seu *Seminário*, livro 6, *O desejo e sua interpretação* com a seguinte proposição: "o desejo é sua interpretação." Não se poderia ir mais longe para reduzir a interpretação ao significante e fazer do desejo um significado. Foi assim que Lacan começou. Tendo em vista seu ponto de partida, ele começou fazendo da libido freudiana o desejo, e, deste, o significado de uma cadeia significante chamada *demanda*.

Num segundo tempo, ele se deu conta de que não se podia reduzir a libido, tal qual nomeada por Freud, ao desejo – razão pela qual, a fim de traduzir a libido, acrescentou um segundo termo: o gozo. Ele então imaginou fazer do objeto *a* – que dizia ser sua invenção – o amboceptor, religando, mediatizando, fazendo função de termo mediano entre a verdade e o gozo, entre a ordem simbólica e o real. Por isso, cuidou durante muitos anos de sua construção. É o ponto vivo da fantasia. Foi no objeto *a* que ele concentrou o paradoxo da ambocepção verdade-gozo.

Então, interpretar visando à causa do desejo, ou seja, à fantasia, interpretar o desejo visando à fantasia, interpretar o desejo como significado, mas visando à matriz que dá sentido, não se deter no efeito, e sim visar à causa, era essa a noção segundo a qual se chegaria a levantar o obstáculo, o véu.

Lacan sempre pensou assim, ele nos ensinou a pensar assim, e a experiência analítica parece que o impõe. Há um obstáculo, alguma coisa que faz um muro, que se deve ultrapassar, levantar, o que Lacan chamava de fantasia, que é necessário atravessar, ou a causa do desejo, que se deve fazer cair.

Já em seu *Seminário*, livro 2, *O eu na teoria de Freud e na técnica da psicanálise*,[6] quando ele opunha o eu e o sujeito, fazia um esquema assim. E ficou tão contente que o chamou de esquema L, de Lacan. Era um esquema que conduzia do sujeito ao Outro, exceto que, aqui, ele distinguia uma interposição imaginária *a* - *a'*, inseria *a* ou *a'* num lugar ou em outro, conforme os esquemas. Havia então um muro e era preciso ultrapassá-lo: o imaginário fazia o véu do simbólico.

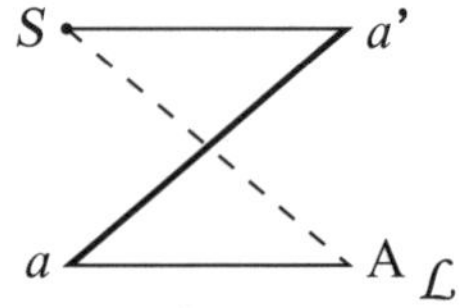

Assim, sob formas e figurações diversas, em momentos diferentes, com avanços, é claro, essa estrutura véu-desvelamento, obstáculo-ultrapassagem, estava visivelmente presente em sua reflexão, e ele nos ensinou a decifrar a experiência analítica de acordo com esses dados.

São formas diferentes de repercutir o que Freud entendia como levantamento do recalque, e para descobrir o quê? Uma outra verdade. E isso vale também para a defesa, suposta como um obstáculo aquém do recalque. Levanta-se o recalque, levantamos, levantamos, levantamos, as revelações se sucedem. Depois não chegamos a mais nada, nada muda, dizemos então: "É a defesa!" A defesa está aquém do recalque, é mais primária, não está constituída no significante. Então, não dizemos levantar a defesa, dizemos mais – há que encontrar a palavra –, desconcertar a defesa, chegar a insinuar-se de tal sorte que – e aqui não encontramos uma outra verdade –, nesse momento, encontremos o real. É certo que quando Freud e os pós-freudianos evocavam a defesa, e afinal se precisava analisá-la, eles bem sabiam que era preciso ir além da verdade mentirosa, que havia alguma coisa mais além dos semblantes do significante, que interpretar o recalque não bastava, e que estava em jogo uma função de outra ordem referida à relação do sujeito com o gozo: uma certa relação de recusa, de rejeição, de obstaculização no que concerne ao gozo. Hoje, é bem isso que estou abordando – atrasado: o significante-mestre do gozo.

O significante-mestre do final

Como é que tudo isso se dispõe quando se cessa de chegar ao gozo, mas, ao contrário, parte-se dele?

Bem, não se pode partir de primeira. Aqui há uma dialética. Parte-se da experiência analítica tal como a concebemos, parte-se da experiência da fala e, então, num certo momento, esbarramos nos restos, nos resíduos. É necessariamente num segundo momento que se pode fazer do gozo o significante-mestre do final.

Isso tem consequências. Não conceitualizamos mais o paciente como sujeito, e sim como *falasser*, o que significa: há um ser pelo fato de ele falar – os outros talvez sejam seres, mas nada sabem disso porque não falam –, e esse ser se deve ao fato de haver um corpo. O sujeito da fala é pensado em relação ao significante. O *falasser* é um sujeito que fala e é falado, e isso com relação a um corpo, ao que Lacan se absteve de dar uma letra. Ele não se pôs a fazer dele um matema, mas deixou cair seus matemas em prol dos nós, que talvez sejam matemas também, mas de uma configuração completamente diferente.

$$\$ \lozenge S$$
$$\$ \lozenge \textit{Corpo}$$

Se fizermos do gozo um significante-mestre, então desaparecerá a noção de obstáculo, de passagem mais-além, de transgressão ou travessia. Não é o gozo tal como havendo o prazer e o mais-além do prazer – o mais-além do princípio do prazer –, que Lacan traduziu como mais-gozar. Há muitas inovações de Lacan decorrentes de uma reflexão profunda sobre os termos de Freud. O mais-gozar é o mais-além do princípio do prazer e também – é o termo empregado por Freud a partir de seu artigo "Chistes"[7] – o *Lustgewinn*, o ganho de prazer acentuado pelo mais-além. O mais-gozar é sua tradução criativa.

Fazer do gozo um significante-mestre é também não atentar para a oposição que, é claro, pode ser feita entre o gozo sexual, que decorre da relação com um outro ser sexuado, e o gozo autista, o do corpo próprio.

É o gozo que engloba, funciona, é capturado, condicionado, produzido por um funcionamento, por um dispositivo que Lacan chamou de sinthoma, e em relação ao qual o que é do simbólico e do imaginário em conjunto aparece como sendo da ordem do semblante. O sinthoma funciona, não é suscetível de travessia ou de levantamento, ele é suscetível – não há um termo em Lacan, então tomarei emprestado o termo em inglês, tal como se herdou *insight* – de um *re-engineering*, de uma reconfiguração. Isto é o que se trata de obter: uma reconfiguração mediante a qual não se pode dizer que o gozo tome sentido, não necessariamente, mas sim que há um *re-engineering* que permite passar do desconforto à satisfação: a satisfação do *falasser* em questão.

Não a do analista. Necessariamente! Lacan diz, em algum lugar, que a interpretação dá satisfação ao analista, pois ele é astucioso, viu o que o outro não viu. Aqui, a ideia é a de uma interpretação que daria satisfação ao analisando. É mais difícil.

É uma interpretação informada de que – para dizer como Lacan em "Televisão" – o real só pode mentir. Ele diz isso exatamente à p.515 dos *Outros escritos*: "o real só pode mentir ao parceiro", e, aqui, eu o *re-engineer* nesse lugar. Ele não diz que o real só pode mentir para o sujeito. De certa forma, quando o real emerge sob a forma de angústia, ele não engana, ou seja, ali não se está na ordem do semblante. Quando há articulações de significantes sempre pode haver engano e, de fato, enganam sempre. O real que se demonstra e sobre o qual Lacan confiou durante anos não é o de que se trata aqui. Aqui, trata-se de um real que não se demonstra, mas que se experimenta como aquilo que não engana. Paradoxalmente, é desse modo que ele escapa à verdade: justo porque não engana. É que a verdade é aberta aos remanejamentos do semblante, ao passo que o real, justo por não enganar, fecha-se ao semblante.

Até a semana que vem.

18 de março de 2009

13. Décima terceira lição

Prossigo com o que chamei de problema: a relação entre a verdade e o gozo. Esse é o problema de Lacan, da psicanálise, tal como formulado, tratado, torturado por ele, e tal como ele tortura não só Lacan, mas também os lacanianos que o herdaram.

Os lacanianos, assim, se designam por lerem Lacan, lerem Freud, ocasionalmente em referência a Lacan, e por praticarem a psicanálise referida a essas leituras, à compreensão desses textos e de sua consistência. Ao formular esse problema, pretendo interpretar o ensino de Lacan, o que supõe, sem dúvida, ter dele se distanciado, se separado. Já disse a vocês que obtenho, parece-me, uma visão panorâmica do relevo desse ensino, um outro olhar. Em algum ponto, houve para mim uma passagem, pressionado pela experiência das análises que tenho de conduzir, cuja responsabilidade devo assumir.

Por muito tempo estive colado aos termos de Lacan. Aliás, esse foi o meu mérito, quando muitos – a maioria – sobrevoavam, retinham uma ou outra proposição, não percebiam a lógica sustentada, o fio trazido por ele.

Soletrei, então, Lacan com certa obstinação e adiei a abordagem tanto de seu último quanto de seu finalíssimo ensino, antecipando que, quando eu a eles chegasse, a trama que me encarregava de recompor iria desfazer-se. Encarei, enfim, essa tarefa à minha maneira, isto é, deixando num lugar secundário a maquinação dos nós, mas não o conceito que ali opera.

Agora, chegou minha vez de sobrevoar. Não por negligência. Ao contrário, para ressituar esses termos que soletrei, essa mecânica significante, dando-me conta, claramente, de que, durante longos anos, ela me dava um vivo prazer.

Vejo o ensino de Lacan como algo terminado [*fini*], que encontrou sua finitude e, de uma finitude – o próprio Lacan enfatiza a respeito do passe –, algum efeito de liberdade deve ser esperado. Desse ponto, podemos ver o que precede de outro ângulo. De acordo com a matriz do esquema sustentado por um eixo cronológico, quando estamos num ponto terminal é lícito ressignificar o que precede.

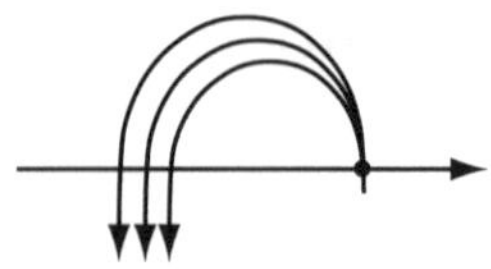

No que concerne à sequência das lições e dos escritos de Lacan, por fim cheguei lá. Portanto, vejo um pouco diferentemente o que vem primeiro.

Eis como abordo o que intitulei de a relação entre a verdade e o gozo em psicanálise. Vou passo a passo. Distingo três termos: relação, verdade e gozo.

Causa e efeito

Trata-se da relação de causa e efeito. O problema evidencia-se na seguinte pergunta: uma vez que verdade e gozo não são da mesma cepa, são heterogêneos, havendo ali algo heteróclito, *em que e como a verdade pode ser causa de efeito sobre o gozo*?

Essa linguagem causalista foi adotada, assumida por Lacan, numa época em que o espírito do tempo – refiro-me à França –, as pessoas que pensam, era marcado pela fenomenologia husserliana. O causalismo não tinha boa fama. Recorrer à causa e efeito foi para Lacan uma provocação. E isso permaneceu, passou para o lacanismo. Depois, cabe dizer, o espírito do tempo adotou de bom grado o termo *efeito*, ressaltado primeiramente por Lacan. A palavra *efeito* tornou-se popular e, parece-me, continua sendo, favorecida, talvez, por seu uso científico, decorrendo daí sua popularização.

Em Lacan, a linguagem causalista é realçada, por exemplo, na expressão *causa do desejo*, ligada ao chamado objeto *a*. É uma expressão que imediatamente ecoou nas pessoas, foi fácil de ilustrar e, por meio dela, cada um pode ser mobilizado a se perguntar: para mim, onde está a causa do desejo?

Esses efeitos de evocação muito contribuem para validar o que é, de fato, uma concepção teórica. Como em psicanálise não se demonstra, no lugar da demonstração há, com muita frequência, a evocação: quando a coisa evoca, quando produz o sentimento de acertar no milhar, de ser exatamente aquilo, pois bem, isso equivale a uma demonstração. Lacan por certo lamentava não haver demonstração em psicanálise. Razão pela qual ele acrescentava periodicamente um certo número de apêndices de ordem matemática e lógica nos quais a demonstração é possível, empenhando-se, ao mesmo tempo, em mostrar que os termos desses apêndices lógico-matemáticos eram homólogos a termos e a problemas de ordem psicanalítica. Ele então extraía incessantemente pedaços de matemática de seu saco de malícias, quebrava a cabeça tentando fazer surgir deles demonstrações que, depois, transpunha para suas proposições concernentes à psicanálise, à teoria de Freud, à experiência.

Causa do desejo foi na mosca. Podemos notar que essa expressão retoma, na linguagem causalista, a expressão freudiana *Liebesbedingung*, condição de amor. Trata-se de um amor que comporta também a noção de atração sexual. Lacan soube pescar essa expressão de Freud e a rotulou com uma expressão especialmente eloquente, que podemos transcrever em termos de matema, indicando a relação causalista por meio de uma flecha: *a*, *flecha*, *d* de desejo.

$$a \longrightarrow d$$

Também encontramos a linguagem causalista quando Lacan fala em causa do sujeito, o significante do qual ele faz a causa do sujeito como sujeito barrado - aqui, a expressão foi menos mantida.

$$S \longrightarrow \cancel{S}$$

Essa noção encontra-se ainda em seu esquema do discurso do mestre, que é também o discurso do inconsciente, conforme ele precisa, no qual o S do significante encontra-se desdobrado – S_1, S_2– e o efeito de sujeito, ou o efeito-sujeito, inscreve-se sob o S_1. Poderia utilizar o que já escrevi no quadro, pondo S_1 nesse ponto, S_2 e o efeito-sujeito no ponto terminal do primeiro vetor retroativo.

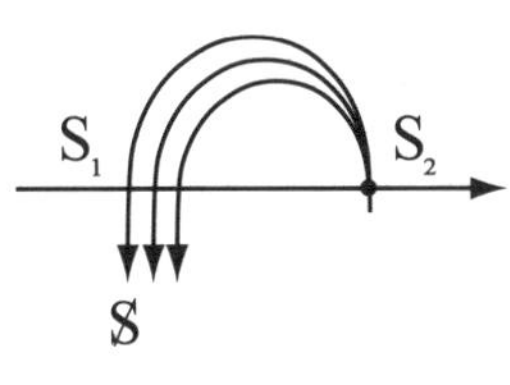

Em Lacan, há uma referência constante à relação da causa com o efeito. Pode-se dizer que ele pensa nestes termos: segundo o que é próprio a esse esquema e de acordo com o que pertence à mecânica da experiência analítica posta por ele a funcionar.

Verdade

Tomemos o segundo termo trazido por mim: verdade. Poderia ter dito *le sens* [o sentido], já que ele faz assonância com *jouissance* [gozo], assonância explorada por Lacan. Conservo *verdade* porque esse termo marcou o começo do ensino de Lacan. Ele nunca abandonou essa referência, ficando entendido que se poderia dizer que a verdade é uma espécie de sentido, um sentido afetado pelo coeficiente verdade. Mas, enfim, só vou entrar nessa questão para enfatizar que preservo a palavra *verdade*, no singular, designando assim um registro. O começo do ensino de Lacan foi marcado de modo essencial por essa referência.

Se retornarmos ao seu começo, para ele, uma análise era, em primeiro lugar, um progresso *da* verdade para o sujeito. E aqui, o singular tem o valor mais forte, porque *a* verdade era suposta inscrever-se na continuidade de uma história. Esta não se reduz às historietas contadas pelo analisando, o que era desvalorizado. Quando Lacan dizia *a história* de um sujeito essa era, ao contrário, extremamente valorizada: *a* verdade estava ligada a *essa história* no singular. Para Lacan, a expressão *história do sujeito* correspondia ao termo "inconsciente", chegava até esse ponto.

Assim, na p.260 dos *Escritos*, em "Função e campo da fala e da linguagem em psicanálise", seu primeiro grande texto, encontramos a definição segundo a qual o inconsciente é um capítulo censurado, o capítulo censurado de um texto que é a história do sujeito. Diz Lacan: "O inconsciente é o capítulo de minha história que é marcado por um branco ou ocupado por uma mentira."[1] Em outras palavras: para ele, o inconsciente era correlativo de *minha história como sujeito*, visto que, nessa história, alguma coisa não pôde inscrever-se, figurar, manifestar-se e, exatamente, ser dita.

No início do ensino de Lacan, o que mais chamou atenção foi a ênfase posta na fala e na estrutura de linguagem. Isso, é claro, causou debates. Foi nesse ponto que Lacan apareceu como radical. Mas, de onde estamos, o que aparece é outra coisa, a correlação estabelecida entre inconsciente e história, uma história que, para falar com propriedade, seria o lugar da verdade.

Basta apenas tomar a definição que lhes relembro para tornar perceptível o fato de que, para Lacan, verdade era antônimo de recalque. Ele pensava que os recalques metodicamente levantados na experiência psicanalítica integravam-se de modo muito natural numa história contínua, restabelecendo uma continuidade ali onde ela era falha. E tudo então era aferido por essa continuidade que posso dizer ideal.

Continuidade – a palavra lá está – não é *consistência.* Mais tarde, Lacan falará de consistência, elas se mantêm juntas, têm peso. Evidentemente, a consistência, do ponto de vista lógico, é menos exigente do que a continuidade. É em prol dessa continuidade ideal, em referência a essa medida, que Lacan pensava ser possível balizar os pontos nos quais o recalque opera. É preciso todo um esforço para recompor isso, não? Afinal, na experiência analítica, nós por certo perdemos a referência a essa continuidade histórica ideal. Essa referência não nos serve mais, ao passo que, na época, ainda tinha credibilidade.

Lacan isola duas modalidades de recalque: a lacuna [*le blanc*] e a mentira – o silêncio, ou o não dizer a verdade, camuflar, em seguida rejuntar o relato com a ajuda de artifícios. Para podermos pensar essa questão, percebemos que a palavra verdade tem aqui um uso completamente exterior à mentira: ou a verdade ou a mentira.

Mentira é um dos nomes do recalque, ao passo que verdade é o que sanciona o levantamento de um recalque.

Esses são os primórdios do ensino de Lacan, e a configuração da verdade em sua relação com a mentira é totalmente oposta à que é expressa em seu último escrito, em que figura a expressão *verdade mentirosa*, destacada por mim. Do mesmo modo, o novo regime lacaniano da verdade é explicitamente marcado nesse último escrito, tanto por uma referência à história quanto pela introdução de um neologismo vindo afetar esse termo-chave, por meio do qual *história* torna-se *histoeria* [*histoire-hystoire*].

história ⟶ *histoeria*

Assim, por mais ligeiro, por mais modesto que o último escrito de Lacan compilado nos *Outros escritos* possa ser, quando comparado à sinfonia de "Função e campo da fala e da linguagem em psicanálise", ambos os textos, como acabo de lhes mostrar, correspondem-se.

Histoeria no lugar de *história* volatiza a noção ideal de história com a qual Lacan começara, reinscreve-a no quadro da relação do analisando com o analista e torna-se uma história transferencial: a *histoeria* não tem a continuidade da história ideal.

Neste ponto, a verdade poderia ser posta no plural, poderia perder o artigo definido singular. Trata-se tão somente da emergência de *uma* verdade, que não é forçosamente coerente com outra que emergirá alhures, mais tarde. Não se presume que elas constituam uma continuidade, pois são muito mais esparsos clarões. Aqui também a *varidade*, a verdade variável, conceito formulado por Lacan na parte final de seu ensino, encontra seu lugar. Algum tempo antes, ele inscrevera a verdade, sua famosa verdade, no registro lógico, dizendo que ela não passava de uma sequência de significantes marcada pela letra *V*, como em lógica. Dizemos: isto é verdade. Mas ser verdade é apenas isto: inscreveu-se uma letra, o *V*, no final dessa cadeia significante; portanto, é apenas uma convenção de escrita. Dizia Lacan: "a verdade suporta tudo" [*la vérité souffre tout*].[2] Tudo pode ser feito em nome da verdade. Ou então, a verdade é reduzida a ser somente uma significação de verdade, ou seja, um efeito da cadeia significante, um efeito de sentido especial.

Mantive a palavra *verdade* porque ela nos dá a continuidade do ensino de Lacan, ela ali está presente do começo até o final, apesar da fratura que demarco entre seus dois regimes. E a palavra "verdade" me parece justificada pelo fato de eu não conseguir apagar, excluir de minha concepção da experiência analítica, do que dela percebo – no exato momento em que tento depurar essa concepção –, a palavra "revelação". Pouco importa supormos que a verdade seja tecida ininterruptamente ou que ela faça emergências esparsas. Produzem-se na experiência efeitos de revelação, levantamentos do véu, indicando a relação distorcida, complicada, que o sujeito mantém com o saber. Não se pode dizer que não-saber seja o contrário de saber, pois aqui também está implicado o não-querer-saber, o saber sem-que-nele-se-preste-atenção, o saber sem-que-se-queira-dele-tirar-as-consequências, saber e pensar – noutra-coisa, o saber assim, mas não o saber assado.[3] Nessa relação complexa produzem-se efeitos de revelação – pelo que eles valem, sem dúvida! –, momentos em que vemos de modo diferente, tomamos outra perspectiva ou essa perspectiva se impõe.

Noto, *en passant*, que o termo "saber", introduzido por Lacan na psicanálise e que ele fez pipocar, nos deixa bem à vontade para não formularmos a questão da consciência, do estar "consciente de". Então, em que medida se justifica reduzir os problemas da consciência introduzindo o termo "saber", que é de uma dimensão não psicológica, mas lógica? Até que ponto é preciso seguir Lacan aqui? Até que ponto ele próprio não pôs em questão essa *sobreimposição* de uma problemática lógica sobre um questionamento psicológico? Por ora, deixo o tema em aberto, mas vocês podem ver em quais termos tendo a tratá-lo: desconfio do procedimento de Lacan ao *sobreimpor* a um dado – que certamente tem seu valor! – um ordenamento que, por certo, tem efeitos de esclarecimento, mas talvez também de desvio.

Mantenho então o termo "verdade" porque conservo o termo "revelação". Quanto à própria interpretação, eu a torno, antes de tudo, uma ajuda à revelação. A interpretação é, digamos, um *functor*[4] de revelação.

Gozo

Considero agora o terceiro termo de meu problema: o gozo. O que, da elaboração de Lacan sobre o gozo, marcou as mentes? O que fez cair a ficha? Primeiro, sua introdução num binário: prazer *versus* gozo. Foi um grande momento! Para mim, com certeza, uma vez que ouvi Lacan proferir isso no primeiro Seminário ao qual assisti: *Os quatro conceitos da psicanálise*, quando ele opunha homeostase e repetição. Já desenhei esse esquema no quadro. Primeiro uma homeostase, o equilíbrio é preservado – equilíbrio psíquico, psicológico, físico –, disso decorrendo um estado de bem-estar, o famoso silêncio dos órgãos que definiria a saúde.[5] É o reino, portanto, de uma regulação que controla as variações, a fim de reconduzir as quantidades, sejam elas quais forem, a seu valor otimizado. Depois, um excesso, uma ruptura desse equilíbrio. Uma vez que podemos qualificar esse equilíbrio de estado de prazer, sua ruptura pode ser chamada de gozo, uma "provação" [*éprouvé*] de gozo, ou – por que não? – um acontecimento de gozo. Encontramos o gozo não nesse funcionamento de algum modo circular que traduz a regulação, mas, ao contrário, aprisionado numa série repetitiva escandida por esses pontos de excesso, que se pode dizer de prazer extremo e desequilibrante, vizinhos de uma experiência de dor.

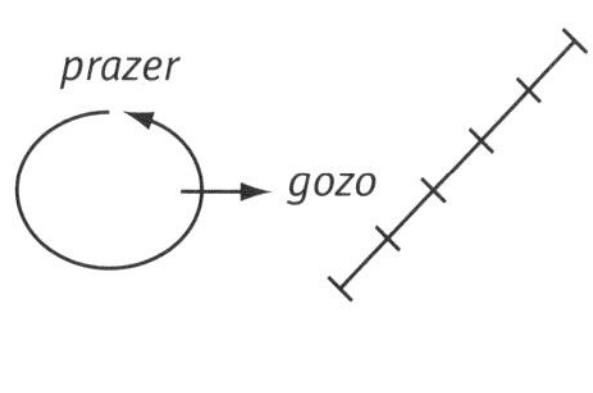

Isso fala, isso cala em cada um, é possível nele reconhecer-se. Aliás, eu agora deveria fazer uma pequena pausa para permitir a cada um revisar, tranquilamente, uma vez mais, como isso acontece consigo. Nesse ponto, temos a impressão de não estarmos de modo algum em abstrações, mas, ao contrário, tocando, de fato, na maneira como a coisa acontece. Esse esquematismo foi tomado emprestado diretamente do artigo de Freud "Mais além do princípio do prazer".[6] Trata-se de uma formalização, um potente esclarecimento bem-articulado, eloquente, do que Freud trouxe com esse texto.

Será nessa mesma linha, por outras vias, que Lacan falará do objeto *a* como mais-gozar. Foi construído num outro contexto: o da revolta da juventude e de uma parte da classe operária, em maio de 1968, no momento em que a referência a Marx prevalecia. Lacan toma emprestado de Marx a noção de mais-valia, isto é, a quantidade de valor, a quantidade de dinheiro da qual o patrão se apropria depois de ter pago o salário justo. Há nisso um equilíbrio, como uma homeostase: paga-se um salário em conformidade com o que o mercado quer – portanto, equilíbrio. Há, porém, uma parte suplementar, como se fosse miraculosa, que se acumula na parte externa ao assalariado. E, com efeito, sabemos que quando o mercado mostra – como dizer? – alguns sinais de desequilíbrio, alguns sinais de extremo gozo, como nos dias de hoje, a questão sobre quem se apropria da mais-valia é posta imediatamente em destaque. De repente, tomamos consciência das quantidades fantásticas dessa mais-valia embolsadas por uma elite. Já sabíamos muito bem disso, mas é curioso como em certos momentos sabemos melhor do que em outros! Assim, tomando emprestado o termo marxista *mais-valia*, Lacan constrói o mais-gozar em conformidade com o esquema que ele havia extraído de "Mais além do princípio do prazer".

Podemos notar outro regime de gozo no ensino de Lacan: uma extensão do conceito. O conceito de gozo, que fora apresentado como antônimo do de prazer – e, de maneira muito essencial, o *mais-gozar* –, encontra um novo uso no qual a diferença entre prazer e gozo aparece como *inessencial*. Ao mesmo tempo, Lacan abre espaço para uma certa difração do gozo, sua multiplicidade, ao opor, de maneira mais radical do que antes, o gozo sexual e o gozo não sexual, o gozo pulsional e também o gozo do órgão.

G

P / G

A esse respeito, digamos que os lacanianos foram levados – embora ainda não tenham, de fato, conseguido – a desaprender o esquema que Lacan lhes ensinara. Eles têm, *nós temos* de desaprendê-lo, porque a extensão do conceito de gozo comporta pôr novamente em questão, e de modo muito profundo, o reinado da castração sobre o gozo, quando isso parecia ser um traço absolutamente essencial de seu ensino.

Lacan havia conseguido fazer penetrar a dialética no registro da libido freudiana. Esse é o grande esforço de seu *Seminário*, livro 4, *A relação de objeto*, dedicado a uma crítica da relação de objeto e no qual ele chega a falar da libido em termos de falta, de substituto da falta, em termos, portanto, de operação, introduzindo também o agente da operação. Quer dizer que do ponto onde estamos, o ponto ao qual o próprio Lacan nos levou em seu finalíssimo estudo, percebemos seu esmero em inserir a articulação significante no registro libidinal.

Ele fez esse mundo libidinal criado por ele girar em torno de um significante: o falo.

φ

O falo e o "de impossível negativação"

Também ele disse algo a todo mundo. E como! Mais eloquente ainda pelo fato de esse significante ser imaginário. Deve ser a única vez em que encontramos nos *Escritos* a expressão *significante imaginário* a cavaleiro sobre o simbólico e sobre o imaginário. Não é um significante abstrato, não é uma letra, não é um signo convencional, é um signo natural, elevado, porém, à qualidade de símbolo.

Ele nos apresentou toda uma gravitação do gozo em torno desse significante imaginário que quis dotar de status lógico. Para tanto, num dado momento, fez dele, por exemplo, o signo da transformação de todas as coisas em significante. Para que uma coisa, um objeto do mundo se torne significante, deve ser riscado, suas propriedades naturais devem ser esvaziadas, deve ser estilizado, transformado, elevado e – Lacan foi buscar o termo *Aufhebung*, de Hegel – sublimado. E o próprio falo, significante sublimado – e como! –, é, ao mesmo tempo, o signo dessa operação.

$$\uparrow \frac{Isso}{\cancel{coisa}} > \varphi$$

Assim, o falo é não somente o pênis negado, mas também o que marca a própria operação.

$$\uparrow \frac{\varphi}{\cancel{coisa}} > \varphi$$

pênis negado

Por isso digo que o falo é um signo, de algum modo, *metassignificante*. Uma construção de Lacan. Esforço para fazer entrar a lógica no gozo.

A partir do momento em que aceitamos isso, então, com efeito, ordenamos o gozo. Temos o falo, imagem do fluxo vital, mas que funciona, a partir da castração, com um menos.

Sendo o índice de uma falta, ele tem substitutos: os objetos *a*. Desse modo, o gozo encontra-se repartido com base nessa castração. Disso decorre a lembrança, evocada por Lacan, de que o vazio da castração é envolto por seu conteúdo, o objeto *a*, centrado pela castração. Ou ainda: enganamo-nos ao falar de objetos pré-genitais porque sua sucessão é profundamente organizada, finalizada pela castração.

$$\frac{a}{(-\varphi)}$$

Essa ordenação do gozo pela castração foi lacaniana até que o próprio Lacan dela se desfizesse. Donde o crescimento de extraordinárias arborescências significantes, nas quais o gozo é tratado a partir da falta de significante, preenchida pelos objetos *a*.

Vou adiante.

Destaco, porém, uma passagem – vocês a encontrarão na p.838 dos *Escritos*[7] –, já muitas vezes assinalada por mim em outras elaborações, em que parece que Lacan, em sua construção, foi obrigado a desdobrar seu símbolo do falo. Então, de um lado, ele já está desdobrado entre o falo como imagem do fluxo vital e o falo castrador.

Mas, na p.838, onde ele maneja o símbolo do falo sob a forma (-φ), este é operatório, isto é, marcado com um menos, como símbolo da castração e como imaginário. Lacan é levado a inscrever o que ele grafa com um *Phi*, que chama de *falo simbólico*.

$$\varphi \quad \frac{a}{(-\varphi)} \quad \Phi$$

Ou seja, ele não sai dessa em seus escritos a não ser acrescentando o símbolo *Phi*, ao qual chama, em termos exatos, ainda na p.838, de "falo simbólico impossível de negativizar", que resiste à castração, e acrescenta em aposição "significante do gozo". Aliás, que eu saiba, essa é a única vez em que essa expressão aparece nos escritos de Lacan.

Em outras palavras, ele reparte o gozo em diferentes gavetas, mostra-o sob a forma de objetos que se substituem à castração, que se sucedem uns aos outros. Há todo um povinho que sequer traz a marca do gozo – bem, todos trazemos a marca do gozo, mas isso não está escrito –, esse povinho esquece justamente que se trata do gozo.

E tudo isso está concentrado no símbolo *menos phi*, de raiz imaginária e retirado do corpo. E Lacan, de maneira abundante, muito convincente, explica em que esse órgão mereceu ser simbolizado.

No entanto, ele precisou reservar o significante da libido, com o qual aparece um termo estritamente positivo – que não pode, como o falo imaginário, ser negativizado –, isto é, o único termo de toda a sua arquitetura que escapa à castração. Com efeito, no que concerne aos objetos *a*, ele tem o cuidado de nos dizer: de jeito nenhum, os objetos *a* só entram em função relativamente à castração.

Ele faz reaparecer o termo freudiano *libido* quando tropeça no que não se deixa negativar. Diria que aqui já está presente, pelo menos sob a forma de esboço, o gozo no sentido ampliado, ou seja, o gozo positivo. Se a aparição do sinthoma se dá em algum lugar, é justo aqui, quando Lacan tropeça num termo que não funcionará em conformidade com o regime da castração, ou seja, o regime das faltas, dos substitutos de faltas e das operações. Lacan o apresenta numa forma muito paradoxal, pois, se é impossível negativá-lo, porque ele mantém a forma *Phi*? Que relação isso tem com o falo que entra nessa dialética essencialmente negativizado? O que justifica conservar aqui essa referência fálica?

Ao mesmo tempo, somos obrigados a notar que na página anterior, p.837, Lacan tenta, ao contrário, mostrar por que o gozo é necessariamente atingido pela castração.

Esse é o valor do que ele expunha e que com frequência comentei.

Em sua construção, ele dizia que o gozo, por ser infinito, exige uma interdição, exige um só-até-aqui [*pas-plus-loin*], exige um *não*, exige um *menos*. Escreve ele: "... esse gozo em sua infinitude que comporta a marca de sua proibição", e acrescenta, "... e para constituir essa marca, implica um sacrifício: o que cabe num único e mesmo ato, com a escolha de seu símbolo, o falo."[8]

Notem o raciocínio. Se o gozo fosse infinito, acrescentaria eu, ele seria mortal, caso não encontrasse um *menos*, o complexo de castração. Para dar conta do complexo de castração, inventa-se o complexo de Édipo. Nesse sentido, a ameaça do infinito, a ameaça mortal do infinito do gozo tornaria necessário um *menos*, a ser elucubrado, em seguida, sob a forma do Édipo. Todavia, o que aparece é a solidariedade de todos esses termos – a castração, o falo, objeto *a* –, a coerência, a consistência de tudo o que Lacan indefinidamente remenda, bricola, complexifica, em relação ao que nessa página emerge como gozo e, em seguida, como gozo de impossível negativação.

Como então o gozo, que é impossível de ser negativado, seria, mesmo assim, marcado com um menos? Aqui, digamos, parece haver dois planos que se desdobram: num deles, há o falo, o objeto *a*, o *menos*, o Édipo etc., no qual se trata apenas de negativização; no outro, há o impossível de ser negativado. Dois planos, portanto. E, no fundo, pouco a pouco, Lacan desenvolverá o que apresento como um *G*: pouco a pouco ele o considerará como sendo o que está essencialmente em jogo.

φ— *a*— *menos*...

G

A meu ver, devemos reconsiderar o problema da relação entre a verdade e o gozo sob o ângulo do gozo como de impossível negativação. No ensino clássico de Lacan, essa relação se desenvolve essencialmente na fantasia. Se devemos dar um sentido à *travessia da fantasia*, diria, em curto-circuito, trata-se de atravessar a fantasia em direção ao impossível de negativar, de modo a fazer desvanecer toda uma parte da experiência na qual o neurótico joga sua partida fantasística com um Outro que lhe demandaria sua castração para dela gozar.

Desde a formulação da questão sobre o gozo, desde a apresentação de sua doutrina da fantasia, com a qual termina o escrito "Subversão do sujeito e dialética do desejo no inconsciente freudiano", ele já dizia: esse Outro não existe.

O Outro com o qual se joga a partida fantasística em que está em jogo o gozo, a interdição de gozo, o gozo fora de propósito que não se deveria ter, esse Outro não existe. Ou seja: não há Outro a demandar sua castração, não há Outro para gozar da castração de vocês. Esse Outro não existe e o seu gozo tampouco.

Desse modo, há toda uma dimensão da experiência que se supõe dissipar-se. Já em "Subversão do sujeito e dialética...", Lacan termina dizendo: "a castração significa que é preciso que o gozo seja recusado, para que possa ser atingido."[9] Não devemos nos hipnotizar sobre a *recusa do gozo*, isso é o que acontece, digamos, na lógica da castração. O termo importante é a ideia de que ele *pode ser atingido*, ou seja, podemos sair do teatro do sacrifício fálico.

O Outro que não existe é o da verdade, o Outro do sentido. Aponta-se, assim, que o lugar do Outro deve ser buscado no corpo e não na linguagem. Esse é o esforço de Lacan para sair do regime lógico que ele dera ao gozo e passar para seu regime *ôntico* – este é um termo filosófico –, ele não diz *ontológico*. A primeira vez que lhe falei, sublinhei o uso que ele fazia desse termo e ele me deu uma resposta atravessada, como se fosse eu a querer que ele fizesse ontologia, quando justamente eu não queria que ele fizesse.

Ele situa o gozo não no plano ontológico, mas no plano ôntico, ou seja, não no plano do ser, mas naquilo que se traduz como *ente* [*étant*], o que é. Não o ser como tal, mas o que é.

No que concerne ao gozo, o esforço de Lacan é passar do plano lógico para o plano ôntico. A isso dedicam-se tanto o seu último quanto o seu finalíssimo ensino.

Podemos então entrever o que uma revelação sobre a fantasia realizaria, uma revelação cujo efeito faria dissipar-se, apagar o parceiro – o parceiro imaginarizado da fantasia, os parceiros da fantasia –, precisamente para liberar o acesso ao gozo como impossível de negativar. Que o sujeito não seja mais coagido a roubar o gozo às escondidas, que do gozo ele não mais se separe e que possa, com o gozo, passar a uma nova aliança.

Até a próxima.

1º de abril de 2009

14. Décima quarta lição

Intitulei meu curso deste ano "Coisas de fineza..." – expressão que tomei emprestada de Pascal – para assinalar minha fadiga em relação ao conceito. Na verdade, a fineza é o que pomos em jogo quando o conceito esmorece. Na prática da psicanálise, vale mais o conceito esmorecer, vale mais deixá-lo na soleira da porta.

Antes, porém, é melhor, sem dúvida, que o analista seja amigo do conceito, cultive-o, tenha uma ideia daquilo de que ele próprio e sua prática são produto. Mas, no dia a dia, é preferível que ele esteja convencido da vanidade das construções. Algo à maneira dos eclipses: antes, muito saber; mas, como analista, chegar desprovido e considerar aquele que chega, um por um, uma por uma, sem sentir-se obrigado a classificar, a alinhar e até mesmo a diagnosticar. É claro que ele faz isso de outro modo, mas não como analista daquele que lhe chega, isto é, de um singular.

É disso que se trata na formação do analista. Formação em que há uma cláusula final: esquecer. Esquecer o que se aprendeu para, assim, abrir-se ao outro – aquele a quem chamamos de paciente – como nunca visto, como inédito. Ser capaz de deixar sair de si, analista, frases, palavras, falas, das quais não se tinha ideia. É nessa condição de novidade absoluta que uma análise digna desse nome acontece.

Impossível negativar

Num outro momento, evoquei uma nova aliança com um gozo que é impossível negativar. A expressão "nova aliança" me vinha depois do que eu havia ouvido, escrito, depois lido de Lacan, quando ele evocava, em seu *Seminário*, livro 11, *Os quatro conceitos fundamentais da psicanálise*, uma nova aliança com a descoberta de Freud. Ele assim indicava alguma coisa como um Novo Testamento, cujos pivôs eram a função da fala e a estrutura de linguagem.

Com efeito, foi o que ele realizou. Ele simplificou Freud. Recentralizou-o sobre o que a prática inaugurada por ele nos dá como material: *o que se diz*, quando o que se diz não é condicionado por nenhum outro valor – não se pode nem mesmo dizer *a verdade* –, quando o que se diz *vale* como tal. Então, é claro, isso vale para seduzir, para se fazer amar, para enganar a si mesmo, para mentir, mas *é considerado como tal*, neutralizado. Temos somente de nos haver com isso e com suas transformações, transformações do que se diz. Já é alguma coisa constatar que o que se diz transforma-se ao longo do tempo.

Acrescentei que essa nova aliança, marcada pela fala e pela linguagem, incidia sobre o gozo como de impossível negativação.

Lembrei o símbolo que Lacan uma vez lhe atribuiu – à p.838 dos *Escritos*[1] – um *Phi* escrito em grego.

$$\Phi$$

Grosso modo, um círculo fendido por um traço, qualificado exatamente como *falo simbólico que é impossível negativar, significante do gozo*. Realcei essa escrita por ter visto nela o anúncio do que deveria ser o tormento do último ensino de Lacan: há, para o sujeito, e mais exatamente para o falasser, um "impossível negativar", um positivo absoluto a que designamos *gozo*.

Não é a libido freudiana, que lhe é semelhante: a libido se desloca, o gozo *ali está* e ali permanece.

Evidentemente, dizer que é um significante, que o gozo tem um significante, é paradoxal, uma vez que um significante pode sempre ser negativizado, dado que ele só se apresenta opondo-se. Esta é a definição do significante, é uma realidade que faz oposição, só é por opor-se. S_1 *diferente* de S_2; o S_2 é tudo o que ele não é.

Então, o que significa dizer que o gozo tem um significante que não se negativiza e, em termos precisos, que se toma emprestado o *Phi*, do falo, quando se inventa escrever esse significante? Pois bem, designa um gozo mais-além da castração, ou também aquém dela. Há muito tempo os analistas reconheceram e se embaraçaram com isso. Ocasionalmente, viram nele o próprio campo de suas ações, pensaram ter de se haver com formas arcaicas, com movimentos errôneos da libido dirigindo-se para objetos pré-genitais. Pensaram tratar-se do gozo que não se devia ter e que o gozo devido incidiria sobre o corpo do outro sexo. Assim, escreveram uma história da libido culminando na realização plena e inteira da heterossexualidade, para dizer seu nome. Consideraram isso como a finalidade de sua ação: fazer de modo a que o sujeito renunciasse a saídas arcaicas a fim de ter acesso a uma forma *princeps* do gozo supostamente passando pelo estágio genital, ou seja, pelo que se poderia chamar de *estágio da castração.*

Mas a expressão "um gozo de impossível negativação" diz outra coisa. Aponta para o que Lacan chamava de "uma suposição da experiência analítica". Em sua boca, a palavra *suposição* tem todo um peso. Sem dúvida, trata-se de uma palavra tomada emprestada da escolástica, que, por sua vez, já havia isolado esse termo: *la suppositio*, o que é evidente e que situamos embaixo do que se diz. Lacan deu-lhe toda uma fulgurância com a expressão *sujeito suposto saber*, que se compreende por si mesma, razão pela qual fez grande sucesso. Com *sujeito suposto saber* ele designava uma suposição da experiência analítica, o estado do saber já ali que seria adquirido pelo paciente. No fundo, por *sujeito suposto saber* ele designava o que Freud chamara de *inconsciente.*

Pois bem! Lacan acrescentou uma segunda suposição à suposição de saber e indissociável desta: a suposição da substância gozante, do corpo suposto gozar.

Corpo suposto gozar

Se não houvesse um corpo suposto gozar, não haveria psicanálise. Não basta o sujeito suposto saber.

Sua nova aliança foi assinada considerando a função da fala como aquilo que remete à estrutura da linguagem. E o Lacan das famílias, das classes, detém-se aqui, ao passo que a função da fala convoca, além da referência à estrutura da linguagem, a substância do gozo.

Se não houvesse a substância do gozo, seríamos todos lógicos, uma palavra equivaleria à outra, não haveria nada semelhante à palavra justa, à palavra esclarecedora, à palavra que fere. Haveria apenas palavras que demonstram. Ora, as palavras fazem bem mais coisas do que demonstrar, elas trespassam, comovem, perturbam, inscrevem-se e são inesquecíveis pelo fato de a função da fala não ser apenas ligada à estrutura da linguagem, mas também à substância do gozo.

Estranha substância. Lacan a construiu com base no que Descartes chamava de substância extensa, que distinguia da substância pensamento. Em razão da experiência analítica, Lacan acrescentou uma terceira substância:

Segundo Descartes, a substância extensa apresenta-se – dito em latim – *partes extra partes*, isto é, partes fora das partes. Designa uma substância numa exterioridade completa em que não há complicação – no sentido próprio –, implicação, involução, invasão. Um espaço que é pura exterioridade, puro espaço, o *espaço moderno*, como diz Lacan, purificado de qualquer objeto. É nesse sentido que ele, pensando na psicanálise, afirma não podermos dizer que seja promissor. Vejam no *Seminário*, livro 20, *Mais, ainda*, cap.III, "A função do escrito".[2]

O filósofo Merleau-Ponty, amigo de Lacan, certa vez falou desse espaço cartesiano e a ele se referiu como um espaço sem cantos ocultos, transparente de ponta a ponta.

A parte exterior, a parte espacial, exclui precisamente a entidade do corpo, a unidade do organismo: é o que restitui a noção de substância gozante. A possibilidade de apurarmos o conceito dessa substância gozante está pautada no que se irradia na experiência analítica como o gozar de um corpo. Aqui, a palavra corpo não é uma parte da extensão. Sua definição radical, se a tomarmos de Lacan, é a seguinte: *um corpo é o que se goza.*

É preciso supor a entidade do corpo para que o gozo tenha um suporte. É o que faz objeção ao conceito do sujeito do significante e o que levará Lacan a conceituar o paciente na experiência analítica como um *falasser*, o que o obriga a recolocar em jogo algo do ser. O analista não escapa disto: não é sob o pretexto de fazer interpretações que ele se considerará um sujeito do significante. Permanece alguma coisa que chamamos de sua presença e que não pode ser, simplesmente, uma nota de rodapé. Ademais, ele está presente, ou seja, ele também traz seu corpo. Quando imaginamos tudo isso como sujeitos do significante, a coisa fica simples, faz-se análise pelo telefone. Vocês acham engraçado? É que vocês são bem parisienses, bem francezinhos. Pratica-se análise por telefone. E em nome de Lacan. De sujeito do significante a sujeito do significante. Recuperei alguns dos que passaram por esse tipo de triturador! Pois bem, posso lhes dizer, não vale nada esse tipo de análise, é como se não existisse! É uma piada! De mau gosto. É também uma pena, imaginem o campo que nos seria aberto via internet!

É preciso haver corpo nesse *affaire*. Corpo, uma vez que ele é o-que-se-goza [*ce-qui-se-jouit*]. Ah! Esse o-que-se-goza não quer dizer que se divirta a rodo, pode muito bem querer dizer que se chateie, que *faça descaridade*, como diz

Lacan, ou seja, que se faça o dejeto da caridade. Mas é preciso haver corpo no *affaire*, presença do corpo, como se diz. Qual é a relação entre o corpo que se goza e a fala? Segundo Lacan, só se goza do corpo com a condição de corporizá-lo de modo significante. Ele o diz precisamente assim, em seu *Seminário*, livro 20, *Mais, ainda*, e o tomo como referência. Mas, ali, ele estava na via que o levaria a seu último ensino, ao qual ainda não havia chegado. Então, o que é a "corporização significante" como referência? Se eu quiser representá-la, encontro algo na pista do que Freud formula em "Uma criança é espancada…",[3] isto é, a flagelação.

Ali, na cena da flagelação, temos a relação mais direta, mais imediata entre o significante e o corpo, temos a matriz da incidência do Outro sobre o corpo: ele o marca como carne para gozar. É o que Lacan chama de *a glória da marca*, e, se ele a situa *na raiz da fantasia*, é por ele se referir, com certeza, ao texto *princeps* de Freud.

O corpo espancado é, ao mesmo tempo, o corpo glorioso, o corpo que mereceu o empenho do Outro sobre ele a fim de nele deixar sua marca. Isso é encontrado no estranho ciúme das filhas quando o pai bate nos filhos. As filhas não têm direito a isso, então elas o deploram sem saber.

Aqui, a marca é também um significante paradoxal: ela não entra num sistema que seria a estrutura da linguagem. Ela vale como uma insígnia, solitária, absoluta, que identifica um corpo como objeto de gozo.

É o resultado de uma raiva, mas a raiva é um gozo.

O cogito lacaniano

Quando Lacan está no caminho do impossível negativar, sem ainda o conseguir, conceitualiza essa marca como uma falta, como se ela introduzisse um menos que deveria ser, em seguida, remunerado por um mais-gozar. Em outras palavras: ele vê, nessa matriz, não a transgressão, mas a entropia, não uma ultrapassagem, mas uma perda que seria remunerada por diversos tampões, de acordo com uma fórmula que escreverei no quadro: *S_1, para marca, produz uma falta, preenchida por um tampão que é o objeto* a.

$$S_1 \longrightarrow \textit{falta} \longrightarrow (a)$$

Significa dizer que o significante e o que dele se desenvolve, a articulação do saber, é um meio de gozo. E podemos argumentar que essa definição do saber como meio de gozo é verificada pela experiência analítica. Mas isso ainda é apenas semblante. É verdade, isso se sustenta, a cenografia da fantasia verifica essa fórmula, cheguemos até aqui. Em termos precisos, não passa de uma cenografia, ou seja, é uma questão de semblante.

Esse *a*, cuja captura por tanto tempo pareceu a Lacan essencial, aos olhos do gozo impossível de ser negativado, não passa de um semblante de ser. É apenas o que responde ao significante. É o que é posto em função imaginária de uma unidade de gozo, a mesma que o marquês de Sade escrevia em seus carnês: *mais um golpe, ainda* – mais um golpe de gozo –, ou seja, ele fazia do golpe de gozo uma unidade contábil. É uma dimensão da experiência do lado viril, e foi bem essa perspectiva que dominou na psicanálise. Lacan martelou durante anos que seu objeto *a* era algo diferente de um significante, o que não o impediu de dar a esse objeto a unidade discriminante do significante. O resultado foi este vagido: "qual é o meu objeto *a*?"

Pois bem, a substância gozante vai muito além da unidade de gozo marcada pelo *a*. E, na última parte de seu ensino, o que Lacan chamou de *sinthoma* é um conceito que tenta aproximar-se da substância gozante, da dimensão ôntica do gozo.

O objeto *a* não é um ser, ele é um vazio. O que chamamos de objeto *a* é a inadequação da demanda, inadequação do que, no significante, formula-se como uma demanda. E o desejo, do qual se diz que o *a* é a causa, pois bem, o desejo é uma fantasia, uma fantasia significante, uma vez que nenhum ser o suporta.

Evidentemente isso obriga a suavizar o tom nesse momento da experiência que Lacan chamava de passe, quando o essencial acontecia no nível da fantasia, deixando intocado o gozo de impossível negativação. É nessa medida que Lacan certa vez pôde dizer que o passe era um fracasso. O passe fora feito para evidenciar essa revelação da unidade de gozo tal como ela figura na fantasia, ou seja, imaginariamente. O passe validava esse efeito de ser, apenas pseudo, pois o que ali se alcançava era tão somente o objeto *a* como semblante de ser.

Resumindo: a ideia do passe é que o sujeito do significante encontrar-se-ia capaz de destituir-se para reconhecer seu ser no objeto *a*. Destituição subjetiva e, nesse ponto, reforçamento de ser:

$$\underline{\$} \longrightarrow (\underline{a})$$
$$\uparrow \qquad \uparrow$$

Mas, se Lacan não se deteve aqui foi porque o passe lhe pareceu uma miragem, isto é, um efeito imaginário, uma miragem da verdade, uma verdade sem dúvida, verdade que se conta, autêntica, mas que é igualmente mentirosa aos olhos do gozo de impossível negativação. E como não validar o caráter ilusório dessas transformações súbitas aos olhos do que a experiência nos propõe: aproximações, encaminhamentos dificultosos, extrações dolorosas, perpetuadas, que deixam a ultrapassagem do passe em seu status de lembrança de uma felicidade. Digo isso somente por ouvir os passantes, os passados, os AE depois do passe – pois há uma análise a partir do passe, é fato –, que deixaram para trás a ilusão da ultrapassagem definitiva.

Há um gozo opaco que exclui o sentido e que apareceu a Lacan no final. Cabe guardá-lo. Há um gozo insubmisso, rebelde, incompatível aos olhos da estrutura da linguagem e que não se deixa significar.

Quando o analista tem de se haver com esse gozo, ele só pode, precisamente porque faz falar, recorrer ao sentido, dar sentido ao gozo. E o sentido que ele dá definitivamente é sempre edipiano, ou, pelo menos, é sempre *paternal.*

Mais-além do Édipo também há um pai.

Ele recorre ao sentido para resolver o enigma do gozo e a questão ali está: será que o gozo de impossível negativação é um problema a resolver? Pode ser que o passe, uma vez concluído, seja uma solução que se trataria de reconhecer. E talvez a questão seja de reconciliação, de aliança com esse gozo presidida pelo *sim*, em vez do *não*. Sim à contingência que me fez o que sou. O que sou não é senão a maneira como isso se goza. Este é o cogito lacaniano: sou, logo goza-se [*je suis donc se jouit*].

Isso supõe, sem dúvida, que o eu tenha sido podado do aparelho. E desde então poderia acontecer que uma análise tivesse de reconduzir o sujeito a essa condição de acéfalo, a fim de obter o *cogito*, o único que vale, de um gozo sem nome de impossível negativação.

Até a semana que vem.

6 de maio de 2009

15. Décima quinta lição

Terminei a última vez evocando o que chamei de *cogito* lacaniano. Ele não gera um "Eu sou" [*Je suis*], dizia eu, mas um "se goza" [*se jouit*]. A expressão figura no texto de Lacan e convocaria, se quisermos transformá-la numa frase gramatical, um "ele [*Il*] (se goza)". Trata-se de um jogo de letras e de um jogo de sons incidindo no *Eu sou*.

(Ele) Se goza

Como se diz *gozar*, em latim, já que essa nossa palavra provém dele? Diz-se *gaudeo*, que, em latim clássico, creio eu, tem mais o sentido de regozijar-se [*se réjouir*]. Com efeito, por trás do gozo há *gaudia*, alegria. Consultei um dicionário etimológico e nele aprendi que nosso "gozar" [*jouir*] provinha do latim tardio, *gaudire*, ao passo que em latim clássico dizia-se *gaudere*, e que nas transformações ocorridas no século XII começou-se dizendo *goïr*, depois *joïr*. Foi preciso chegar ao século XIII para que a palavra tomasse a forma *jouir*, com o sentido de "acolher alegremente alguém ou alguma coisa, festejar". Aqui, então, domina o valor da significação de regozijo.

Gaudeo Gaudia Gaudire

Somente a partir do século XII é que a palavra ganhou um valor erótico, assinalado como tal pelo dicionário e, no fim das contas, misterioso. É um milagre, uma glória da língua francesa fazer com que os lacanianos de outras línguas continuem dizendo *gozo* [*jouissance*] com seu sotaque próprio. Os ingleses, em particular, os anglófonos, enfim, depõem as armas diante do gozo francês, consideram ser uma especialidade local dos curiosos indígenas que somos. Mas o fato aí está: o verbo inglês *to enjoy*, que possui claramente a mesma fonte (pertence à parte latina do vocabulário inglês), não recebeu esse valor, o de experimentar o prazer, em particular o prazer sexual. Há um uso jurídico do termo "gozo": gozar de um bem. Mas o valor erótico marca a palavra. Parece que apenas em Quebec continua sendo possível dizer: "Eu gozo de alguém", significando ter-se a alegria de conviver com tal pessoa, com toda a inocência.

Pôr em palavras ou fazer aparecer

Então, será que o uso lacaniano da palavra vai marcar a língua? Talvez sim, pois é um uso que, com certeza, se apoia no sexual, mas estende a significação da palavra até englobar o pulsional. O gozo pulsional é redutível, sob certo aspecto, ao gozo do corpo próprio. Nesse sentido, ele não é sexual. Em nosso uso, fazemos do valor sexual do gozo um trampolim para, assim, passarmos a um gozo generalizado do corpo.

Na prática, quando se trata da manifestação desse gozo que eu dizia pulsional, há uma passagem que se faz do *Eu sou* ao *Se goza*, na qual não só poda-se o eu, mas também o sujeito desfalece: é o valor acéfalo do *se goza* realizando, inclusive, a ablação do *ele*.

Pensando bem, a passagem do *Eu sou* ao *Se goza* é o inverso da passagem da qual Freud fez um imperativo, o famoso, muito famoso, *Wo Es war, soll Ich werden*,[1] que se traduziu como: "Ali onde o isso era, o eu deve vir em seu lugar." Lacan, porém, traduziu a frase de maneira mais poética e, aliás, de modo diverso: *Ali onde isso era, eu devo advir*, onde o *Ich* tem a significação de sujeito. Essa injunção exprime uma exigência de subjetivação: ali onde estava a pulsão acéfala e silenciosa – é famosa a fala de Freud sobre *o silêncio das pulsões* –, ali mesmo o sujeito deve advir, o sujeito do significante. Foi o que se concebeu familiarmente como *pôr em palavras*, que seria a chave da operação analítica, ou seja, pôr em palavras o que permanecia silencioso. Ou, mais familiar ainda: o que permanecia não dito.

Mas, para nós, pôr em palavras – até que eventualmente retifiquemos essa concepção – não acontece sem mortificação. Façamos ouvir a homofonia: é a palavra-mortificação.[2] Trata-se de uma concepção tornada clássica por Lacan, mas que não é dele, segundo a qual a palavra é a morte da coisa. O significante sobrevive a vocês. O significante que os designa, o nome de vocês, lhes sobreviverá. A espécie se dedica especialmente à sobrevivência do nome. Quando ontem o papa dirigiu-se ao monumento chamado Yad Vashem,[3] ele articulou que os nomes dos desaparecidos não desaparecerão. O que não implicará maior ônus. Não desaparecerão sobretudo porque os seres que os amaram se lembrarão deles. Então, por um lado, o significante sobrevive, ao passo que vocês não. Além disso, Lacan desenvolveu de múltiplas maneiras que o significante mata [*Il tue*],[4] ele até mesmo fez-nos ouvir no *tu* o valor matador [*la valeur tuante*].

Em outras palavras, nesse sentido, a subjetivação é uma negativação. Mesmo que não tomemos esse ângulo radical, temos a impressão de que, por força de falar, a coisa será desgastada, uma reserva libidinal aprisionada no silêncio será descarregada, e só o fato de falar já nos faz sentir bem, para chegar perto do sentido comum com relação à questão do falar e do escutar.

Evoco, porém, precisamente o contrário: não sei se é possível ouvir em alemão, mas é, sem dúvida, decalcado da frase de Freud. Ou seja: trata-se de um *Wo Ich war* – ali onde o Eu estava –, *soll Es werden* – trata-se de fazer advir, fazer aparecer o gozo. É o que se poderia dar como a fórmula da interpretação lacaniana. Lacan escreveu que o gozo só se diz nas entrelinhas, quer dizer, entre significantes. Ele nunca é dito com toda a propriedade e o que dele se pode dizer o mata.

Tomemos em consideração aquilo que, do gozo, permanece vivo. Não há gozo no presente [*au présent*] sem a vida. Sabe-se o que é a vida tanto quanto se sabe o que é o gozo. Tudo o que se pode dizer é que há uma pertinência entre esses dois significantes – não ouso dizer *conceitos*. Se o gozo não é possível sem a vida, é preciso então que ela não seja significantizada. Podemos dizer que o gozo não acontece sem a vida, mas podemos dizer que a vida não acontece sem o gozo? Podemos formular a questão: será que as plantas gozam? Em que sentido os animais gozam? Se esse for o caso, não sabemos nada a respeito.

No que concerne aos seres falantes, porém, a gente consegue saber isso a partir do que eles não dizem quando falam. Mas parece difícil retirar o gozo da vida animal, pelo menos quando a ouvimos. Os peixes são os mais misteriosos, embora possamos ouvi-los valendo-nos de aparelhagens. Isso já é uma indicação de que, quando falamos do significante, não devemos apenas considerá-lo pelo lado – evidentemente maior – em que ele tem efeitos de significação. Podemos tomá-lo também em sua materialidade fônica. Não apenas o sentido, mas também o som. Não apenas a fala, mas *o grito*. Há, parece, alguma afinidade entre o gozo e o grito. Quando, na ordem do significante, substituímos o grito pelo escrito, parece que nos afastamos da dimensão do gozo. De todo modo, não imaginamos ter dele o mesmo testemunho.

Desejo, gozo, objeto *a*

Quando Lacan dizia que o gozo só é dito nas entrelinhas – e isso supunha que ele já o tivesse distinguido como tal, ao menos mediante uma palavra –, ele lhe atribuía o mesmo lugar, em relação ao significante, que o lugar atribuído ao desejo, uma vez que ele fazia do desejo tão somente o não dito da demanda, o impossível a dizer da demanda, a margem que toda demanda deixa à frente e atrás de si mesma.

Desejo e gozo são um esforço para ordenar a experiência segundo dois vetores. Mas desejo e gozo – e eu já havia dito isso quando disso me dei conta – são as duas interpretações da libido freudiana realçadas por Lacan. Duas interpretações que, no começo, tinham em comum o fato de serem metonímicas em relação à cadeia significante, de estarem numa posição de deslizamento sem serem capturadas, apreendidas. Duas interpretações das quais se poderia dizer, para simplificar, que uma delas, a interpretação da libido como desejo, é uma interpretação negativa, ao passo que a interpretação da libido como gozo, ao contrário, é positiva. A primeira é negativa, uma vez que o desejo é articulado a uma falta – é o bê-á-bá do lacanismo. Ele se resolve quando a demanda se desnuda. *A posteriori*, parece que o desejo era um inchaço, uma bolha, apenas a metonímia de uma falta, como dizia Lacan. Essa é a verdade mentirosa do desejo.

Diante da ideia de que o passe poderia ter uma conclusão lógica, Lacan deu a ela duas fórmulas das quais a primeira, na vertente do desejo, seria concluída pelo matema da castração, *menos phi*, como sendo, no fundo, a única substância, a substância negativa do desejo.

$$(-\varphi)$$

A interpretação da libido como gozo é completamente diferente. Ali, como indiquei há algumas semanas, há o *mais* e o *menos*. Todavia, esse *menos* não é negativo, é um *menos* significando *não tanto*. As variações do gozo são variações de intensidade que permanecem no positivo. Posso dizer em curto-circuito: há uma verdade mentirosa do desejo que faz com que nos interroguemos a seu respeito.

O desejo é marcado pela questão: *o que de fato eu desejo?* E essa questão retorna do Outro sob a forma da pergunta apresentada por Lacan valendo-se da expressão italiana encontrada num pequeno romance intitulado *O diabo enamorado.*[5]

Em certo ponto, o diabo surge sob a forma de uma medonha cabeça de camelo, deixando atrás de si sua aparência anterior, que era a de uma charmosa lourinha, Biondetta, o amor do narrador, e, enquanto todo o resto do romance está em francês, dessa aparência encantadora brota o horror, indagando em italiano: *Che vuoi?* Isso nos faz pensar em "O anjo do bizarro", de Edgar Allan Poe,[6] que, singularmente, fala com um forte sotaque alemão. Em *Le diable amoureux* é o italiano, o italiano do camelo. Aparentemente, o desejo era satisfeito pelo objeto charmoso que, afinal, revela-se um camelo,[7] manifestando-se, assim, o fato de o narrador ainda não ter chegado ao final no que concerne ao seu desejo, por ter feito uma parada nesse oásis tranquilo.

Pois bem, há uma verdade mentirosa do desejo, ao passo que, variando a imponente fórmula do marechal Pétain, eu poderia dizer: *O gozo não mente.* Vocês talvez se lembrem do ilustre slogan encontrado para ele por seu *speechwriter*, seu colaborador, Emmanuel Berl: "A terra não mente." O gozo não mente e, nesse sentido, aqui, ele não é marcado de negatividade. Na vez passada evoquei o fato de Lacan ter-lhe encontrado como símbolo o *Phi* maiúsculo, impossível de negativizar, correlato do *menos phi* do desejo.

$$\Phi$$

O objeto *a*, se tentarmos situar, aferir seu uso na prática, trata-se, para dizer a verdade, de um matema equívoco que toma emprestado de um e de outro:

$$\begin{matrix} (-\varphi) \searrow & \\ & a \\ \Phi \nearrow & \end{matrix}$$

Por essa razão, seu uso, no ensino de Lacan, superou esses outros matemas. Ele é equívoco por ser essencialmente positivo, mas, ao mesmo tempo, diz Lacan, tem em seu cerne, em seu centro, a castração. Digamos que o objeto *a* é um amboceptor entre desejo e gozo. Para mostrar isso, nada melhor do que estas duas definições trazidas por Lacan ao longo do tempo: ele o define tanto como mais-gozar quanto como causa do desejo.

Ele deu um tal desenvolvimento a esse conceito – forjado por ele por tratar-se de um termo que realiza uma espécie de mediação entre desejo e gozo, entre os embustes do desejo e a constância positiva do gozo – até que a solução por meio do objeto *a*, a salvação pelo objeto *a*, lhe aparecesse marcada de semblante, parecesse se desvanecer diante do real.

Ele lhe deu, evidentemente, consistência com extraordinárias construções topológicas, algumas lógicas, porém, diante do real, o objeto *a* é um artifício teórico. Eu dizia que funciona como uma unidade de gozo. Unidade que, numa análise, é posta em função, é visada pela interpretação na qual encontraríamos a chave de nosso ser. Mas, em essência, como se inventa o objeto *a*, como é que esse truque foi inventado? Em minha opinião, ele foi inventado a partir da ideia – genial – de transferir, transportar, exportar a estrutura da linguagem para a substância do gozo, que parece tão difícil de ser captada.

O corte

A partir da linguística estrutural de Saussure, dispomos de um aparelho, de uma grade, de uma articulação: consideraremos que o gozo é ordenado à estrutura de linguagem. Lacan demonstrou que se pode falar por muito tempo para dar a essa hipótese força, beleza, consistência, credibilidade, até chegar a um certo *breakdown*. A coisa não se sustenta até o final, foi assim pelo menos no ensino de Lacan. O que não significa tudo apagar para recomeçar, embora seja inepto para capturar a experiência do gozo.

Essa empreitada de transportar-exportar foi desenvolvida por Lacan sob a forma: *a pulsão é uma cadeia significante*. Por que não? Com efeito, por que não dizer que a pulsão é uma demanda – para dizê-lo como Marlon Brando em *O poderoso chefão* –, uma demanda que não se pode recusar? Ele fala de uma demanda nobre, eu substituo por uma *demanda acéfala*: é uma exigência do corpo. A tradução inglesa da palavra demanda por *demand* é válida somente no nível da pulsão, já que *demand* quer dizer *exigência*, o que não convém de modo algum como tradução da demanda formulada pelo sujeito que fala. Ali, trata-se apenas de *to ask, to ask for* [pedir, perguntar por]. Quando se traduz Lacan, a palavra *demand* só é válida no nível em que se refere à pulsão.

Evidentemente, é preciso boa vontade para aceitar: *a pulsão é uma cadeia significante* como ponto de partida. Se a boa vontade falta, resta dizer o que diz Lacan, ou seja: ... *esses objetos, parciais ou não, mas seguramente significantes – o seio, o excremento, o falo – o sujeito decerto os ganha ou os perde* – assim iniciou-se sua construção, vejam à p.620 dos *Escritos*, no texto "A direção do tratamento..." – "seguramente significantes".

Quando eu decifrava os primeiros tempos do ensino de Lacan, num momento em que ele já se havia expressado sobre o objeto *a* como sendo inteiramente diferente de um significante, lembro-me de ter me debruçado sobre esse texto e posto um ponto de interrogação sobre o *seguramente significantes*. Esse *seguramente significantes* era convocado pela concepção – que permaneceu fundamental em Lacan – de transportar a estrutura linguística para o gozo, transformar a pulsão em cadeia significante, o que implicava dizer "esses objetos são significantes". E como dizer o contrário se eles têm nomes? Portanto, a questão pode ser arrazoada. É preciso dizer que o que chamamos de *teoria de Lacan* desenvolveu-se assim: trata-se de uma sequência de arrazoados.

Há – simplifico – intuições, hipóteses e, em seguida, Lacan reúne os argumentos que tornam a hipótese credível. Por vezes o vemos, de uma semana para outra, ter fracassado em convencer-se e retomar a questão por outros caminhos. São tentativas, essa é de grande amplidão. Quando ele faz uma tentativa, ela é mais ingênua no começo. A ideia dessa transferência da estrutura da linguagem para o gozo se sustentará em Lacan durante mais de dez anos. No começo, porém, ele a capta de modo mais sumário, mais ingênuo. É quando vemos surgir o *seguramente significantes*.

Aliás, ao reencontrar esse trecho, reencontrei a passagem sobre a qual Victoria Woollard – ela está presente? Sim – interrogou-me segunda-feira à tarde. Não foi fácil responder-lhe porque ela me interrogava sobre a diferença entre duas traduções inglesas de Lacan, sem dar-me, porém, o texto em francês. Ela achava que eu sabia de cor todo Lacan!

Não foi você que me fez essa pergunta?

– *Não, foi uma irlandesa.*

Uma irlandesa não é você. Você fez a primeira pergunta, é isso. Então não poderei lhe perguntar se a passagem é essa. Mas você se lembrará que a outra havia dito: "Demandar: o sujeito nunca fez outra coisa, só pôde viver por isso, e nós entramos na sequência."[8] Foi isso? Está com jeito de ter sido!

Visivelmente, havia uma dificuldade em se compreender o final da frase: "e nós entramos na sequência" [*et nous prenons la suite*], que significa – e ali está bem claro – que também na análise o sujeito continua a demandar.

A distinção entre demanda e desejo – que, na época, impressionou muito por sua clareza e sua faculdade de pôr em ordem os fenômenos da experiência analítica – não tem como objetivo simplesmente liberar a função do desejo, mas também a função da pulsão: da pulsão como uma forma superior de demanda, cujos elementos não são significantes da língua, mas, digamos, significantes do corpo.

Digo *superior* porque o grafo de Lacan é construído sobre esse mesmo esquematismo, ou seja, há duas linhas, a da parte de baixo é a demanda, a linha superior é a da pulsão, concebida como paralela e mesmo simultânea ao nível temporal. Nela, os significantes são significantes orgânicos, como se expressou Lacan na época. Diz ele: a cadeia superior é constituída de significantes, isto é, ela se desenvolve em termos de pulsão.

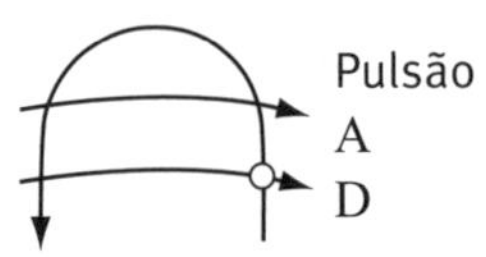

Por isso, temos no nível inferior o significante *A* – apago um pouco para ficar mais claro –, no qual são supostos copresentes a um só tempo a bateria fonemática da língua, o dicionário, tudo o que se pode reunir de um modo indistinto sob o nome de tesouro da língua. Da mesma maneira, temos também nesse ponto, no nível superior, um segundo tesouro da língua. Vocês o encontram em "Subversão do sujeito...", à p.831 dos *Escritos*, uma vez que Lacan continuou a aperfeiçoar sua abordagem ao longo dos anos. Um segundo tesouro da língua, que chamarei de *A2*, no qual a língua do corpo está reunida: são, digamos, os arquivos da demanda pulsional, daquilo que chamamos, ainda hoje, de traços arcaicos.

Lacan, então, lhe dá um matema: *S barrado punção D*, longamente comentado por mim há um tempo atrás, que designa o acefalismo da demanda pulsional na qual o sujeito manifesta seu desaparecimento devido à barra que o atinge – ficando entendido que a demanda como demanda de fala, como demanda falada, também desaparece. E Lacan diz, simpaticamente: *pois bem, ao final, tudo o que resta é o próprio corte.*[9] A partir do momento em que se trata de gozo – simplifico – é o corte que encontramos. Lacan funda sobre o traço de corte a introdução da estrutura de linguagem no gozo.

O essencial da estrutura da linguagem seria o corte que isola as suas unidades. Reencontramos esse corte na delimitação das zonas erógenas, que, no organismo, são especialmente locais de borda, e também na bordadura dos objetos pulsionais. Consideramos esse corte – presente no nível do gozo – como o que articula o gozo à estrutura de linguagem, o que torna o gozo conforme com a estrutura de linguagem.

Embora Lacan valide a palavra *corte* por meio da topologia, na qual os cortes com a tesoura têm efeitos transformadores sobre a estrutura dos objetos matemáticos, tal palavra não deixa de ser completamente equívoca. É que o corte propriamente linguístico introduz o negativo, introduz o menos, ao passo que os cortes que se podem designar no nível libidinal não anulam a positividade de conjunto. Portanto, aqui, o termo "corte" é também um amboceptor. Aliás, ele deve a manutenção de sua popularidade no uso lacaniano comum às diferentes comunidades que se reportam à obra de Lacan, a esse caráter de amboceptor. Olhem minhas asas, olhem minhas patas,[10] vocês encontrarão linguagem, gozo. Temos aqui esse ambíguo de desejo e de gozo, um ambíguo linguístico-libidinal, com o qual pensamos resolver os paradoxos propostos pela experiência.

A química da fantasia

Então, escrever *A segundo*, A_2, um segundo grande Outro, um pseudo segundo Outro, justifica-se pelo fato de Lacan reunir correlativamente, aqui, os paradoxos escritos, que são estritamente significantes. Ele leva muito longe a significantização da pulsão, a ponto de afetar, no segundo ponto de recruzamento, todos os paradoxos significantes do S (Ⱥ), reencontrar a negatividade de Ⱥ e salvar o positivo apenas por meio do *S* que permanece. Seja o que for que ele tenha dito em seguida, esse S, o significante não passível de se negativizar nesse nível, é equivalente ao *Phi*, impossível de negativizar, que eu já havia evocado.

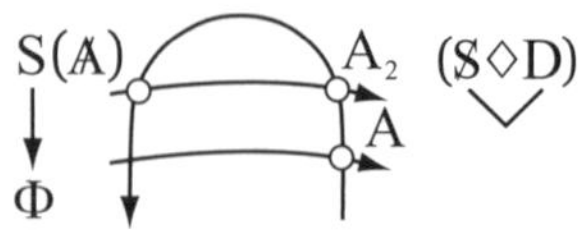

Ele aqui preserva o significante do gozo e o designa com um emblema fálico, dizendo ser o falo que dá corpo ao gozo. Dizer que o falo é que dá corpo ao gozo – assim ele escreve – significa apenas uma coisa: *não é o corpo que dá corpo ao gozo*; no corpo, o gozo é negativizado, e o impossível de negativizar do gozo concentra-se no falo.

Cabe dizer que se isolamos essa fórmula como tal, ela não se sustenta: que haja um privilégio do falo, de sua forma, de seu significante. Por que não? Há provas que o apoiam. Mas reservar ao falo dar corpo ao gozo faz com que nos perguntemos onde é que estamos vivendo! É muito mais sensato o ponto de vista segundo o qual é o corpo que dá corpo ao gozo, tanto mais sensata a noção de substância gozante e o fato de haver um status do corpo que é o corpo de gozo.

Isso não impede que esse gozo possa condensar-se nos locais do corpo. No fundo, está tudo ali. É que durante a maior parte do ensino de Lacan, ele precisava – nós o vemos *a posteriori* – localizar o gozo. Impossível lidar com isso se não o localizarmos. Podemos seguir, ao longo do ensino de Lacan, os lugares do gozo e como ele atribuiu um lugar ao gozo.

Ele o atribuiu – cada vez mais, e as provas são abundantes – ao falo. Observem na direção de "é o falo quem dá corpo ao gozo".[11] Tudo era feito para isso. Na anatomia do corpo, no imaginário e no simbólico, tudo feito de modo a que seja o falo a dar corpo ao gozo. Em seguida, ele localizou o gozo nas fantasias. E como estamos diante de uma extraordinária multiplicidade das fantasias, ele inventou a fantasia fundamental. É preciso haver uma fantasia fundamental que localize o gozo. É preciso haver uma, e apenas uma, fantasia. É a mesma lógica que o fazia localizar o gozo *no* falo. E o que os objetos pulsionais podem condensar de gozo eles o devem ao Um fálico: eles só são pensáveis a partir da função fálica. Trata-se da mesma lógica que faz surgir o conceito da fantasia fundamental. Lacan usou a expressão por escrito, uma ou duas vezes, e todo mundo saiu catando: *qual é minha fantasia fundamental?* E todo mundo faz bem em procurá-la; quero dizer que a busca da fantasia fundamental é um suporte válido da pesquisa no âmbito da verdade mentirosa. Mas, do ponto em que estamos, um tanto retirados, um pouco a distância, vemos como essa lógica unária, ou mesmo uniana, essa lógica do Um impõe sua forma à reflexão de Lacan. O que dizer disso? Pois bem, isso é marcado essencialmente pelo que ele extraiu mais tarde como sendo um traço da sexuação masculina. E foi apenas a partir do dia em que ele abordou a sexuação feminina com os meios de sua lógica, mas torcendo-a, devendo torcê-la, devendo complicá-la, que ele se afastou dessa lógica uniana.

O que é a fantasia para Lacan? É, diria eu, uma espécie de molécula, no sentido de que uma molécula é uma reunião de partículas, de átomos que formam uma pequena massa de matéria, na qual uma molécula é suscetível de transformar-se ao longo de uma reação química.

Ele escreve a fantasia como uma fórmula química, como a da água, H_2O, do metano, CH_4. É uma molécula cujos elementos são suscetíveis de separar-se.

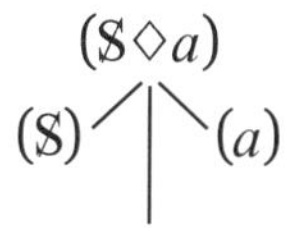

Aprendemos em química que as moléculas se transformam bastante facilmente: vertemos alguma coisa bem escolhida, aquecemos e depois as moléculas são transformadas. Essa é a química divertida, e não vou além dela. Em contrapartida, os átomos são muito mais estáveis. O átomo sujeito, o átomo *a*, para chegar a transformá-lo, caso isso seja pensável, é preciso – em química, esse é o nível nuclear – uma reação nuclear.

A molécula, a fantasia fundamental como molécula, para além dessa fórmula, é composta de *um átomo de significância, um átomo de gozo*. E a questão é obter, mediante uma reação química, a separação entre o átomo de significância e o átomo de gozo.

Pode-se dizer que, no nível da fantasia fundamental, isso só se realiza no momento da *travessia* – termo que se acreditava alquímico –, mas pode-se dizer que toda interpretação opera sobre uma tal molécula: toda interpretação visa separar o átomo de significância e o átomo de gozo na molécula fantasística.

Disjunção entre gozo e satisfação

Aqui há algo a ser retido: não é certo termos razão de nos expressarmos como se houvesse uma substância do gozo que precedesse e fosse independente do átomo de significância.

Podemos ser tentados a fazê-lo. Caminhamos nessa direção quando nos exprimimos sobre *o gozo* com um certo relaxamento, como se diz nos dias de hoje. Hoje, o objeto *a* é um capenga lacaniano, não mais a teoria lacaniana de ponta. Hoje, dizemos *o gozo*. Por isso mesmo distingue-se esse caso restrito, unitário, o *a*, em benefício desse gozo que, numa lição do *Seminário*, livro 20, *Mais, ainda*, Lacan grafa com um *J* (G) contornado por um espaço que designa uma certa matéria amorfa.

(*a*) 

Com efeito, tendemos a falar do gozo como de uma matéria amorfa e, digamos, por uma boa razão: é que, por considerarmos o gozo como o real, pensamos não haver nenhum predicado que lhe convenha. Em outras palavras, fazemos do gozo o *antepredicativo*, como se expressava o bom Husserl. *Antepredicativo* quer dizer: que concerne a tudo o que se pôde experimentar *antes* que a grade de predicados viesse apoderar-se do que se trata.

Haverá uma substância do gozo que preceda e seja independente em relação ao significante? A evocação da molécula, se devemos ordená-la temporalmente, indica que o átomo de gozo supõe o átomo de significância.

O que Lacan desenvolve sobre a marca é precisamente dessa ordem. Com efeito, ele afirma ser preciso a marca significante, que mortifica o gozo, que opera uma perda, para que, em suplemento, apresente-se o mais-gozar. Isso, de fato, nos permite ver como, no que ele chama de objeto *a*, o gozo se molda sobre o significante. Mesmo que nos distanciemos dessa referência, não se pode negar que essa construção faz valer o fato de que, concernente ao aparecimento do gozo, ele vem sempre em *substituição*. Mesmo que não mais o localizemos numa unidade, mesmo se admitirmos que o gozo está por toda parte, que o gozo é do corpo, que *há um corpo de gozo*, não se pode negar que tudo se passa como se o gozo fosse perdido e reencontrado, tal como Eurídice, *como outro*, razão pela qual não é o gozo bom, o gozo que deveria ser. A psicanálise não teria consistência se a experiência não fosse percorrida por esse fio segundo o qual o gozo que há é o que não deveria haver.

Aqui, nesse ponto, introduz-se uma negatividade. Não no nível do *se goza*. A negatividade introduz-se no nível do *onde*. Isso se goza, porém, não se deveria gozar isso assim. Ou seja: no gozo que não mente há uma interferência da verdade mentirosa. Então, aqui, o que opera o significante? É que ali onde não há significante não se pode ter certeza de haver gozo. Deve-se então supor que o significante não tenha apenas efeitos de significado, mas também efeitos de gozo, que seriam semelhantes a quê? Ao que encontramos nos sinos quando se produz uma fissura: a cada vez que se bate o carrilhão, continua-se escutando a fenda do sino.

Pois bem, o gozo é a fissura do sino.

Se a interpretação é medida pelo gozo, então ela é solicitada não por seus efeitos de sentido, mas por seus efeitos de gozo. Ela não está concernida apenas por seus efeitos de significado, mas por seus efeitos corporizados. Isso possibilitou que Lacan pudesse sonhar com o efeito de sentido real, como me foi observado durante esse *weekend*.

Se a interpretação é medida em relação ao gozo, então somos forçados a elaborar a interpretação como um modo de dizer especial, um modo de dizer que não é da dimensão do significante, não é da dimensão da verdade, mas acentua, no significante, a materialidade, o som.

Essa foi, sem dúvida, a hipótese à qual Lacan chegou. Uma hipótese radical. Partiu-se de muito longe. Não é certo que Freud, no começo, diferenciasse *interpretação* e *construção*. Foi no final de sua trajetória que ele isolou a construção de saber dizendo: é diferente daquilo que se deve dizer ao analisando. De todo modo, o conceito de interpretação deriva da comunicação de um saber. Pode-se dizer que a partir do momento em que se mede a interpretação pelo gozo, pela constância do gozo, então, depois da comunicação de saber, a interpretação emigra em direção *ao grito*. Por isso Lacan pôde dizer que a interpretação eficaz talvez fosse da ordem da *jaculação*, ou seja, um uso do significante não para fins de significação, não para fins de significado, mas um uso no qual é o som, a própria consistência do som, que poderia fazer soar o sino do gozo como convém a fim de que seja possível satisfazer-se com o gozo.

Aqui, somos obrigados a fazer uma disjunção entre gozo e satisfação. Não haveria experiência analítica se o gozo fosse satisfatório. É precisamente pelo fato de o verme estar no próprio fruto do gozo que se pode conceber uma análise na qual uma jaculação possa retificar. Retificar não o sujeito, como dizia Lacan em seus primeiros tempos, quando falava de *retificação subjetiva* como o primeiro momento da análise. Trata-se, tratar-se-ia, aqui, de uma retificação de gozo, isto é, que ele se torne, que ele possa ser concebido como satisfatório.

É isso.

20 de maio de 2009

16. Décima sexta lição

O gozo não é transgressão. O gozo, tal como o abordo na perspectiva do último ensino de Lacan – à diferença do que está exposto no *Seminário*, livro 7, *A ética da psicanálise* e que constitui seu pivô –, não é uma transgressão. Poderia chegar a dizer que é justo o contrário, ou seja, um funcionamento normal e não bizarro, excepcional.

É verdade que há um Lacan que expõe o conceito de gozo a partir do conceito de prazer. É um ensino de Lacan entre outros, pois Lacan é múltiplo, ele, ousaria dizer, não *é todo* [*n'est pas tout*].

O conceito de prazer do qual ele parte condicionou a teoria do prazer através dos tempos. É o conceito aristotélico do prazer que nomeia um estado de bem-estar. Esse bem-estar ainda é encontrado nos dias de hoje como integrado à definição de saúde pela Organização Mundial de Saúde, que zela, por exemplo, para nos proteger das pandemias que o estado de civilização facilita, devido ao desenvolvimento da indústria de transportes. Indústria tão essencial que, quando um pequeno sintoma aparece, quando um avião faz pluf! no meio do Atlântico, isso vira uma informação mundial. Assim, torna-se manifesta essa unificação progressiva de uma humanidade em vias de fazer Um, *um todo*, e tanto mais atrelada a seu bem-estar quanto mais o bem-estar de cada um apareça como a condição do bem-estar de todos.

Desejo e gozo: na transgressão, na homeostase e na ascese

Se tomarmos como referência o estado de bem-estar e os ajustamentos funcionais nele incluídos, os quais já representei aqui por meio de um circuito simbolizando a regulação do prazer, desde sempre ligado a uma mediana – nem demais, nem o bastante, justo o que é preciso –, o gozo aparece como uma transgressão, aparece conotado com um a-mais, um valor suplementar resultante de um forçamento no qual o *mais* vira facilmente *demais*.

O mais-de-prazer comunica-se com o começo do sofrimento, com a ambiguidade dos gritos que podem, no ser falante, escandir essa irrupção.

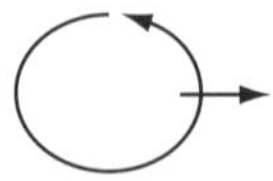 (*a*)

Vocês encontram esse funcionamento exposto por Lacan, por exemplo – cito de memória –, no capítulo V do *Seminário*, livro 11, *Os quatro conceitos fundamentais da psicanálise*, no qual a regulação do prazer é qualificada de *homeostase*, termo promovido em 1920 pelo fisiologista Cannon, que também formulou seu conceito.[1] Isso é congruente com o que Freud pôde realçar do relevo, no corpo humano, das zonas ditas erógenas, que são locais eletivos da libido de onde é lançado o vetor desse gozo transgressor da regra do prazer. E quando Lacan, ao final de uma analogia com a teoria econômica de Marx, qualificou de *a* o objeto que condensa o gozo, de mais-gozar, quando ele forjou esse neologismo, foi coerente com o que eu aqui tacharia de modelo.

Gostaria de assinalar agora que esse modelo do gozo, que é simples, sólido, estruturante, potente para ordenar os fenômenos, é, de fato, concebido sobre o modelo do desejo. Na realidade, no que concerne ao gozo, ele é um decalque do modelo do desejo, o que se entende melhor porque desejo e gozo são os dois termos que, em Lacan, repartem o conceito freudiano de libido.

Então, qual é esse modelo de desejo do qual eu disse que serve de referência a esse modelo de gozo? Esse modelo de desejo pode ser encontrado particularmente exposto no *Seminário*, livro 7, *A ética da psicanálise*, quando Lacan surpreende seu auditório ao citar, antes de lê-la, uma carta de são Paulo marcando a dependência do desejável para com o proibido: "desejo o que é proibido, sei o que há para desejar pelo fato de que a lei o proíbe, antes de haver a lei, não havia o desejável."[2] O desejo é o efeito, o contraefeito da lei. Disso decorre a fórmula provocadora de Lacan segundo a qual *a lei é o desejo*. Equivalência, reversibilidade da lei e do desejo.

Pois bem, nesse modelo do gozo, a regra do prazer tem a mesma função que a lei do desejo. A noção do gozo como transgressão transpõe a relação do desejo com o proibido. O gozo, porém, não funciona assim: ele não obedece à lógica do desejo. No que concerne ao gozo, a lei é inoperante. Podemos fazer uma divisão entre o desejo proibido, anulado, inibido, e o desejo que se conclui, que se realiza. O gozo, porém, está dos dois lados. Será que o desejo poderia manter-se como proibido, caso não houvesse um gozo do desejo proibido? É o que demonstra tudo aquilo que chamamos de asceses, as disciplinas que ensinam a dominar o desejo: será que não salta aos olhos o fato de haver um gozo incluso no domínio dos desejos?

Esse é o essencial do que chamamos de filosofia antiga. Um erudito chamado Pierre Hadot disse, com muita propriedade, que essas filosofias eram feitas de exercícios espirituais, discursos que deveriam conduzir a um trabalho de si sobre si a fim de se obter uma transformação subjetiva, um estado de felicidade, de harmonia. Um duro trabalho para se chegar à regulação do prazer.

Aliás, isso faz pensar que falar *da* filosofia é uma anfibologia. É uma construção. Na Idade Média a filosofia não era um exercício espiritual, ela se ocupava de passar compromissos, visar acordos com a teologia. Nos tempos modernos, o problema da filosofia é fazer concordar a ciência com a experiência existencial. A partir daí ela foi capturada pela universidade. Também encontramos partes de exercício espiritual no que Descartes chamou de *Méditations*, o que, na obra mais importante de Spinoza, foi intitulado *Ética*. Tratava-se, nesses exercícios, de obter um controle da vida psíquica pelo viés da atenção voltada para o acontecimento de pensamento, de modo a adquirir bons hábitos por meio da aprendizagem. O exercício espiritual era, antes de tudo, um exercício de domínio de si que só podia se sustentar pelo fato de esse exercício engendrar um gozo de domínio.

É um modo de se perceber em qual sentido o gozo não tem contrário. Se o gozo é coordenado a um símbolo, este é impossível de negativizar e, em particular, é impossível de negativizar pela proibição.

O gozo fora da lei e o gozo substitutivo do sinthoma

O gozo não pode ser pensado a partir da lei, mesmo que seja a lei positiva. A lei das legislações existentes ocupa-se em regular a distribuição dos gozos – do que temos o direito de gozar, de qual maneira e até que ponto –, mas isso não concerne ao gozo tal como o visamos aqui, e que eu resumidamente chamaria de gozo do inconsciente, no nível do inconsciente.

Desse modo, afasto da doutrina do gozo a transgressão e a lei. Isso significa dizer que o afasto do significante? Será que a lei, ou a regra, são as únicas figuras nas quais se representa o significante? Na vez passada disse que, em minha opinião, o gozo não é da ordem do antepredicativo, utilizando aqui uma expressão que tomei emprestada do vocabulário de Husserl. Em termos lacanianos, o gozo não transgressivo visado por mim não está antes do significante, embora seja do corpo.

Naquele que não mais chamamos de sujeito por querê-lo concernido de maneira essencial pelo gozo, naquele que não mais chamamos de sujeito, mas falasser, o próprio corpo, seu corpo, não antecede o significante, não é uma realidade anterior ao significante. Aliás, é nisso que o falasser *não é seu corpo*. Seu corpo, *ele o tem*. Ele o tem como se tem um bem, uma propriedade, um objeto que tratamos bem ou mal, desdenhamos, negligenciamos ou embonecamos. Os cuidados que temos ou não com o corpo denotam o valor inconsciente que lhe atribuímos.

Por uma espécie de curto-circuito, o psicanalista louco, porém astucioso, inteligente, chamado Wilhelm Reich, considerava essencial, na prática da psicanálise, observar o corpo, observar o que o paciente faz com seu corpo. É evidente que isso o conduziu a extravagâncias que o levaram a sair da psicanálise. Em termos precisos, ele pensou que podia operar diretamente sobre a libido e sobre o corpo e, assim, construiu acumuladores de libido. Nesse ponto, seus colegas disseram: *não!* Mas, para dizer a verdade, ele era um realista do objeto *a*, definido por Lacan como condensador de gozo. Wilhelm Reich pensava que o gozo, em seu status essencial, era desconectado do significante, que se podia tratá-lo como uma matéria, que ele era suscetível de uma física; que ele podia, portanto, ser manipulado, captado, redistribuído por aparelhos concretos, materiais.

A acreditar na risada de vocês, todo mundo bem sabe que não é a isso que a psicanálise nos leva, mas ao fato de que o gozo é do corpo, embora sustentado pela linguagem. Isso nada tem a ver com sua suposta ligação com a lei. A linguagem não é a lei, é uma articulação. A questão se reúne e aponta para a fórmula que proponho: como é que o corpo e a linguagem se juntam para fazerem gozo, para fazerem gozar? Posso dar uma resposta, sem que ela assim o seja por apoiar-se num conceito de Lacan que tem sua própria complexidade, mas do qual vocês fazem um certo uso, não fosse pelas lições que a ele eu dediquei: para fazer gozo, o corpo e a linguagem juntam-se no sinthoma.

O sinthoma implica o corpo, mas o sinthoma é articulação. Dizemos justamente sinthoma por não haver abordagem direta do gozo, já que esse gozo bruto, imaginário, é sempre refratado pelo sinthoma.

Não foi à toa que, para qualificar o ápice da relação com o gozo, Lacan escolheu a palavra "sinthoma", que é uma modificação justificada pela etimologia da palavra "sintoma", pertencente ao vocabulário de Freud e que quer dizer muitas coisas. Mas, dentre os sentidos dessa palavra, isolo o seguinte: em Freud, *o sintoma é uma substituição*. Posso dar uma referência, pois reli recentemente a décima oitava das "Conferências introdutórias à psicanálise: fixação aos traumas. O inconsciente" (1916-17). Diz Freud: "A construção de um sintoma é o substituto de alguma outra coisa que não aconteceu."[3] Digo que no eco da palavra lacaniana *sinthoma* persiste esse valor de substituição.

Então, para Freud, que lê o sintoma como lia os sonhos, os lapsos e os chistes, o substituto de que se trata é primeiramente um substituto linguístico. O texto do sintoma substitui um texto originário que se trata de decifrar. Há processos psíquicos que foram inibidos, interrompidos, houve uma mensagem interrompida que não conseguiu chegar à consciência, que foi coagida a permanecer no inconsciente e que será decifrada numa análise, seja no sintoma, seja no sonho. Freud rende homenagens a seu colega Breuer por ter afirmado que "os sintomas desaparecem" – cito – "quando se fazem conscientes seus motivos predeterminantes inconscientes".[4] Decorre disso o fato de Freud ter exposto a seus ouvintes que os sintomas passam, desaparecem, uma vez que seu sentido é sabido. Mas, como vocês sabem, essa é apenas uma das duas vertentes do sintoma. De acordo com a primeira vertente, o sintoma é um texto de substituição. Há, porém, uma vertente a mais, como Freud expôs claramente, a saber, o sintoma serve à satisfação sexual: "um sintoma é um substituto da satisfação sexual da qual o paciente foi privado na vida."[5]

Então, trata-se também de compreender o sintoma como uma satisfação que vem substituir aquela que faltou na vida. Em outras palavras, o sintoma na neurose é uma *satisfação sexual substitutiva*, expressão que contém as mesmas iniciais de *sujeito suposto saber*.

Libido

Digo que tudo isso está presente, que todos esses ecos estão incluídos no termo lacaniano "sinthoma".

Freud inicialmente ilustra essa substituição por meio das perversões. Ele pesquisará no catálogo das perversões, em que se vê o paciente – ou o doente, como ele se expressa – longe de satisfazer-se gozando de outro corpo do sexo oposto, gozando de certas partes do corpo, ou de partes em contato com esse corpo – roupas –, ou ainda devendo passar por cenários e ações complexas distantes do coito normal. Através desses objetos, dessas ações, os sujeitos obtêm uma satisfação que virá no lugar da satisfação sexual normal. Mas a passagem pela perversão entendida como distinta da neurose lhe serve para evidenciar o mesmo processo de substituição em marcha na neurose e, notadamente, na histeria. O sujeito histérico pode ligar seus sintomas a todos os órgãos do corpo, por exemplo, nas paralisias histéricas, nas hiperestesias histéricas, que são também satisfações sexuais substitutivas. Se ele toma a referência da perversão é para demonstrar que o gozo substitutivo também está presente na neurose, sobretudo na histeria, sendo esta capaz de perturbar as funções do corpo. É como foi traduzido: "os órgãos se conduzem como órgãos genitais de substituição."

E não há nada melhor para marcar a afinidade entre o gozo substitutivo e o significante do que dizer, como faz Freud, que os órgãos corporais – órgãos corporais e membros – adquirem uma significação sexual: *eine sexuelle Bedeutung.* Como vocês sabem, foi essa expressão alemã, *Bedeutung*, que Lacan pôs em evidência a propósito do falo ao tratar *Die Bedeutung des Phallus*, em conformidade com a letra de Freud. Mais tarde, Lacan tentou dar uma piscadela na direção do lógico Frege, que fazia diferença entre *Sinn* e *Bedeutung.* Penso que a *Bedeutung* do título é de fato muito diretamente freudiana e insere-se com muita dificuldade na conceituação de Frege.

Assim, do ponto de vista do gozo, a diferença entre a perversão e a histeria não é essencial. Na perversão, a substituição joga de modo direto, ela se mostra por completo e é consciente: o sujeito sabe o que busca, sabe a ação necessária e o objeto de que precisa para gozar. Ao passo que, na histeria, para encontrar a função de significação sexual é preciso passar pelo contorno da interpretação do sintoma: é inconsciente. Mas, salvo essa diferença entre o consciente e o inconsciente, nos dois casos temos de haver-nos com o gozo substitutivo.

Essa concepção da substituição do gozo, do gozo substitutivo, anima toda a teoria freudiana da evolução da libido. Quando ele valoriza as zonas erógenas, os objetos correspondentes, o objeto oral ou o objeto anal, as zonas erógenas e o prazer de órgão implicado nelas, permitido por elas, quando ele detalha as pulsões parciais é sempre no âmbito do gozo substitutivo.

A evolução da libido atesta ser preciso passar primeiro pelo gozo substitutivo antes de chegar àquele que não mais o seria. Então seria o quê? Há, em Freud, um parâmetro de substituição, uma referência originária do gozo. Mas, falta de sorte, se assim posso dizer, é uma referência tardia no que ele chama de evolução da libido. A referência em relação à qual ele mede as substituições é a sexualidade em sua função reprodutiva, procriativa, o coito comum. Ah! Vocês estão rindo porque, com certeza, consideram que o coito é sempre extraordinário, o que não é falso. Então, sua referência é a sexualidade obedecendo ao programa biológico. Razão pela qual ele só vê, na história da libido, gozo substitutivo. Se lermos Freud convenientemente, nos daremos conta de que o gozo é sempre substitutivo, salvo quando ele se conforma ao programa biológico.

Freud é levado a supor uma virada, como ele expressa, na evolução da libido, quando todas as pulsões parciais vêm subordinar-se ao primado dos órgãos genitais, vêm submeter-se à função de procriação. As pulsões parciais param de saltitar, de colher a sucção, o olhar – como acrescentou Lacan –, a voz, e concentram-se na sexualidade procriativa. Em outras palavras – como dizer mais simplesmente que isso? –, para Freud, a relação sexual existe. É em relação à existência da relação sexual que se medem as constantes substituições do gozo.

Desde que Lacan disse "a relação sexual não existe", quebramos a cabeça para saber o que ele quer dizer com *relação sexual*. Eu já expliquei 36 vezes, mas penso não poder explicar mais simplesmente do que dizendo o seguinte: aquilo que Lacan chama de *relação sexual* é o que constitui a referência de Freud para toda a sua teoria da libido, toda a sua teoria das pulsões, e aquilo em relação ao qual ele mede as substituições do gozo.

Relação sexual e sintoma generalizado

Evidentemente, a consequência da fórmula "a relação sexual não existe" é a de nos delinear uma economia do gozo que, de ponta a ponta, é substitutiva, sem original. "A relação sexual não existe" quer dizer: não há *ganze Sexualstrebung* – não há pulsão sexual total, tal como Freud havia empregado a expressão, e tal como Lacan, já em seu *Seminário*, livro 11, *Os quatro conceitos fundamentais da psicanálise*, nega. Isso se traduz como: *a relação sexual não existe*. Quer dizer: o gozo do qual o falasser é capaz é sempre aquele que não se deveria ter. Do gozo, sempre podemos dizer, em latim: *Non decet* – ele não convém. O único que conviria seria o da relação sexual que não existe. Portanto, Lacan generaliza a economia substitutiva do gozo, que é a chave de toda a sua teoria das pulsões.

Gostaria que vocês me acompanhassem neste ponto: Lacan só pôde formular assim quando se separou da referência freudiana para estruturar a sexualidade feminina. É que a teoria freudiana das pulsões obedece à lógica da sexuação masculina, uma lógica que, com efeito, é capaz de totalizar as pulsões e propor um *para todo x*, em referência a um elemento único, fora de classe, que tem primado e privilégio, ou seja, o falo, e que se exprime em termos de poder. Freud fala de *subordinação* de todas as pulsões parciais ao primado dos órgãos genitais.

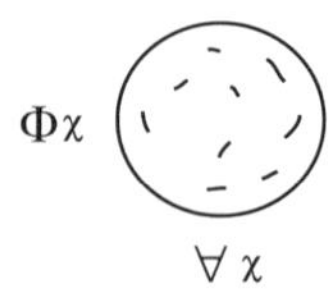

Dito de outro modo, a teoria freudiana das pulsões é edipiana, de ponta a ponta, ao passo que a teoria lacaniana do gozo responde ao regime do *nãotodo*.

Não há – vou escrever aqui um zero entre aspas – o primado do falo e não há o Todo das pulsões. Trata-se mais de uma série pulsional, ou uma série que é a do gozo substitutivo no que concerne à relação sexual que não existe.

O elemento freudiano que reúne o Todo das pulsões e as submete é a relação sexual. Em Lacan, a relação sexual não existe. Portanto, há apenas a série do gozo substitutivo. Vamos escrevê-lo assim:

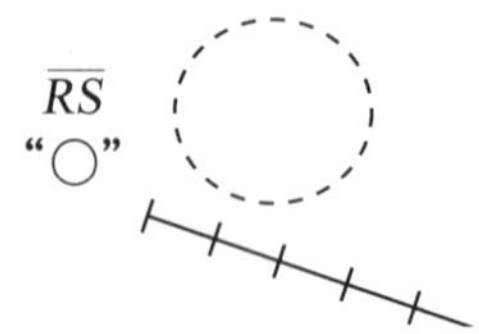

A teoria do gozo deve ser, ela também, *desedipianizada*. Segundo ela, o que nos é dado como gozo não convém à relação sexual. É nisso que o gozo faz sinthoma.

O sinthoma de Lacan é o sintoma, simplesmente generalizado. É o sintoma, uma vez que não há pulsão sexual total. Isso constitui sintoma, mas um sintoma irremediável. Por isso, ao longo dessa série de gozo substitutiva, corre uma metonímia. As maravilhosas transformações da libido que Freud pôde detalhar encontram aqui o seu lugar: simplesmente, elas não terminam, não se fecham numa totalidade unitária. Nesse sentido, se lhe retiramos sua referência originária, o gozo está por toda a parte no significante: há um gozo da fala que faz parte da metonímia dos gozos substitutivos; há um gozo do saber; há um gozo do proibido. Há também um gozo de pensamento, assim como há o gozo do corpo. A neurose obsessiva, por exemplo, nos manifesta a existência e a insistência do gozo próprio do pensamento. Não há nada que entre na esfera do interesse do falasser no qual não se possa identificar um gozo. Parafraseando Leibniz, poderíamos dizer: *nada é sem gozo*.

Disso resulta ser ridícula a ideia de que a psicanálise consiste em abandonar algo do gozo. Isso seria trazer a negatividade ao gozo. Tudo o que se pode dizer é que se pode deslocar o gozo. Ele pode ser diferentemente repartido, pode metonimizar-se de outro modo, mas não pode ser negativizado, pelo menos no emprego que proponho aqui.

Assim, o gozo pode ser acossado em todas as manifestações que interessam e podemos até mesmo dizer que, para o falasser, nada subsiste sem o seu coeficiente de gozo. É nesse sentido que a formação de sintoma é coextensiva à emergência do gozo. Aliás, no ponto em que estou, aqui, é um engano falar de emergência, pois o gozo de que se trata é mais da ordem de uma camada, percorrida por vagas, ondas, tal como o sino que evoquei. E essas vagas e ondas medem, para cada um, a distância em que ele está da relação sexual que não existe.

Resta o amor, que Lacan não arranca de sua raiz imaginária quando diz que o amor dá a ilusão da relação sexual. Isso é o que faz a distinção, com propriedade, entre o gozo e o amor.

Há um gozo em falar de amor, há um gozo em dar provas de amor, há um gozo em escrever cartas de amor, ou e-mails, é claro. E esse gozo é o que está, a um só tempo, o mais longe e o mais próximo, topologicamente, da relação sexual que não existe.

Continuarei na semana que vem com a última lição deste Curso.

3 de junho de 2009

17. Décima sétima lição

Agradeço a vocês por estarem aqui, ainda tão numerosos, no momento em que concluo o Curso deste ano.

Há uma palavra que era muito cara a Lacan. Sei bem disso. Posso até dizer que sei melhor do que ninguém pela seguinte razão: há um bom tempo, em 1966, tendo sob os olhos e conferindo o copião, como se diz, dos *Escritos*, eu lhe dizia que seria preciso fazer um Índice de Conceitos de seu ensino. Ele me respondeu: "Faça!" E eu disse "sim". Era mais fácil responder-lhe "sim" do que "não". Mas eu não tinha ideia daquilo em que me engajava. Tive de fazê-lo duas vezes por causa de outra boa ideia que tive, isto é, a de dizer-lhe para colocar no início de seus *Escritos* "O seminário sobre 'A carta roubada'". Disse isso porque, se seguíssemos a ordem cronológica, tal como estava nas provas – no copião –, os primeiros textos tinham datas anteriores a seu ensino propriamente dito e eram exteriores a ele. O que nem eu, nem ninguém havia pensado é que colocar esse texto no início do volume iria alterar toda a paginação, ou seja: quando chegou o segundo copião trazendo "A carta roubada" situada no começo do volume, meu Índice, pautado no primeiro copião, não valia mais nada. Portanto, tive de fazer o trabalho duas vezes. Mas sua réplica, aquela à qual aludo, data do primeiro copião, quando se decidiu fazer esse Índice. Ele deixou que eu o fizesse ao meu modo e só me fez uma recomendação: "o Índice deve começar pela palavra *abjeção* [*abjection*]." Salvo erro, é assim que ele começa. De todo modo, a palavra *abjeção* ali figura e Lacan queria que ela fosse o *alpha*, quando não o *ômega*, de seu ensino.

O termo *abjeção* possuía um alcance polêmico. Lacan era sustentado pela ideia de que tinha de lidar com a abjeção de seus colegas psicanalistas. E foi com essa visada que a palavra foi empregada, se minha lembrança não falha, três vezes nos *Escritos*. Mas a palavra "abjeção" tem também um alcance teórico, uma vez que o psicanalista, a favor ou contra Lacan, é por ele nomeado à posição de objeto chamado *a*, com minúscula. E esse objeto, como lhe ocorreu dizer mais tarde, é também um *abjeto*.

Descobrir sua unidade no gozo

De um modo geral, o gozo tem suas raízes, mergulha na abjeção. Quais são os antônimos dessa palavra? A dignidade, a honra. Mas a honra só se sustenta no significante que a leva ao ideal. E foi bem isso que obrigou Freud a acrescentar à sua teoria das pulsões o circuito da sublimação, o circuito que acompanha o gozo em seu fundo abjeto a fim de alcançar as realizações mais tocantes do Belo, do Bom e do Bem. Quando dizemos que o objeto *a* é um rejeito, um dejeto, nós, de fato, o qualificamos de abjeto, objeto de aversão, de nojo e de repulsa que, ao mesmo tempo, constitui um mais-gozar. Na experiência analítica, o que concerne ao mais íntimo do gozo sempre toma a forma da confissão de algo que merece atrair desdém, opróbrio, tal como indica o dicionário, sendo a abjeção o grau extremo do rebaixamento. O sujeito do significante, o da fala, não toca nisso e só consente em confessar sua *relação com* testemunhando que a repulsa acompanha, é inseparável da atração invencível experimentada por ele nessa relação.

Então, saber a dileção de Lacan pela palavra "abjeção" conduziu-me, outrora, a ler e depois a reler, talvez a reverenciar, um pequeno livro sobre o qual nunca falei, de um autor que não está entre os meus favoritos por muitas razões, mas que tem a audácia de intitular-se *De l'abjection*. Trata-se de um autor francês que passava, nos bons tempos da *NRF* [*La Nouvelle Revue Française*], por alguém que escreve uma língua admirável. Ele era muito admirado em outros países, por exemplo, pelos escritores alemães – Jünger lhe presta homenagem –, o que o levou, cabe dizer, a admirar um tanto excessivamente a Alemanha numa época em que essa potência, hoje amiga, ocupava o território francês. Não resta dúvida de que, a propósito da abjeção, ele conhecia alguma coisa.

Ele dedicou essa obra a outro luminar da *NRF*, com o qual Lacan tivera alguns debates, Jean Paulhan, autor de *Guerrier appliqué*, próximo ao desaparecimento desse escrito:

> Meu caro Jean,
> Receba esse texto como um documento concernindo seja lá quem for, que consenti em dar-te por estar tentado a destruí-lo.

Na parte que não parece concernir a qualquer um, mas sim a ele próprio, ele declara o que chama de *tendência monstruosa* que descobrira em si mesmo quando tinha doze anos e que o levara a decidir matar-se. Ele sobreviveu por hesitar entre casar-se ou dar-se a Deus exclusivamente – muito crente. Decidiu casar-se. Aliás, ele escreveu coisas horríveis sobre sua esposa e dedicou-se, com certa constância e mesmo um frenesi, à sua tendência que, nos dias de hoje, parece bem inocente, a saber, a homossexualidade. O livro é de 1939.

Recomendo a sua leitura, pois eu mesmo a faço. E como hoje é a última vez que nos vemos neste ano universitário, vou ler uma passagem sobre a abjeção, uma variação sobre o tema *Descobrir sua verdade*, que, nestes últimos dias, eu entendia como digno de figurar para nós no programa de uma análise.

> Descobrir sua verdade não é nem adivinhá-la, nem aflorá-la, nem aspirar seu perfume, nem perceber seu reflexo admitindo que ela própria seja inapreensível, nem tampouco entendê-la a ponto de poder explicá-la: é, apesar de si, sem saber por que nem como isso se fez, ser possuído por ela da cabeça aos pés, das unhas dos dedos dos pés e das mãos à ponta dos cabelos, desde todos esses sentidos às profundezas da alma, respirar apenas ela, ver somente ela, só ouvi-la e só tocá-la através de todas as coisas, obedecer só a ela, dirigir-se tão somente a ela, desejar apenas ela e temer só a ela, ser com ela apenas um, e que ela faça apenas um com você e com o resto do mundo do qual ela se tornou signo só para você. Pouco importa se essa verdade é de ordem elevada, de baixa ordem ou "a Verdade", contanto que ela seja unicamente a sua verdade ou a minha e que ela me habite por inteiro. E pouco importa que eu a explique para mim, contanto que ela me explique a mim mesmo e ao resto. Ainda que ela só tenha valor para mim, tanto mais que ela só é válida para mim, que ela é acessível só para mim, contanto que ela me dê a palavra-chave do enigma, que ela determine o movimento de cada um dos meus gestos, que dê ritmo a meu passo, que ilumine do interior meus pensamentos e galvanize minhas falas, anime meu rosto, disponha de minhas lágrimas, regule meu sorriso, ordene à sombra inefável das minhas tristezas para me cobrirem ou me deixarem; apenas ela me entrega a uma volúpia que sou o único a conhecer, só ela libera em mim "meu prazer"; graças a ela não estou mais perdido, buscando a mim, em busca de meu segredo, eu recobro; e mesmo que eu fosse o mais infeliz dos homens e tivesse de pagar por isso com minha danação, eu não preferiria ser ninguém, na impossibilidade em que estou de renunciar, diria eu, à verdade, quero dizer, a tal lembrança, a tal emoção ou a tal esperança que devo a ela, e que me confirmam

em minha obstinação de permanecer no ser e no meu ser, a não querer a nenhum preço outra coisa diferente de minha identidade, minha singularidade.

A verdade de que se trata, tanto no contexto do pequeno livro do qual foi extraído esse fragmento – é um livro feito de fragmentos – quanto, nós o entrevemos, na declinação dessa verdade, essa verdade é o gozo. E, aqui, notem que, para aquele que escreve, trata-se de uma volúpia infame. Poderíamos ver aí o estado de um sujeito depois da travessia da fantasia. Exceto que Marcel Jouhandeau, assim parece, absteve-se amplamente de uma análise e não se pôs a procurar sua verdade na fantasia. Isso acontece no nível do sinthoma, no nível do que é *sua vida* inteira, cuja unidade ele, aqui, sonha lhe ter sido dada pelo gozo. O que chamamos de sinthoma pode passar como sendo a unidade de uma vida – não concentrada nesse elemento equívoco que chamamos de fantasia.

Quis, para terminar o ano, fazer ecoar essa passagem que considero esclarecedora. Se Lacan fez um apelo a Jean Paulhan e a seu *Guerrier appliqué* a fim de dar uma ideia do passe como travessia da fantasia, não vejo razão para não apelar, aqui, a Marcel Jouhandeau, para nos dar algum sentimento do passe no nível do sinthoma, pois aqui ele também diz como se virou com sua *tendência monstruosa*. E esse arranjo culmina na afirmação de sua singularidade, podemos dizer, eterna, uma vez que ele joga sua partida em relação ao ser divino.

Aponto isso para tentar ter uma visão perspectiva sobre o que busquei explorar este ano, ao dirigir o olhar sobre o que constitui o fio, o suporte e o tormento de minha proposta, a saber, o ensino de Lacan e como eu lido com ele nos dias de hoje.

Freud pelo avesso

Lacan tinha como suporte e como fio condutor a obra de Freud. E vocês sabem como ele qualificava seu próprio projeto em psicanálise, o projeto de seu ensino. Ele dizia: *retorno a Freud*. Mas "retorno a Freud" não é a última palavra. Eu iria a ponto de desvalorizar a expressão, nela vendo um slogan, o *schibboleth* de uma propaganda, na conjuntura em que ele se encontrava ao ter de tomar a palavra.

Essa conjuntura estava marcada pelo desenvolvimento, na psicanálise, de uma concepção hoje recusada por todos, intitulada *Egopsychology*. Foi a maneira com a qual os alunos de Freud, emigrados especialmente para os Estados Unidos, conseguiram traduzir seus conceitos privilegiando o que se chamou de segunda tópica, que distingue o *eu*, o *isso* e o *supereu*, esquecendo-se da primeira, aquela na qual se enraíza o conceito de inconsciente, reconfigurando os conceitos freudianos em torno da ideia de adaptação, fazendo do eu uma função psicológica de adaptação à realidade. Isso demandava manter-se amplamente a distância dos textos freudianos substituídos pelas contribuições da escola da *Egopsychology* por manuais orientados no sentido que mencionei.

Assim, Lacan, de fato, encontrava-se na posição de fazer ler Freud num tempo em que o consideravam ultrapassado. Por isso, *o retorno a Freud* pôde ser ouvido como um retorno às fontes. Em seus *Escritos*, à p.368, Lacan diz, explicitamente, que *retorno a Freud* não quer dizer de modo algum *retorno às fontes*. Ainda que esse tenha sido um subproduto de sua ação. Ele próprio apresenta seus dez primeiros Seminários como comentários freudianos, trabalhando a cada ano um escrito de Freud. Com efeito, seus alunos dessa época lançaram-se na erudição freudiana da qual surgiu o *Vocabulário de psicanálise*. Aliás, foram esses mesmos alunos, os mais engajados no retorno às fontes, que, em seguida, objetaram ao prosseguimento do ensino de Lacan depois desses dez primeiros Seminários.

O próprio Lacan indicou em qual sentido é preciso entender o retorno a Freud: como, diz ele, *uma retomada do projeto de Freud pelo avesso*. Ele justificou esse avesso, essa inversão por meio da estrutura topológica atribuída por ele ao sujeito. Digamos, para simplificar, a estrutura da banda de Mœbius, que só é percorrida, em seu conjunto, sob a condição de fazer uma dupla virada, invertendo assim a orientação. Transposto para a obra de Freud, Lacan imagina, propõe que esse percurso duplo permite uma verdadeira elucidação. Cito: "tudo deve ser redito numa outra face para que se feche o que ela encerra."[1] Não cabe sonhar que se obtém aqui uma totalidade, nem – precisa Lacan – "um saber absoluto". Ele faz dessa dupla virada a condição para que o saber, diz ele, "reverta efeitos de verdade". Hum! Eu me pergunto se essa frase foi impressa como convém, e se não deveríamos ler *revire* [*reverse*] ao invés de *reverta* [*renverse*]. Seria preciso entender a necessidade de uma dupla virada para que o saber não fique imobilizado em enunciados parecendo *ne varietur*, e para que uma verdade possa emergir de uma revirada.

Qual é a substituição pela qual passa essa dupla virada? A única indicação que decifro é que Freud permanece prisioneiro de uma referência na esfera em relação à qual se distribuem o interior e o exterior, ao passo que a virada lacaniana substitui a esfera por superfícies topológicas que respondem a uma distribuição completamente diferente, superfícies que são a banda de Moebius, a garrafa de Klein e, em especial, o plano projetivo, que é uma transformação da esfera.

Não detalharei a dupla virada de Freud a Lacan; inspiro-me apenas nessa noção de uma retomada pelo avesso. Inspiro-me para situar a dimensão que exploramos e que nos é aberta pelo que chamei de último e de finalíssimo ensino de Lacan. Não se trata apenas de etiquetas cronológicas, há – eu o enfatizei bastante ao longo desses últimos anos – uma virada, uma ruptura consoante com o que, na prática analítica, transforma-se todos os dias. Inspiro-me, portanto, no que Lacan pôde situar de sua relação com Freud, a fim de propor que tanto o último quanto o seu finalíssimo ensino, que é seu ápice, representem a retomada de seu projeto pelo avesso.

Lacan pelo avesso

Lacan não deixou para ninguém a preocupação de fazer com ele o que ele fizera com Freud. E, tal como ele pôde dizer que retomou o projeto de Freud pelo avesso, indexando-lhe a substituição da esfera pelas superfícies topológicas, pois bem, nesse último ensino, ele próprio substituiu as superfícies topológicas pelos nós borromeanos. E, se seguirmos sua indicação que indexa a retomada pelo avesso sobre essas referências espaciais, salta aos olhos o fato de ele próprio ter realizado uma substituição desse mesmo gênero. Mas, enfim, aqui, isso não passa do índice de uma reviravolta que, afinal, qual é ela? É uma reviravolta, uma passagem para o avesso do ensino de Lacan que não concerne apenas a esse ensino, mas à prática, tal como ela prossegue no espaço aberto por ele, sem dúvida para manter-se o mais perto possível do que as transformações da própria prática esboçavam em seu tempo. Esta é *minha hipótese*.

O que posso dizer de mais claro e de mais compilado sobre isso? Tentei, então, ser simples e eis o que extraí.

A primeira virada do ensino de Lacan instala, explora a subordinação do gozo ao primado da linguagem, de sua estrutura. A passagem para o avesso indicada por Lacan, mas sem tê-la concluído com a mesma perfeição que em sua primeira virada, consistiu na subordinação da linguagem, de sua estrutura, ao gozo.

Isso é correlativo a um deslocamento do que se convencionou chamar de *escuta analítica*, que vai muito além da escuta, pois implica a interpretação e as finalidades da experiência. Com efeito, o primado do gozo, caso seja de fato disso que se trata, não é uma abstração. No que concerne à prática analítica, é situá-la, situar os fenômenos que nela aparecem, a fala do analisando, aquilo de que ela testemunha, sob a égide da pergunta "a que isso satisfaz?" Essa pergunta distingue-se sensivelmente desta outra: "O que isso significa?" Em outras palavras, vejo uma reviravolta, uma inversão, uma passagem para o avesso que vai da significação à satisfação.

Desprender-se da pregnância das perguntas "o que isso quer dizer? O que isso quer dizer verdadeiramente?" abre para outra dimensão do dizer e, em termos expressos, convida a procurar *ali onde isso goza*.

Dizemos, com Lacan – um Lacan que decalca e transforma Descartes –, que o corpo é substância gozante, mas esta não é a última palavra, não há apenas o corpo que goza. Há gozo de fala, de pensamento, tal como todos aqueles ocupados em descrever o fenômeno da neurose obsessiva foram levados a dizer de diferentes formas. A própria linguagem é feita aparelho de gozo, não apenas aparelho para produzir significação. Assim como evoquei, o significante não é somente causa do significado, causa do sujeito, mas também causa de gozo.

A partir daí, chega-se a um estado do significante anterior à linguagem, à estrutura da linguagem, a um estado do significante que se pode dizer pré-linguístico, se a linguística começa ali onde se levam em conta os efeitos de significação. É bem nessa linha que Lacan chegará a inventar a *lalíngua*, que é tecida de significantes, mas anterior à linguagem, à estrutura da linguagem, que aparece então como derivada em relação à *lalíngua*.

Inércia do imaginário

Se de fato há essa passagem para o avesso, devemos por certo poder encontrar seus indícios, disse-me eu. Encontrei um que lhes apresentarei hoje do modo mais simples, e que gira em torno do termo "inércia". Há um tempo, assinalei o valor dessa palavra, sua importância, no começo do ensino de Lacan. Destaquei isso na primeira página dos *Escritos*, depois de sua Abertura, na primeira página de "O seminário sobre 'A carta roubada'", carta que testemunha o deslocamento estruturante do significante. Nessa página enfatizei a expressão *a inércia dos fatores imaginários.*

Isolar o imaginário e atribuir-lhe na experiência analítica uma função de inércia era absolutamente essencial, estruturante, na primeira virada do ensino de Lacan. A inércia, que se supõe ter fatores imaginários, opõe-se, para o primeiro Lacan, à dinâmica dos fatores simbólicos. E toda a sua atenção voltou-se para realçar os mecanismos que suportam esses fatores simbólicos reformulados por Lacan, a saber: *Verwerfung*, foraclusão; *Verdrängung*, recalque; *Verneinung*, denegação. Três termos que figuram nessa primeira página, aos quais podemos ajuntar *Verleugnung*, negação. Bem, admitamos essa tradução. Quanto à *Egopsychology*, que centrava a atenção sobre esses fatores imaginários, Lacan distinguiu-se valorizando a dimensão do simbólico, suportada pela estrutura da linguagem, como sendo o lugar de uma dinâmica, o lugar por meio do qual se fazem as mudanças.

Então, em que os fatores imaginários são inertes? É que em seu ponto de partida, para Lacan, o imaginário era o lugar do gozo: o sujeito goza do imaginário. Cabe dizer que, para ele, esse imaginário é primordialmente escópico, prende-se à visão. Para o primeiro Lacan, o corpo é, antes de tudo, a *forma* do corpo, não a substância gozante. E, em seu ensino, a inércia está ligada à descoberta feita por ele, vinte anos antes, do que chamou de *estádio do espelho*, no qual há júbilo, emergência de um júbilo diante da imagem no espelho. Trata-se, então, de dar-se conta do que faz gozar da imagem. Durante todo um tempo, Lacan organizou o que captava da experiência analítica a partir do par imaginário: o sujeito e sua imagem. Quando seu ensino começa, sua primeira virada, ele ressitua a relação imaginária *a - a'* e aloja nela toda a dimensão explorada pela *Egopsychology.*

O *eu* [*moi*] é um efeito imaginário. O narcisismo é o gozo desse *ego* imaginário. Tudo o que é fantasia está situado na linha dessa relação. O estádio do espelho subordina-se, de algum modo, ao que Lacan chama de *todo o fantasiar trazido à luz pela experiência analítica.* Quando seu ensino começa, para ele tudo isso é inércia, é tudo o que é inerte na experiência e interpõe-se, faz tela, freia a dinâmica do par simbólico, aquele que une o Outro ao sujeito. Simplifico:

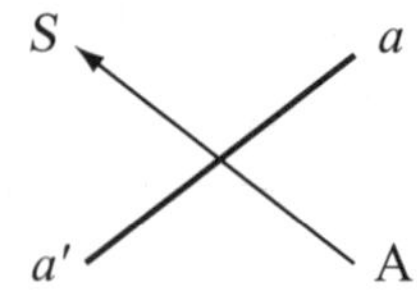

Assim, seu primeiríssimo ensino consiste em opor o par imaginário, inerte, e a intersubjetividade simbólica, que é dinâmica. Isso prescreve o que se deve negligenciar na experiência analítica. Prescreve também que é preciso interessar-se pelo significante como elemento dinâmico tecendo uma relação do sujeito com o Outro, uma relação de identificação simbólica positiva e distinta da identificação imaginária.

Se negligenciarmos o simbólico, a interpretação, nós nos esmeraremos apenas em retificar o imaginário. Lacan utiliza esta expressão: *retificar o imaginário*, e é claro que isso convoca, nele, o conceito de retificação simbólica encontrado em "A direção do tratamento...".[2] É um termo delicado, já que apela a uma norma. Lacan, porém, repudiando a retificação imaginária, pode apenas deslocá-la sobre o simbólico. Ele chegou até mesmo a poder falar de ortodramatização, ou seja: é preciso retificar a dramatização da experiência pelo sujeito no sentido de uma ortodramatização.

Aliás, a prática que consiste em retificar o imaginário é a prática inspirada na relação de objeto, e Lacan o indica na p.58 dos *Escritos*: "... uma prática em que, sob a bandeira da 'relação de objeto', consuma-se o que em qualquer homem de boa-fé só pode suscitar o sentimento de abjeção."[3]

Temos aqui, portanto, uma inspiração – que tento simplificar – decisiva de sua primeira virada, já encontrada em sua "Intervenção sobre a transferência",[4] que aborda o caso Dora. A própria transferência ali é situada simplesmente sobre o par imaginário: a transferência é pensada como uma formação imaginária, portanto, como respondendo, emergindo num momento de estagnação da dialética psicanalítica que se desenvolve sobre esse eixo simbólico. Tal como indiquei anteriormente, os primeiros Seminários de Lacan foram feitos para retraduzir sistematicamente os grandes conceitos freudianos, apresentados pela *Egopsychology* como formações imaginárias, para deslocá-los sobre o eixo simbólico. Desse modo, a transferência se tornará também um efeito simbólico. E assim por diante: seu primeiro ensino é feito da simbolização dos grandes conceitos freudianos. Mas o que os faço reter como indício é a palavra *inércia*.

Em toda a primeira virada de Lacan, a inércia é o próprio do gozo. Em contrapartida, *o simbólico é dinâmico.*

Rotina do simbólico e sinthoma

Pois bem, reportem-se ao que era o último Seminário de Lacan quando empreendi escrever a série de seus Seminários – o que concluirei em breve. Era o *Seminário*, livro 20, *Mais, ainda*. Certamente prosseguiu-se na série e outros foram publicados posteriormente. Esse Seminário, como havia dito, marca o momento da passagem para o avesso. Nesse *Seminário*, à p.119, encontramos também a palavra *inércia*. E, desta feita – por mais simples que seja, seria impensável na primeira virada –, a palavra "inércia" vem qualificar a própria linguagem e não o imaginário. Como ele nota: *a dita linguagem comporta uma inércia considerável.* E ele opõe essa inércia da linguagem a quê? À velocidade dos signos matemáticos, os matemas que são facilmente transmitidos, de modo integral, diz ele, sem que saibamos o que querem dizer. Entenda-se: por não sabermos o que querem dizer. Ou seja, eles são aliviados do significado.

É assim que compreendo a coisa: precisamente porque os signos matemáticos são aliviados do significado não têm a inércia apresentada pela linguagem. Se percebemos isso, nos damos conta de que o valor da linguagem muda por completo nessa passagem para o avesso, e que Lacan foi aspirado num sentido em que vemos a dinâmica simbólica esgotar-se para ser substituída pela rotina. Enquanto no que concernia à inércia do imaginário Lacan associava valores dinâmicos à linguagem, na passagem para o avesso é a própria linguagem carregada de significado que aparece como marcada, estampada de inércia. É o que, na p.48 desse Seminário, nos esclarece: "O que resta no centro é essa boa rotina que faz com que o significado guarde, no fim das contas, sempre o mesmo sentido. Este sentido é dado pelo sentimento, que cada um tem, de fazer parte de seu mundo, quer dizer, de sua familiazinha e de tudo que gira ao redor." Aqui nos damos conta de que a própria noção de discurso como fundador do laço social, criada por Lacan, já se assentava sobre a ideia de rotina, sobre a ideia de que, de fato, a estrutura significante é, como tal, inercial, que a inércia está do lado da estrutura da linguagem. Esfuma-se aqui a associação *simbólico igual a dinâmico.* Pelo contrário, o simbólico aparece como rotina, discurso, ou seja, *discurso*, *disco*, repetição. E é pelo fato de Lacan ligar linguagem e inércia que ele pode dizer, na p.119: "o que parece melhor para suportar a inércia da linguagem ... [é] a ideia de cadeia, de pedaços de barbante, dito de outro modo, de pedaços de barbante que fazem rodinhas." No momento em que ele introduz pedaços de barbante que fazem rodinhas e que podem articular-se entre si, ele o introduz como uma representação da inércia da linguagem.

Portanto, tomo como indício essa inversão da palavra "inércia". Então, é claro, por força de fazer passar para o simbólico os conceitos freudianos, Lacan chegou, no *Seminário*, livro 6, *O desejo e sua interpretação*, a uma tal reabsorção do imaginário no simbólico que, ressalto, teve de recriar um outro polo, que foi pescar em Freud e que chamou de *das Ding*. E isso já foi como uma passagem para o avesso. Mas esse *das Ding*, que é – digamos por comodidade – um nome do gozo, ele só o tratou, em seu ensino, como objeto *a*, ou seja, impondo-lhe a estrutura da linguagem. Em termos precisos, o objeto a é a marca da subordinação do gozo à estrutura da linguagem até fazer desse objeto *a* uma constante. Quer dizer que o que em seu primeiro ensino era a tela imaginária, inercial, ele reduz à estrutura da fantasia, *S barrado punção a*.

Ele situou a fantasia no lugar do estádio do espelho. A melhor prova de que tenho razão – digo a coisa assim como ela me vem – é que, se pusermos a fantasia nesse lugar, o que não acredito ter feito até o momento, embora isso salte aos olhos, compreenderemos muito bem a expressão *travessia da fantasia*. Ah!

Portanto, o que ele chamou de fantasia é a relação fundamental com o gozo, mas modelada pela estrutura da linguagem, marcando que a fantasia tem raízes imaginárias, que o simbólico também está implicado sob a forma de cenários, e que essa fantasia é igualmente uma janela sobre o real, faz função de real.

No fundo, a ideia do passe repousa sobre a noção de que a fantasia é o aparelho do gozo e que é com esse aparelho, mediante esse aparelho, que a realidade é abordada pelo sujeito. Mas, na passagem para o avesso, o aparelho de gozo não é mais contido nos limites da fantasia e é a própria linguagem que parece ser esse aparelho. Um passo a mais, é lalíngua, um significante despojado da estrutura da linguagem. Portanto, na passagem para o avesso, no lugar da fantasia vem o sinthoma, quer dizer, a relação fundamental com o gozo não está mais encerrada na fantasia, na inércia e na condensação da fantasia, que deveria ser atravessada por uma dinâmica. É o sinthoma, não como condensação, mas como funcionamento, no qual são arrastados, implicados, atados, o simbólico, o imaginário e o real.

O passe do sinthoma

Para concluir, se nos reportarmos às "Conferências introdutórias à psicanálise",[5] de Freud, nos daremos conta de que ele introduzia seus ouvintes à psicanálise realçando, primeiro, a interpretação dos atos falhos e dos sonhos, em duas partes; depois, numa terceira parte, intitulada "Teoria geral das neuroses", ele dava sua teoria da libido.

De todo modo, o que para ele, e também para Lacan, permaneceu como referência e indicador foi a perversão. No começo da "Teoria geral das neuroses"[6] há a perversão, em que é posta em evidência uma condensação de gozo, uma abjeção à qual não podemos impedir de nos entregarmos e que, nos dia de hoje, chamamos de adicção. É a perversão que dá o modelo do objeto *a*. Em Lacan, a perversão serviu de modelo para dizer que nas neuroses é a mesma coisa, embora de modo turvo. Não nos damos conta disso por ser camuflado pelos labirintos do desejo, pelo desejo que, na verdade, é uma defesa contra o gozo. Portanto, nas neuroses, é preciso passar pela interpretação. De todo modo, se seguirmos o modelo da perversão, não passaremos pela fantasia. A perversão, ao contrário, evidencia o lugar de um dispositivo, de um funcionamento. É o que o conceito de sinthoma reencontra. Não se condensa no lugar privilegiado que chamamos de fantasia, encerra entre seus parênteses, a vida inteira. Do mesmo modo que o gozo não é apenas aprisionado nessa pequena captura do objeto *a*, mas estende-se por toda parte em que há significante. E o fato mais importante é a obtenção de gozo.

Nisso Lacan se distingue de Freud. Este pensa a libido como suscetível de uma energética. Ao passo que Lacan formula que o gozo não faz energia, não poderia inscrever-se como energia porque ela entra nos cálculos, o que já supõe a estrutura das matemáticas, o gozo, por ser consubstancial ao significante, decifra-se.

Disso resulta a noção que se impõe, embora Lacan não a tenha formulado assim, da interpretação de gozo, que é uma elucubração de saber sobre o gozo e sobre a razão de ele não convir. Sabemos por que, como diz Lacan, ele não convém. É que a norma freudiana não existe, a da relação sexual, o que se interpreta são as formas contingentes tomadas pela ausência da relação sexual e, em particular, na família e no casal parental. Interpretação de gozo, digo eu, porque o sentido não passa de uma rotina, a rotina de um discurso, a rotina do meio em que se vive. No que diz respeito à não relação sexual e ao gozo, esse sentido é semblante.

Nada de travessia da fantasia, dizia eu. O que vem nesse lugar? Primeiro, a semblantização do sentido. É a redução da verdade à verdade mentirosa. Se o passe não se dá com relação à fantasia, mas com relação ao sinthoma, não se trata, porém, da revelação de uma verdade. É a revelação de que *a verdade* é mentirosa, de que o *sentido* é semblante e de que o que se elucida é como, para você, o gozo é interpelado pelo semblante, pelo significado, pela bela forma inesquecível encontrada por Marcel Jouhandeau aos doze anos.

O passe do sinthoma é também querer o eterno retorno de sua singularidade no gozo.

Tal como o guerreiro aplicado, trata-se de um falasser que não mais seria atormentado pela verdade. Quanto a esse final, deve-se dizer que ele próprio é contingente.

Pode ser que o final da análise tenha a estrutura do encontro.

É isso. Até o ano que vem.

10 de junho de 2009

Anexo

A salvação pelos dejetos*

Vou explicar, primeiramente, meu título. É preciso que eu corrija o que foi impresso no programa de Pipol 4. Não se trata de "A salvação pelo dejeto", mas "... pelos dejetos", no plural. Convém ser exato, pois essa fórmula é, de fato, uma citação. É de Paul Valéry. Com essa fórmula, "a salvação pelos dejetos", ele define o Surrealismo, a via escolhida pelo Surrealismo. E digo "a via" no sentido do Tao. É o caminho. É também a maneira de fazer, de se colocar, de se deslizar no mundo, no discurso, no curso do mundo que é discurso.

E me parece muito justo dizer que André Breton prometeu a salvação pela via dos dejetos. Mas é ainda mais justo dizer isso de Freud. Aliás, a promessa surrealista nunca teria sido proferida se não tivesse havido antes a psicanálise, a descoberta freudiana, que foi, como se sabe, primeiramente, a desses dejetos da vida psíquica, os dejetos do mental, que são o sonho, o lapso, o ato falho e, mais além, o sintoma. Mas também a descoberta de que, levando-os a sério, e mais ainda, estando atento a eles, o sujeito tem chance de se salvar.

Sublimação

"Salvar-se" – a expressão é religiosa. Mas traduz, razoavelmente, que não se trata somente de saúde, de cura, mas do que, além do sintoma, ou sob o sintoma, é questão de verdade. De uma revelação de saber que carrega com ela a realização de uma satisfação e, se posso dizer, o desenvolvimento durável de uma satisfação superior.

---

* Jacques-Alain Miller, "Le salut par les déchets", *Mental: Clinique et Pragmatique de la Désinsertion en Psychanalyse*, n.24, Clamecy, abr 2010. Tradução: Helenice Saldanha de Castro. Revisão: Lúcia Grossi dos Santos e Marcus André Vieira.

Então, a fórmula de Valéry eu a deposito na conta da psicanálise. E digo que foi preciso que a psicanálise aparecesse com sua promessa de salvar pelos dejetos para que se percebesse que, até então, só se havia procurado a salvação pelos ideais.

É a Hércules que, no mito, é dada a escolha entre duas vias: a do vício e a da virtude. Tudo se passa como se a humanidade tivesse sido esse Hércules e que tenha se situado diante desta escolha: a salvação pelos ideais ou a salvação pelos dejetos. E, como por uma escolha forçada, se poderia dizer que ela tivesse sempre escolhido a salvação pelos ideais, até que Freud, o primeiro, lhe tenha aberto outra via, totalmente inédita, a da salvação pelos dejetos.

O que é o dejeto? O termo tem muitas ressonâncias para aqueles que, mesmo rapidamente, percorrem o ensino de Lacan. É o que é rejeitado, especialmente rejeitado ao cabo de uma operação onde só se retém o ouro, a substância preciosa a que ela leva. O dejeto é o que os alquimistas chamavam de *caput mortuum*. É o que cai, é o que tomba quando, por outro lado, algo se eleva. É o que se evacua, ou que se faz desaparecer, enquanto o ideal resplandece. O que resplandece tem forma. Pode-se dizer que o ideal é a glória da forma, enquanto o dejeto é in-forme. Ele prevalece sobre uma totalidade da qual é só um pedaço, uma peça avulsa.

A esse respeito, eu corrigiria uma nuance do que disse rapidamente sobre o Surrealismo. De fato, ele está na linha da psicanálise. É um de seus efeitos, e foi, quanto à arte, dos mais rápidos e retumbantes. Mas não se pode dizer também que o foi a título de defesa? O Surrealismo é uma arte, o que significa que realiza uma estetização do dejeto. Ele faz passar o dejeto ao registro da estética, e por aí, apesar de modificar a definição do belo, não o põe em questão. Pode-se notar que a arte dita contemporânea se ocupou, ao menos a partir de Marcel Duchamp, de nos oferecer o próprio dejeto como objeto de arte. E se pensamos com cuidado, isso não é próprio do Surrealismo, é o que a arte tem feito desde sempre. É a essência da arte, ou, antes, seu procedimento que foi colocado a nu pelo Surrealismo. A essência da arte é a de estetizar o dejeto, idealizá-lo, ou, como dizemos em psicanálise, sublimá-lo.

Lembrem-se da definição que Lacan dava da sublimação: elevar o objeto, o objeto *a* – diante desta assembleia, não vou redefini-lo –, elevar o objeto à dignidade de Coisa. Essa definição é certamente muito esclarecedora, mas não teria como nos satisfazer hoje, pois o que ele designa como a Coisa já é uma versão sublimada do gozo. Essa sublimação já está designada por estas duas palavras: o verbo "elevar" e o substantivo "dignidade". O gozo como tal, no entanto, não puxa para o alto. E ele é nu, cru, no sentido oposto a cozido. Ele é cru, não tem a dignidade com que se recobrir. O que Lacan visa como a Coisa é ao gozo idealizado, limpo, vazio, reduzido à falta, reduzido à castração, reduzido à ausência da relação sexual.

Quando o gozo é elevado à dignidade de Coisa, ou seja, quando ele não é rebaixado à indignidade do dejeto, ele é sublimado, isto é, socializado. O que chamamos de "sublimação" efetua uma socialização do gozo. O gozo é socializado, quer dizer, integrado ao laço social, ao circuito das trocas. Ele é colocado a trabalho no discurso do Outro e para o seu gozo.

É por essa via que, nesta manhã, percebi a sublimação como o meio por onde o gozo, forçosamente autista, do Um, entrelaça-se com o discurso do Outro e vem se inscrever no laço social. Não vejo por que não estender essa ideia a ponto de se dizer que é apenas através da sublimação que o gozo faz laço social.

Ah, não estou esquecendo que é necessária a produção de um objeto suscetível de ser, como se diz, elevado à dignidade da Coisa! É nesse sentido que o coito não é nele mesmo um ato e não funda, como tal, nenhum laço social. Isso foi visto, de outro modo, por Jean-Jacques Rousseau em seu segundo discurso, quando ele descreve os acasalamentos ocasionais de sua humanidade primitiva, pré-social. A sexualidade só se socializa quando ligada à reprodução, no quadro simbólico, suscetível de elevar a criança, como objeto, à dignidade da Coisa. Por falta dessa inserção simbólica, ela é rebaixada à indignidade do objeto. E traz essa marca no que aparece como seu destino.

O problemático gozo do Outro

Observo o caráter problemático do que se designa como gozo do Outro, de que falei há pouco. Quando esse Outro se encarna sob o modo de outro corpo, o gozo que suscita no corpo de um permanece, evidentemente, separado do gozo que esse outro corpo experimenta. Quando o Outro designa o corpo social, se posso dizer, seu gozo, o gozo desse Outro, mantém-se como uma abstração.

Um abstrato, uma ficção que se apoia no número, na massa, como aqui, por exemplo. Afinal, falo para lhes agradar. Vocês são 1.100 nesta manhã, me disse Vicente Palomera. Nada mal.

Entretanto, pode ser que o gozo do Outro social ganhe corpo, que consiga ser identificado no lugar do Outro, que não se evapore, que não se torne volátil e não se confunda com o esplendor vazio da Coisa. É quando, pode-se dizer, ou subentender, ou ser persuadido de que "o Outro goza de mim". Tal é o axioma que resume, no dizer de Lacan, a posição subjetiva que a psiquiatria reconheceu sob o nome de paranoia. No dizer de Lacan, tal como entendo, tal como interpreto, o que não é dizer "tal e qual".

A paranoia é uma patologia, sem nenhuma dúvida. No entanto, Lacan disse também que a personalidade, como tal, é paranoica. A paranoia acompanha a sublimação como sua sombra. Demonstra-o o que se poderia chamar de "paranoia dos criadores", da qual temos todos os exemplos nas querelas complexas, infinitas, que opõem o autor e o editor, o pintor e seu marchand, mas que faz a matéria de suas biografias. Vamos até o fim: de certa maneira, é impossível ser alguém sem ser paranoico. É impossível ser alguém do qual se fala, alguém cujo nome é veiculado no discurso do Outro e, por isso mesmo, vilipendiado, difamado ao mesmo tempo que difundido; é impossível ser alguém sem o apoio de uma paranoia. Quer dizer, simplesmente, que o Outro social é sempre um Outro mau, que quer gozar de mim, me usar, me fazer servir a seu uso e fins.

A paranoia, essa de que falo, num sentido mais amplo, "paranoia moderada", se posso dizer assim, a paranoia é consubstancial ao laço social. Ela é presente e ativa desde o estádio do espelho, matriz do imaginário. A mínima cadeia significante, o significante mais elementar, obscuro oráculo simbólico, veicula essa paranoia. E pode-se dizer que essa paranoia motiva também toda defesa contra o real.

Digo, então, que a paranoia constitui a consistência da personalidade. É a paranoia – tal como acabo de dizer, ao mesmo tempo ampliada e temperada – que estabiliza, que unifica e dá densidade à instância que a psicanálise designa como "eu". Sem essa paranoia o eu não seria mais que um *bric-à-brac* de identificações imaginárias. Sou levado a dizer, portanto, que é a paranoia que socializa o sujeito pela suposição no Outro de uma vontade de gozo, uma vontade que não pretende se empregar para o bem do sujeito.

É essa imputação de vontade malévola que o Outro social, ali onde ele é representado pelas instâncias legais, se empenha incessantemente em desmentir.

De todos os lados, por todas as vozes inumeráveis do povo administrativo que ele multiplica, ele só diz uma coisa: "Eu quero o seu bem." É preciso muito pouca personalidade para que se possa botar fé nisso.

Esse pouco de personalidade é, sem dúvida, o traço comum desses que vêm se entregar às instituições de cuidado, que os acolhem, gratuitamente, de braços abertos e com a boca em coro sob a égide implícita do "eu quero o seu bem". Aqueles que podem crer nisso são os rebotalhos da vontade de gozo.

Se o laço social é de essência paranoica, então a dificuldade de se inserir é da ordem da debilidade. Isso se chamarmos de debilidade o deslizamento subjetivo do discurso até a posição fora do discurso que a psiquiatria fixou com o termo "esquizofrenia".

É preciso dizer que a debilidade assim definida é muito geralmente a dos psicanalistas, eles próprios. O que os salva – o que os salva mesmo assim – é terem tido êxito em fazer de sua posição de dejeto o princípio de um novo discurso. De terem tido êxito em sublimar o suficiente sua degradação para elevá-la à dignidade de uma prática, ou seja, de um objeto de troca. Eles se fazem pagar, tudo está aí. Eles vendem o que eles chamam, às vezes, de sua arte.

No entanto, permanecem, e desejam permanecer, forçosamente ilegais (ou clandestinos). Mesmo que tenham um domicílio fixo, o que é inevitável, eles não são completamente integrados à ordem social. Eles têm só um pé dentro. A inserção social da psicanálise, se ela tivesse que se realizar, seria ao mesmo tempo o seu desaparecimento. A prova é que fazer reconhecer a utilidade social da psicanálise é uma via delicada. Pois, se os analistas levassem esse reconhecimento a sério e não o tomassem por um semblante, esse reconhecimento os obrigaria a desejar o bem, quer dizer, a participar desse desconhecimento onde o Outro mau ostenta sua boa vontade, sua vontade boa.

A clínica da desinserção apresenta uma variedade que precisa ser seriada, graus que merecem ser anotados e que confinam com o fora do discurso da esquizofrenia. A pragmática da desinserção, quando ela procede psicanaliticamente, consiste, no sentido já dito, em paranoizar o sujeito. A fórmula é ousada, mas depois de tudo ela pode se autorizar pela definição que Lacan deu outrora do tratamento psicanalítico, a de uma paranoia dirigida. Trata-se de sujeitos nos quais a paranoia, para poder ser dirigida, precisa, primeiro, ser produzida. E se poderia dizer que o sujeito seria suficientemente paranoico quando quisesse bem empregar seu dinheiro para ser escutado e tratado.

O que a pragmática da desinserção busca realizar quando se confronta com essa falta de paranoia? Ela busca realizar uma identificação, sem dúvida, que permita ao sujeito encontrar seu lugar em uma das múltiplas rotinas das quais é feita a organização social e que tem por propriedade estabilizar a relação do significante e do significado, a relação do sujeito com as grandes significações humanas. Mas não se trata somente de obter uma identificação significante do sujeito, sua inscrição sob um significante-mestre. Trata-se de uma identificação de gozo no lugar do Outro, quer dizer, o equivalente do que sua fantasia procura na neurose, assim como na perversão. Trata-se de desprender do gozo uma parcela que possa constituir objeto e, inicialmente, objeto de uma narração, de um cenário – como o cenário da fantasia –, de uma *storytelling*, como nos foi ensinado hoje com esta palavra, de uma lenda, daquilo que Lacan chamava de "mito individual" e que pode ter lugar de fantasia.

O que do gozo resta insocializável

Estas jornadas são bem-vindas, pois era urgente esclarecer a clínica e a pragmática da desinserção, já que os psicanalistas, ao menos os que se ligam ao Campo Freudiano, tornaram-se *narodniki* apaixonados. *Narodniki* – essa palavra não se traduz, é do russo – designa aqueles que iam até o povo, no impulso de um movimento que dominava a inteligência russa no final do século XIX, início do XX. Pois bem, comparo o movimento dos CPCT [Clínica Psicanalítica de Consulta e Tratamento] aos *narodniki*. Essa foi a boa nova: os analistas saem de seus consultórios. A postura tradicional queria, com efeito, que o analista esperasse em seu consultório que as demandas lhe chegassem. Atitude passiva, expectante, que consiste em receber. No lugar disso, adota-se um método de provocação institucional visando suscitar as demandas, suprimindo os obstáculos que poderiam ser qualificados de imaginários.

Os pacientes seriam tratados, daqui em diante, gratuitamente, e se endereçariam a um coletivo, não a um indivíduo. Supunha-se que, para um sujeito ignorante, um coletivo tornaria evidente que uns e outros se garantiam mutuamente. Essa gratuidade do tratamento implicaria sua duração limitada.

Devo dizer que lancei sobre esse método um olhar retrospectivo; não se vê nada ali que uma associação de psicanalistas não poderia fazer desde que aceitasse financiar esse coletivo a fundo perdido. Não vejo nada nesse método que seja repugnante, pois a gratuidade estaria compensada pela limitação da duração. Mas nós acrescentamos um elemento – escrevi "nós acrescentamos" um elemento, me declaro culpado –, acrescentamos um elemento que mudaria tudo. Essa nova instituição seria financiada pelas subvenções públicas. Erro fatal. Era interpor entre o analista e o povo uma instância terceira: o Estado, suas administrações. A operação consagraria, assim, acreditava-se, o reconhecimento pela sociedade dos benefícios da ação psicanalítica. Mas, num mesmo golpe, forçava-se o CPCT a ser como Arlequim, servidor de dois mestres: o discurso do analista e o discurso do mestre. Pote de barro contra pote de ferro. O discurso do analista fracassa diante do ferro do discurso do mestre. A experiência demonstra o poder das formações coletivas e a fraqueza, a fragilidade, a debilidade do psicanalista quando ele quer se inserir diretamente.

O discurso do mestre procede exclusivamente pela identificação significante. É por aí, nesse sentido, que interdita a fantasia, como estipula expressamente a linha inferior do esquema do discurso do mestre tal como traçado por Lacan. A identificação reina sem divisão. O paciente foi de imediato identificado com seu sintoma e torna-se exemplar de uma classe, de uma categoria. De sua parte, o analista foi convidado a se identificar com a boa vontade do terapeuta, a sua função terapêutica.

Depois de uma fase, nós estamos felizmente de volta. O analista não tem que se inserir no laço social prescrito pelo discurso do mestre; o tratamento gratuito com duração limitada só se justifica se ele introduz a experiência psicanalítica, se introduz o laço social específico que se tece em torno do analista como dejeto, representante do que, do gozo, resta insocializável.

Porque proíbe a fantasia o discurso do mestre crê na saúde mental. Esse ideal é proibido ao analista que oferece uma via inédita, mais precária, no entanto, mais segura: a salvação pelos dejetos.

Notas

1. Primeira lição (p.9 a 27)

1. *Choses de finesse en psychanalyse*: na língua francesa, *finesse* expressa um refinamento menos associado a algo aristocrático do que o uso do termo no Brasil consagrou. Por isso optamos por "fineza", posto que "finura" – palavra comumente adotada para traduzir a expressão utilizada por Pascal e citada por J.-A. Miller mais adiante – soaria por demais neológico, apesar de dicionarizado. (N.T.)
2. Cf. a penúltima lição do Curso da Orientação Lacaniana "Todo mundo é louco", 2007-08. (N.R.)
3. Em francês diz-se *la levée du symptôme* para a resolução do sintoma no tratamento. (N.T.)
4. Jacques Lacan, "Do sujeito enfim em questão" (1966), in *Escritos*, Rio de Janeiro, Zahar, 2010, [1998], p.229-37.
5. Jacques Lacan, "Ato de fundação" (1964), in *Outros escritos*, Rio de Janeiro, Zahar, 2010, [2003], p.235-47.
6. Jacques Lacan, "Formulações sobre a causalidade psíquica" (1946), in *Escritos*, op.cit., p.152-94.
7. Jacques Lacan, "De um silabário a *posteriori*" (1966), in *Escritos*, op.cit., p.725-33.
8. J.-A. Miller soletra o termo *chique* (casulo) provavelmente para distingui-lo de seu homófono *chic* (chique), que não foi incorporado à nossa língua com a grafia original. (N.R.)
9. F. Le Lionnais, *Grands courants de la pensée mathématique*, Paris, Hermann, 1997. Também publicado em inglês, com o título *Great Currents of Mathematical Thought*, vol.I. Pode ser lido no Google Books: http://books.google.com.br/books?id=CY6OMeJoM4gC&pg=PT1&dq=Great+Currents+Of+Mathematical+Thought,#v=onepage&q=&f=false. (N.R.)
10. Sigmund Freud, "La finesse d'un acte manqué" (1935), in *Résultats, idées et problèmes*, vol.II, Paris, PUF, 1985 [ed. bras.: "As sutilezas de um ato falho", in *Edição Standard Brasileira das Obras Completas de Sigmund Freud* (*ESB*), vol.XXII, Rio de Janeiro, Imago, 1996, p.227-32]. [Vale lembrar que Strachey traduz *die Feinheit* por *fineness*. (N.R.)]
11. Blaise Pascal, *Pensamentos*, I, 1, Rio de Janeiro, Ediouro, 1966, p.71-2.
12. Jacques Lacan, "Prefácio à edição inglesa do *Seminário 11*" (1976), in *Outros escritos*, op.cit., p.567-9.
13. Ibid., p.568.

2. Segunda lição (p.28 a 38)

1. Sigmund Freud, "La finesse d'un acte manqué" (1935), in *Résultats, idées et problèmes*, vol.II, Paris, PUF, 1985 [ed. bras.: "As sutilezas de um ato falho", in *ESB*, vol.XXII, Rio de Janeiro, Imago, 1996, p.227-32].
2. Cf. Jacques Lacan, "Discurso na Escola Freudiana de Paris" (1967), in *Outros escritos*, Rio de Janeiro, Zahar, 2010, [2003], p.287. [A expressão *à la manque* traduz-se por "defeituoso", "fracassado". O termo *manque* ocupa um lugar a tal ponto privilegiado por Lacan que se optou por seguir o sentido literal da expressão mais que o figurado. (N.R.)]

3. Terceira lição (p.39 a 59)

1. *Ornicar?*, n.32, Paris, ECF, 1985.
2. I. Hollos, *Mes adieux à la Maison jaune* (1927), *Révue Le Coq-Héron*, 100, 1986.
3. Sigmund Freud, "Análise terminável e interminável", in *ESB*, vol.XXIII, Rio de Janeiro, Imago, 1996.
4. Sigmund Freud, "Inibições, sintomas e angústia", in *ESB*, vol.XX, op.cit.
5. Jacques Lacan, "Do sujeito enfim em questão" (1966), in *Escritos*, Rio de Janeiro, Zahar, 2010, [1998], p.229.
6. Aqui J.-A. Miller faz um jogo de palavras intraduzível entre *livre* (livro) e *livrer* (entregar). (N.T.)
7. Jacques Lacan, *O Seminário*, livro 4, *A relação de objeto*, Rio de Janeiro, Zahar, 2008, [1995].
8. Sigmund Freud, "As sutilezas de um ato falho", in *ESB*, vol.XXII, op.cit., p.227-32.
9. Perde-se, aqui, o jogo de palavras feito por J.-A. Miller valendo-se da homofonia entre os verbos *panser* (no sentido de aplicar um curativo) e *penser* (pensar). (N.T.)
10. Optamos por seguir a tradução da versão francesa, apesar de essa passagem ter sido traduzida de modo diferente na *ESB*. (N.R.)
11. Trata-se, segundo Strachey, de Dorothy Burlingham, que, à época da publicação desse volume das *Obras Completas* de Freud (1962), ainda possuía o anel e o cartão no qual estava afixada a pedra (cf. Sigmund Freud, "As sutilezas de um ato falho", in *ESB*, vol.XXII, op.cit., p.231n). (N.T.)
12. O aforismo lacaniano é pleno de ambiguidade, pois *pas folles du tout* também poderia ser traduzido como "nada loucas", ou ainda "nada loucas pelo Todo" (cf. Jacques Lacan, *Televisão*, Rio de Janeiro, Zahar, 1993, p.70; ou: *Outros escritos*, Rio de Janeiro, Zahar, 2010, [2003], p.538). (N.R.)
13. Jacques Lacan, *O Seminário*, livro 8, *A transferência*, Rio de Janeiro, Zahar, 2010, [1992].

4. Quarta lição (p.60 a 75)

1. "Não estabeleça o mesmo procedimento duas vezes." Sigmund Freud, *Standard Edition* (*S.E.*), vol.XXII, Londres, The Hogarth Press, 1964, p.233 [ed. bras.: "As sutilezas de um ato falho", in *ESB*, vol.XXII, Rio de Janeiro, Imago, 1996, p.227-32]. (N.T.)

2. Jacques Lacan, "Subversão do sujeito e dialética do desejo no inconsciente freudiano" (1960), in *Escritos*, Rio de Janeiro, Zahar, 2010, [1998], p.807.
3. Georges Canguilhem, *Escritos sobre a medicina*, Rio de Janeiro, Forense Universitária, 2005, p.35.
4. Ibid., p.44.
5. Ibid., p.45.
6. Jacques Lacan, *O Seminário*, livro 10, *A angústia*, Rio de Janeiro, Zahar, 2010, [2005].
7. No original, *atermoiement = le moi ment, à terme*: preferimos traduzir literalmente, para que se mantenha o jogo de palavras criado por J.-A. Miller ao escandir *atermoiement*, valendo-se também da homofonia entre *ater* (de *atermoiement*) e *atterre* (consternar, deixar estupefato, aterrar, acepção pela qual optamos). (N.T.)
8. Jacques-Alain Miller, "Do sintoma à fantasia e retorno" (1982-83), Curso da Orientação Lacaniana II.
9. Sigmund Freud, "Inhibitions, symptoms and anxiety" (1926), in *S.E.*, vol.XX, op.cit. [ed. bras.: "Inibições, sintomas e angústia, in *ESB*, vol.XX, op.cit.].
10. Jacques Lacan, *O Seminário*, livro 11, *Os quatro conceitos fundamentais da psicanálise*, Rio de Janeiro, Zahar, 2010, [1985].

5. Quinta lição (p.76 a 87)

1. Jacques Lacan, *O Seminário*, livro 23, *O sinthoma*, Rio de Janeiro, Zahar, 2007.
2. Jogo de palavras possibilitado pela homofonia entre *sert*, do verbo *servir* (servir), e *serre*, do verbo *serrer* (apertar). (N.T.)
3. Jacques Lacan, "Lugar, origem e fim do meu ensino" (1967), in *Meu ensino*, Rio de Janeiro, Zahar, 2006, [2005], p.9-66.
4. Cf. Jacques Lacan, *O Seminário*, livro 23, *O sinthoma*, op.cit., p.158.
5. D.P. Schreber, *Memórias de um doente dos nervos*, São Paulo, Paz e Terra, 2006.
6. Para o termo *desabonné* (desabonado), que remete a "não usuário de um serviço" e também a "desacreditado", "depreciado", "que não tem recursos", conferir a esclarecedora nota do tradutor desse Seminário no Brasil, Sérgio Laia, à p.62 de seu livro *Os escritos fora de si: Joyce, Lacan e a loucura* (Belo Horizonte/São Paulo, Autêntica, 2001). Diz ele: "*Joyce désabonné à l'inconscient* significa, por conseguinte ... que esse escritor, segundo Lacan, deixou de ser assinante do inconsciente ou, de um modo mais preciso, que sua obra não é, como talvez pretenderia uma psicobiografia, redutível a uma formação do inconsciente, a um artifício através do qual o inconsciente manifestaria algumas de suas interpretações do material recalcado pela censura." Cf. também S. Laia, "Notas suplementares à tradução brasileira do *Seminário O sinthoma*", in *Opção Lacaniana*, n.49, ago 2007. (N.T.)
7. Jacques Lacan, *O Seminário*, livro 20, *Mais, ainda*, Rio de Janeiro, Zahar, 2008.

6. Sexta lição (p.88 a 98)

1. Cf. W.R. Bion, *A atenção e interpretação*, Rio de Janeiro, Imago, 1991.
2. W.V. Quine, *Methods of Logic*, Cambridge, Harvard University, 1982.
3. Alusão a "The cat that walked by himself", in *Just so Stories* (1902), de Rudyard Kipling. Versão francesa: *Le chat qui s'en va tout seul*, Paris, Flammarion, 2008. (N.T.)
4. Cf. Jacques Lacan, *Outros escritos*, Rio de Janeiro, Zahar, 2010, [2003], p.520.
5. Na conferência "Joyce, o Sintoma", in *O Seminário*, livro 23, *O sinthoma*, Rio de Janeiro, Zahar, 2007, p.163.

7. Sétima lição (p.99 a 111)

1. Referência à novela "Knock ou o triunfo da medicina", de Jules Romains, que destaca de forma cômica como a presença do médico muitas vezes produz sintomas, ao pôr em cena um médico que se utiliza disso para angariar pacientes. (N.T.)
2. Buscou-se manter a ambiguidade homofônica do original entre *pensement* (pensamento) e *pansement* (curativo), pois o termo "penso", em português, também remete à aplicação de remédio para limpeza ou tratamento de feridas, incisões cirúrgicas etc. (o mesmo que "curativo"). (N.T.)
3. Jacques Lacan, "Função e campo da fala e da linguagem em psicanálise" ("Relatório de Roma") (1953), in *Escritos*, Rio de Janeiro, Zahar, 2010, [1998], p.238-324.
4. Jacques Lacan, "Proposição de 9 de outubro de 1967 sobre o psicanalista da Escola", in *Outros escritos*, Rio de Janeiro, Zahar, 2010, [2003], p.257.
5. Jacques Lacan, *O Seminário*, livro 17, *O avesso da psicanálise*, Rio de Janeiro, Zahar, 2010, [1992].
6. Jacques Lacan, *O Seminário*, livro 16, *De um Outro ao outro*, Rio de Janeiro, Zahar, 2008.
7. Jacques Lacan, "Prefácio à edição inglesa do *Seminário 11*" (1976), in *Outros escritos*, op.cit., p.567.
8. Idem.
9. Cf. Curso da Orientação Lacaniana III, 9, lição de 22 nov 2006, de J.-A. Miller. (N.R.)
10. Idem.

8. Oitava lição (p.112 a 124)

1. Jacques Lacan, "Proposição de 9 de outubro de 1967 sobre o psicanalista da Escola", in *Outros escritos*, Rio de Janeiro, Zahar, 2010, [2003], p.248-64.
2. Sigmund Freud, "Análise terminável e interminável", in *ESB*, vol.XXIII, Rio de Janeiro, Imago, 1996.
3. Jacques Lacan, *O Seminário*, livro 20, *Mais, ainda*, Rio de Janeiro, Zahar, 2008, p.149.

4. Jacques Lacan, "Prefácio à edição inglesa do *Seminário 11*" (1976), in *Outros escritos*, op.cit., p.568.
5. Idem.
6. Ibid., 569.
7. Idem.
8. Ibid., p.567.
9. Jacques Lacan, "De uma questão preliminar a todo tratamento possível da psicose" (1955-56), in *Escritos*, Rio de Janeiro, Zahar, 2010, [1998], p.575.
10. Jacques Lacan, *Outros escritos*, op.cit., p.567.
11. Jacques Lacan, "Função e campo da fala e da linguagem em psicanálise" (1953), in *Escritos*, op.cit., p.238-324.
12. No original: "*... la réponse de la bergère au berger.*" A expressão, segundo o *Grand Robert*, é: *la réponse du Berger à la bergère*, ou seja, "dar o assunto por encerrado". Optamos pela tradução literal para melhor acompanhar a ideia de J.-A. Miller. (N.T.)

9. Nona lição (p.125 a 132)

1. Jacques Lacan, "Função e campo da fala e da linguagem em psicanálise" (1953), in *Escritos*, Rio de Janeiro, Zahar, 2010, [1998], p.238.
2. Ibid., p.257 (ambas as citações).
3. Ibid., p.259.
4. *Foncteur/functor*: *fonction + opérateur*. Cf. *Glosario de términos filosóficos*: "O termo *functor* vem da lógica. Trata-se de operadores linguísticos que nos permitem mobilizar as asserções. Termo utilizado pela lógica formal para designar qualquer operador lógico ou conectivo que, por não possuir nenhum conteúdo semântico, é usado para estabelecer relações entre conteúdos". Cf. http://sylvestre.ledru.info: "Os *functores* têm a particularidade de poderem ser utilizados exatamente como funções ... Todavia, são um pouco mais potentes do que simples funções, pois permitem transportar, além do código do operador funcional, parâmetros adicionais para seus dados membros. ... Na verdade, toda função pode ser transformada em *functor*." Cf. www.filosofia.net/materiales/glosario: "*Functor*, operador ou conector: assim são chamadas as partes constantes do discurso que carecem de significado, a não ser quando unidas às partes variáveis. Para expressá-las, a lógica matemática se vale de símbolos convencionais." (N.T.)

10. Décima lição (p.133 a 138)

1. Jacques Lacan, *O Seminário*, livro 7, *A ética da psicanálise*, Rio de Janeiro, Zahar, 2008.
2. Jacques Lacan, "Subversão do sujeito e dialética do desejo" (1960), in *Escritos*, Rio de Janeiro, Zahar, 2010, [1998], p.831.

3. Jacques Lacan, "Joyce, o Sintoma", in *Outros escritos*, Rio de Janeiro, Zahar, 2010, [2003], p.566.

11. Décima primeira lição (p.139 a 158)

1. Jogo de palavras possível pela homofonia entre *ça-voir* (isso-ver) e *savoir* (saber). (N.T.)
2. Jacques Lacan, "A instância da letra no inconsciente ou a razão desde Freud", (1957), in *Escritos*, Rio de Janeiro, Zahar, 2010, [1998].
3. Jacques Lacan, *O Seminário*, livro 5, *As formações do inconsciente*, Rio de Janeiro, Zahar, 2010, [1999].
4. Jacques Lacan, "Kant com Sade" (1962), in *Escritos*, op.cit.
5. Sigmund Freud, "Inibições, sintomas e angústia", in *ESB*, vol.XX, Rio de Janeiro, Imago, 1996.

12. Décima segunda lição (p.159 a 170)

1. Jacques Lacan, "A direção do tratamento e os princípios de seu poder" (1958), in *Escritos*, Rio de Janeiro, Zahar, 2010, [1998].
2. Gaston Lagaffe é um personagem de história em quadrinhos criado em 1957 por André Franquin, desenhista e argumentista belga. Gaston trabalha na redação da revista *Spirou*. Ele surgiu ali de repente, sem nenhuma explicação, aparentemente inativo, contratado por alguém de quem nem se lembra. Conhecido como herói-sem-emprego, é encarregado da manutenção e vigilância dos extintores de incêndio e consegue fazê-los pegar fogo! *Gaffeur* (desastrado) inveterado, semeia ventos e tempestades. Cf.: www.pt.wikipedia.org. Acesso em: abr 2009. (N.T.)
3. *Les Branquignols* é o nome de uma trupe de comediantes, a um só tempo músicos e cançonetistas, criada no pós-guerra por Robert Dhéry e Colette Brosset e integrada, entre outros, por Louis de Funès, Jean Carmet, Michel Serrault, Micheline Dax, Pierre Tornade. (N.T.)
4. J. Hintikka, *Knowledge and Belief: An Introduction to the Logic of the Two Notions*, Nova York, Cornell UP, 1962.
5. Jacques Lacan, "Radiofonia" (1970), in *Outros escritos*, Rio de Janeiro, Zahar, 2010, [2003], p.474.
6. Jacques Lacan, *O Seminário*, livro 2, *O eu na teoria de Freud e na técnica da psicanálise*, Rio de Janeiro, Zahar, 2010, [1985].
7. Sigmund Freud, "Chistes e sua relação com o inconsciente", in *ESB*, vol.VIII, Rio de Janeiro, Imago, 1996.

13. Décima terceira lição (p.171 a 183)

1. É bom lembrar que o termo francês *blanc* (branco), traduzido aqui literalmente, tem o sentido corrente de "lacuna". (N.R.)
2. Jacques Lacan, "Radiofonia" (1970), in *Outros escritos*, Rio de Janeiro, Zahar, 2010, [2003], p.440.
3. No original: *le savoir comme-ci, mais pas le savoir comme-ça*. Aqui é bom ter em mente que, mais do que do significado da expressão *comme-ci, comme-ça* (assim-assim, mais ou menos), J.-A. Miller parece valer-se da homofonia entre *comme-si* (como se) e *comme-ci* (assim). (N.T.)
4. Sobre esse termo, ver, neste volume, a nota 4 da "Nona lição". (N.R.)
5. *A saúde é a vida no silêncio dos órgãos* (1936), do francês René Leriche (1879-1955), fisiologista e cirurgião especialista em sistema nervoso simpático e fenômenos da dor. A frase título de seu livro, assim como algumas de suas proposições, está na base dos trabalhos desenvolvidos pelo filósofo e epistemólogo George Canguilhem. Conferir *Escritos sobre a medicina* (Rio de Janeiro, Forense Universitária, 2005), já citado por J.-A. Miller no Curso de 2007-08 "Todo mundo é louco". (N.T.)
6. Sigmund Freud, "Mais além do princípio do prazer", in *ESB*, vol.XVIII, Rio de Janeiro, Imago, 1996.
7. Jacques Lacan, "Subversão do sujeito e dialética do desejo no inconsciente freudiano" (1960), in *Escritos*, Rio de Janeiro, Zahar, 2010, [1998].
8. Ibid., p.836.
9. Ibid., p.841.

14. Décima quarta lição (p.184 a 190)

1. Jacques Lacan, "Subversão do sujeito e dialética do desejo no inconsciente freudiano" (1960), in *Escritos*, Rio de Janeiro, Zahar, 2010, [1998].
2. Jacques Lacan, "A função do escrito", in *O Seminário*, livro 20, *Mais, ainda*, Rio de Janeiro, Zahar, 2008.
3. Sigmund Freud, "Uma criança é espancada: uma contribuição para o estudo da origem das perversões sexuais" (1919), in *ESB*, vol.XVI, Rio de Janeiro, Imago, 1996.

15. Décima quinta lição (p.191 a 204)

1. Cf. Sigmund Freud, "New introductory lectures on psycho-analysis" (1932-33), lecture XXXI: "The dissection of the psychical personality", in *S.E.*, Londres, The Hogarth Press, 1964, p.80 [ed. bras.: "Novas conferências introdutórias à psicanálise. A dissecação da personalidade psíquica", in *ESB*, vol.XXII, Rio de Janeiro, Imago, 1996]. (N.T.)

2. J.-A. Miller se refere a uma certa homofonia entre *mort-ification* (morte-ficação) e *mot-rtification* (palavra-mortificação). (N.R.)
3. Yad Vashem (hebraico: יד ושם ou Yad VaShem), isto é, "Autoridade de recordação dos mártires e heróis do Holocausto". Trata-se do memorial oficial de Israel para lembrar as vítimas do Holocausto. Foi estabelecido em 1953 pela Lei Yad Vashem, passada pela Knesset, o Parlamento de Israel. Cf. www.wikipedia.org. Acesso em: jun 2009. (N.T.)
4. *Tue*, terceira pessoa do singular do presente do indicativo do verbo *tuer* (matar). (N.T.)
5. *Le diable amoureux* (1772), de Jacques Cazotte (1719-1792), escritor francês considerado precursor do relato fantástico. Essa obra situa-se na encruzilhada do romance de aprendizagem com a novela fantástica e é tida como o primeiro grande relato fantástico francês. Cf. M.P. Leite, *O deus odioso: Psicanálise e representação do mal*, São Paulo, Escuta, 1991. (N.T.)
6. Edgar Allan Poe, "The angel of the odd: An *extravaganza*", publicado primeiramente em *The Columbian Magazine*, em outubro de 1844, e depois anexado à compilação *Tales of the Grotesque and Arabesque*, traduzido para o francês por Charles Baudelaire como *Histoires extraordinaires*. Cf. www.pambytes.com/poe. Acesso em: jun 2009. (N.T.)
7. Perde-se aqui o jogo homofônico de J.-A. Miller com as palavras *charmant* (charmoso) e *chameau* (camelo). (N.T.)
8. Cf. Jacques Lacan, "A direção do tratamento e os princípios de seu poder" (1958), in *Escritos*, Rio de Janeiro, Zahar, 2010, [1998], p.623.
9. Jacques Lacan, "Subversão do sujeito e dialética do desejo no inconsciente freudiano" (1960), in *Escritos*, op.cit., p.836.
10. Alusão à fábula chinesa "O morcego", do século XVII ou XVIII. No dia do aniversário da Fênix, todos os pássaros se apresentaram para lhe prestar homenagem e bons votos. Só faltou o morcego. A Fênix, muito ofendida, disse-lhe, num tom sério: "Você é meu súdito, não meu soberano!" Respondeu o morcego: "Olhe as minhas patas. Por acaso sou um pássaro? Por que então eu lhe prestaria homenagem?" Chegou o dia do aniversário da Licorne e o morcego tampouco apareceu. A Licorne, então, passou-lhe aquele sermão: "Eu?", disse o morcego, "olhe as minhas asas, sou um pássaro. Por que então eu lhe prestaria homenagem?" Cf. *Histoires courtes*, in www.chinastral.com, e também *Fables de la Chine antique*, in http://fonddetiroir.hautetfort.com. Acesso em: jun 2009. (N.T.)
11. Jacques Lacan, "Subversão do sujeito e dialética do desejo no inconsciente freudiano" (1960), in *Escritos*, op.cit., p.836.

16. Décima sexta lição (p.205 a 213)

1. Jacques Lacan, *O Seminário*, livro 11, *Os quatro conceitos fundamentais da psicanálise* (1964), Rio de Janeiro, Zahar, 2010, [1985].

2. Jacques Lacan, *O Seminário*, livro 7, *A ética da psicanálise* (1959-60), Rio de Janeiro, Zahar, 2008. Conferir lições VI e VII.
3. Sigmund Freud, "Conferência XVIII: Fixação aos traumas. O inconsciente" (1916-17), in *ESB*, vol.XVI, Rio de Janeiro, Imago, 1996, p.287.
4. Ibid., p.288.
5. Conferir, por exemplo: "Um sintoma é um sinal e um substituto de uma satisfação instintual que permaneceu em estado jacente" (1926[1925]), in "Inibições, sintomas e angústia, in *ESB*, vol.XX, op.cit., p.95. (N.R.)

17. Décima sétima lição (p.214 a 226)

1. Jacques Lacan, "De um desígnio" (1966), in *Escritos*, Rio de Janeiro, Zahar, 2010, [1998], p.369.
2. Jacques Lacan, "A direção do tratamento e os princípios de seu poder" (1958), in *Escritos*, op.cit.
3. Jacques Lacan, "O seminário sobre 'A carta roubada'" (1955), in *Escritos*, op.cit.
4. Jacques Lacan, "Intervenção sobre a transferência" (1951), in *Escritos*, op.cit.
5. Sigmund Freud, "Conferências introdutórias sobre psicanálise", in *ESB*, vols.XV e XVI, Rio de Janeiro, Imago, 1996.
6. Sigmund Freud, "Teoria geral das neuroses", in *ESB*, vol.X, op.cit.

Agradecimentos

Nossos agradecimentos a Maria do Carmo Dias Batista, Celso Rennó Lima e Elza Marques Lisboa de Freitas, por sua valiosa contribuição na tradução da Segunda, Terceira e Quinta Lição, respectivamente, para uso exclusivo nos Seminários de Leitura da Orientação Lacaniana na Escola Brasileira de Psicanálise (EBP); a Tatiane Grova, pela pesquisa de referências; e a Mirta Zbrun, pela intermediação com a Maison de France.

Coleção Campo Freudiano no Brasil

O que quer uma mulher?
Serge André

Para ler o Seminário 11 de Lacan
Os quatro conceitos fundamentais da psicanálise
Richard Feldstein, Bruce Fink e *Maire Jaanus* (orgs.)

Estratégias na neurose obsessiva
Luiz Renato Gazzola

Os complexos familiares
na formação do indivíduo
Jacques Lacan

Escritos
Jacques Lacan

Outros escritos
Jacques Lacan

O Seminário, livro 1
Os escritos técnicos de Freud
Jacques Lacan

O Seminário, livro 2
O eu na teoria de Freud e na técnica da psicanálise
Jacques Lacan

O Seminário, livro 3
As psicoses
Jacques Lacan

O Seminário, livro 4
A relação de objeto
Jacques Lacan

O Seminário, livro 5
As formações do inconsciente
Jacques Lacan

O Seminário, livro 7
A ética da psicanálise
Jacques Lacan

O Seminário, livro 8
A transferência
Jacques Lacan

O Seminário, livro 10
A angústia
Jacques Lacan

O Seminário, livro 11
Os quatro conceitos fundamentais da psicanálise
Jacques Lacan

O Seminário, livro 16
De um Outro ao outro
Jacques Lacan

O Seminário, livro 17
O avesso da psicanálise
Jacques Lacan

O Seminário, livro 18
De um discurso que não fosse semblante
Jacques Lacan

O Seminário, livro 20
Mais, ainda
Jacques Lacan

O Seminário, livro 23
O sinthoma
Jacques Lacan

Televisão
Jacques Lacan

Lacan elucidado
Palestras no Brasil
Jacques-Alain Miller

Matemas I
Jacques-Alain Miller

Ornicar?
De Jacques Lacan a Lewis Carroll
Jacques-Alain Miller (org.)

Percurso de Lacan
Uma introdução
Jacques-Alain Miller

Perspectivas do Seminário 23 de Lacan
O sinthoma
Jacques-Alain Miller

Silet
Os paradoxos da pulsão,
de Freud a Lacan
Jacques-Alain Miller

A inibição intelectual na psicanálise
Ana Lydia Santiago

Freud e a perversão
Patrick Valas

A ética da paixão
Uma teoria psicanalítica do afeto
Marcus André Vieira

Psicossomática e psicanálise
Roger Wartel e outros

FSC
www.fsc.org
MISTO
Papel produzido a partir de fontes responsáveis
FSC® C019498

A marca FSC é a garantia de que a madeira utilizada na fabricação do papel deste livro provém de florestas de origem controlada e que foram gerenciadas de maneira ambientalmente correta, socialmente justa e economicamente viável.

Este livro foi composto por Mari Taboada em Meta Pro e Minion Pro 11/15,25 e impresso em papel pólen soft 70g/m^2 e cartão triplex 250g/m^2 por Geográfica Editora em maio de 2011.